公路工程施工标准化与项目管理

王亚军　慕长青　吴希玲　主编

哈尔滨出版社
HARBIN PUBLISHING HOUSE

图书在版编目（CIP）数据

公路工程施工标准化与项目管理 / 王亚军，慕长青，
吴希玲主编 . -- 哈尔滨：哈尔滨出版社，2023.1
ISBN 978-7-5484-6680-2

Ⅰ．①公… Ⅱ．①王… ②慕… ③吴… Ⅲ．①道路施
工—标准化管理 Ⅳ．①U415

中国版本图书馆 CIP 数据核字 (2022) 第 154543 号

书　　名：**公路工程施工标准化与项目管理**
GONGLU GONGCHENG SHIGONG BIAOZHUNHUA YU XIANGMU GUANLI

作　　者：王亚军　慕长青　吴希玲　主编
责任编辑：张艳鑫
封面设计：张　华
出版发行：哈尔滨出版社（Harbin Publishing House）
社　　址：哈尔滨市香坊区泰山路 82-9 号　邮编：150090
经　　销：全国新华书店
印　　刷：河北创联印刷有限公司
网　　址：www.hrbcbs.com
E - mail：hrbcbs@yeah.net
编辑版权热线：（0451）87900271　87900272
开　　本：787mm×1092mm　1/16　印张：13.25　字数：260 千字
版　　次：2023 年 1 月第 1 版
印　　次：2023 年 1 月第 1 次印刷
书　　号：ISBN 978-7-5484-6680-2
定　　价：68.00 元

凡购本社图书发现印装错误，请与本社印制部联系调换。

服务热线：（0451）87900279

编委会

前　言

公路工程施工项目属于一次性工程，其特点是规模大、变动因素多、施工单位流动性强、行业竞争激烈，这些特性要求相关部门必须加大项目的管理工作，使公路施工企业按照项目管理要求设置施工组织机构，组建施工队伍，对工程项目实施过程进行组织。同时，又要保证工程进度、质量、劳动、机械、材料、成本、安全、环境、资料、竣工验收等方面能相互协调，并得到很好的控制，以保证项目顺利完成。

同时，新技术、新工艺、新设备、新材料的不断涌现，对公路工程人员的要求越来越高。公路工程基层施工组织中的技术人员的业务水平和管理能力的高低，已经成为公路工程建设项目能否有序、高效、高质量完成的关键。本书强调教材的全面性、系统性、实用性和可操作性，突出各章节的独立性。在内容安排上按照公路工程施工项目管理流程，对项目管理各要素，如组织、进度、质量、合同、成本、安全等逐一进行详细讲解，力求逻辑清晰、简单易懂、便于操作。

本书主要从公路工程的标准化项目管理进行详细的研究探讨，非常适合相关专业人员阅读。由于笔者的时间仓促、水平有限，书中难免出现疏漏与不妥之处，敬请读者批评指正并提出宝贵意见和建议。

目　录

第一章 施工技术的概述与施工准备

在公路工程中，施工前期准备阶段需要加强重视，在施工准备阶段需要进行相应的管理。本章主要从施工技术的概述入手，详细讲解施工的准备工作。

第一节 公路施工的组成与发展概况

一、公路的分级与组成

（一）公路的分级

1.公路分级

公路根据功能和适应的交通量分为五个等级，即高速公路、一级公路、二级公路、三级公路、四级公路。

（1）高速公路：专供汽车分向分车道行驶，并应全部控制出入的多车道公路。

四车道高速公路应能适应将各种汽车折合成小客车的年平均日交通量25 000~55 000辆。

六车道高速公路应能适应将各种汽车折合成小客车的年平均日交通量45 000~80 000辆。

八车道高速公路应能适应将各种汽车折合成小客车的年平均日交通量60 000~100 000辆。

（2）一级公路：供汽车分向、分车道行驶，并可根据需要控制出入的多车道公路。

四车道一级公路应能适应将各种汽车折合成小客车的年平均日交通量15 000~30 000辆。

六车道一级公路应能适应将各种汽车折合成小客车的年平均日交通量25 000~55 000辆。

（3）二级公路：供汽车行驶的双车道公路。

二级公路应能适应将各种汽车折合成小客车的年平均日交通量5 000~15 000辆。

（4）三级公路：主要供汽车行驶的双车道公路。

三级公路应能适应将各种车辆折合成小客车的年平均日交通量2 000~6 000辆。

（5）四级公路：主要供汽车行驶的双车道或单车道公路。

双车道四级公路应能适应将各种车辆折合成小客车的年平均日交通量2 000辆以下。

单车道四级公路应能适应将各种车辆折合成小客车的年平均日交通量400辆以下。

2.公路分类

公路按其在公路网的地位与作用分为以下五类：

（1）国道：在国家公路网中，具有全国性政治、经济、国防意义，并经确定为国家干线的公路。

（2）省道：在省公路网中，具有全省性政治、经济、国防意义，并经确定为省级干线的公路。

（3）县道：具有全县性政治、经济意义，并经确定为县级的公路。

（4）乡道：主要为乡村生产、生活服务，并经确定为乡级的公路。

（5）专用公路：专为企业或其他单位提供运输服务的道路，如专门或主要为工矿、林区油田、农场等与外部连接的公路。

（二）公路的组成

1.路基工程

路基是按照道路的平面位置、纵面线形和一定的技术要求修筑的作为路面基础的岩土构造物。路基既是路面的基础，又是公路的重要组成部分。按路基横断面形状的不同，通常可分为路堤、路堑和半填半挖路基三种形式。

2.路面工程

路面是在路基之上用各种筑路材料铺筑的供汽车行驶的层状构造物，其作用是保证汽车能全天候地在道路上安全、迅速、舒适、经济的运行。路面结构一般由面层、基层、底基层与垫层组成。

面层是直接承受车轮荷载反复作用和自然因素长期影响的结构层。按面层所用材料的不同，可划分为柔性路面、刚性路面和半刚性路面三种。作为柔性路面的典型代表，沥青路面可由1~3层组成。三层式沥青路面的表面层应根据使用要求设置抗滑、耐磨、密实稳定的沥青层，中面层、下面层应根据公路等级、沥青层厚度、气候条件等选择适当的沥青结构层。

基层是设置在面层之下，并与面层一起将车轮荷载的反复作用传递到底基层、垫层、土基，起主要承重作用的层次。基层可分为柔性基层（沥青稳定碎石、沥青贯入式级配碎石、级配砾石等）、半刚性基层（水泥稳定土或粒料、石灰或粉煤灰稳定土或粒料等）、刚性基层（碾压式水泥混凝土、贫混凝土等）、混合式基层（上部使用柔性基层、下部使用半刚性基层）等。对于高速公路、一级公路，应采用水泥稳定粒料、石灰粉煤灰（二灰）稳定粒料、沥青碎石以及级配碎砾石等材料铺筑。高速公路、一级公路的底基层和二级及二级以下公路的基层和底基层，除上述类型材料外，也可采用水泥稳定土、石灰稳定土、石灰粉煤灰稳定土、石灰工业废渣、填隙碎石等或其他适宜的当地材料铺筑。

垫层是设置在底基层与土基之间的结构层，起排水、隔水、防冻、防污等作用。各级公路当需要设置垫层时，一般可采用水稳性好的粗粒料或各种稳定性材料铺筑。

3. 桥涵工程

桥梁是为道路跨越河流、山谷或人工障碍物而建造的构造物；涵洞是为宣泄地面水流而设置的横穿公路的小型排水构造物。

（1）按桥梁总长和跨径的不同分类：特大桥、大桥、中桥、小桥和涵洞。

（2）按桥梁受力体系可分为梁式桥、拱式桥、刚架桥、吊桥四种基本体系，其中梁式桥以受弯为主，拱式桥以受压为主，吊桥以受拉为主。另外，由上述四大基本体系的相互组合，又派生出在受力上具有组合特征的组合体系桥型，如目前在中国广为流行的斜拉桥等。

4. 隧道

隧道是为公路从地层内部或水下通过而修建的结构物。当公路需要翻越高山或穿过深水层时，为了改善平纵线形和缩短路线长度，经过技术、经济比选，可选用隧道方式。

5. 排水及防护工程

排水工程是为了排除地面水及地下水而设置的排水构造物。除桥涵外，还有边沟、截水沟、急流槽、盲沟、渗井和渡槽等路基排水构造物和路面排水构造物组成的道路排水系统。防护工程是为了加固路基边坡、确保路基稳定的结构物，如在路基边坡修建的填石边坡、砌石边坡、挡土墙、护脚和护面墙等。

6. 交通工程设施

交通工程设施是针对高等级公路行车速度快、通过能力大、交通事故少、服务水平高的特点设置的，它包括安全设施、管理设施、服务设施、收费设施、供电设施等。

（1）安全设施：整个交通工程系统最基本的部分，主要有标志、标线、视线诱导标、护栏、隔离栅、防眩设施和照明设施等。

（2）管理设施：控制、监视通信、数据采集与处理设施。

（3）服务设施：服务区、加油站、公共汽车停靠站等。

（4）收费设施：收费站等。

（5）供电设施：这是为了使整个交通工程系统正常运行而设置的配套设施。

（6）环保设施：为减少公路交通环境污染而设计的声屏障、降噪路面绿化工程及公路景观（自然景观及人文景观）。

二、公路施工的发展概况

（一）中国公路施工技术发展回顾

中国在公路施工技术上有着悠久的历史，据史料考证，早在公元前 2 000 年，中国已修建有可供行驶牛车、马车的道路。在西周时期道路建设已初具规模，唐代是中国古代道路发展的鼎盛时期，形成了以城市为中心的四通八达的道路网，其间在道路结构、施工方法等方面做了许多创新。到了清代，对道路进行了功能分级，分为官马大路、大路、小路三个等级。其中仅官马大路已达 2 000 km 以上。

20 世纪初，在第一辆汽车输入中国后，通行汽车的公路就随之诞生了，1908 年建成了中国历史上的第一条公路，即广西的龙州至那堪公路。到新中国成立前，中国近代道路发展缓慢，并且屡遭破坏，40 多年间修建的公路不足 80 000 km，其中铺有高级、次高级路面的还不到 350 km。在这一时期，就施工技术而言，修建的多为天然泥土路、泥石路或泥结碎石路；就施工手段而言，主要是人工挑抬、石碾压实。虽然那时也引进了一些筑路机械，但由于配件和燃料供应困难，机械的利用率很低。到新中国成立初期，全国仅有推土机 200 余台，压路机还不足百台，拌合机刚过百台。

新中国成立以后，随着中国公路建设事业的蓬勃发展，公路施工技术水平也相应地得到了较快的提高。新中国成立后不久，全国从上到下成立了各级公路施工专业队伍，并颁布了相应的公路技术规范或规则，使公路施工及管理迅速走上了正轨。20 世纪 50 年代，由专业施工队伍负责承担施工任务的康藏公路、海南岛公路、成都至阿坝公路等 10 余条重点公路工程相继竣工。结合这些公路自然条件复杂、工程艰巨、工期要求短等特点，在施工中探索、创造了土石方大爆破施工、泥结碎石路面施工和泥结碎石路面加铺级配磨耗层和保护层施工、软土等特殊地基的处理等一系列的公路施工技术，使中国的公路施工技术水平有了一个整体上的提高。20 世纪 60—80 年代，是中国公路发展的普及阶段，这个时期共修建公路 800 000km。其中，高级、次高级路面（主要是渣油路面）达 100 000km。这些公路以三、四级公路和等外路为主，基本上是采取发动群众和以手工操作方式为主进行施工的。因此，施工机械的发展和推广应用比较缓慢。

1988 年是中国公路交通史上不平凡的一年，随着沪嘉高速公路于 1988 年 10 月 31 日的建成通车，结束了中国大陆没有高速公路的历史，这是中国公路建设迈入现代化的新起点。

自 20 世纪 80 年代开始建设高速公路以来，中国高速公路的建设快速发展。1999 年年底，中国高速公路通车总里程突破 1 万 km，位列世界第四；2001 年年底达到 19 000 km，已跃居世界第二；至 2008 年年底，中国高速公路的通车总里程实现了 60 300km，直逼高速公路世界第一的美国；至 2015 年年底达到 12 万 km。截至 2020 年已基本建成国家高速公路网，中国高速公路通车总里程达 35 万 km。

　　为适应高等级公路高标准和高质量的要求，中国公路施工技术也获得了前所未有的发展。这些发展与变化主要体现在以下几个方面：

　　1.制定或修订公路工程技术规范，建立起了一整套符合中国国情的公路施工控制、检测及验收标准。

　　2.机械化施工水平大大提高，各种先进的筑路机械广泛应用于公路工程的施工。全国各地组建了一批设备先进、种类齐全的公路机械化施工队伍，公路施工实现了由手工操作逐步向机械作业方式的转变。到目前，全国公路施工部门已拥有一大批国产和进口的技术先进、种类齐全、成龙配套的筑路机械、试验仪器和检测设备，大型筑路机械已达 30 余万台（套），固定资产原值已达 30 多亿元。

　　3.新技术、新工艺、新材料得到广泛应用，进而取得了巨大的社会、经济效益。

　　4.施工的控制及检测手段日臻完善，从而有力地保证了工程质量，加快了施工进度。

（二）公路施工技术的发展趋势

　　随着世界各国技术经济的进步、交通事业的发展和人们物质文化要求的提高，对公路建设也提出了更高的要求，这主要表现为：一是对公路功能的要求越来越高，如通行能力、承载能力及行车的安全性与舒适性等；二是对公路整体线形、路容、路况的要求越来越高，特别是山区公路及旅游区道路，其路线与周围环境的协调性成为重要的评价指标；三是对公路环保的要求越来越高，如对行车污染和噪声的限制等；四是对公路的施工速度、施工质量和管理水平要求越来越高，在施工中将普遍采用自动化机械设备进行快速而且优质的作业。

　　针对上述要求，公路施工必将向着机械化、自动化、生物化学化、标准化和工厂化方向发展。

　　1.在公路施工方案的拟订和选择方面：将充分利用计算机及其他现代先进手段，综合考虑施工材料、机具、工期、造价等因素，进行方案比选与优化，以获取最大的社会经济效益。

　　2.在施工工艺方面：土石方爆破、稳定土、旧有沥青及水泥混凝土再生、工业废料筑路及水泥、沥青、土壤外加剂等的工艺水平将有突破性进展。

　　3.在施工机械方面：将研究使用一条龙的单机配套机械进行流水作业和多功能的联合施工机械；为实现施工机械自动化，还将使用电子装置、自控装置和激光技术，对施工现场进行遥控监测。

　　4.在施工检测技术方面：将研究使用能自动连续量测动、静两种荷载作用下的路基、路面弯沉仪和曲率半径仪；研究使用冲击波、超声波测定强度和弹性模量；研究使用同位素方法测定密实度和厚度以及研究使用计算机自动连续量测路面抗滑性能和平整度仪器的使用等。

5.在施工作业方面：将大量使用预制结构，使人工构造物的施工实现标准化和工厂化。

6.在特殊路基的处理方面：将充分应用生化技术，最大限度地利用当地材料。

7.各种环保和交通工程设施：如声屏墙、降噪路面及绿化工程等的施工技术将提高到一个新的水平。

8.施工技术的发展：施工技术的发展将更好地满足设计要求，设计与施工的结合将更加密切。

第二节　公路施工的方法与程序

一、公路施工的方法与特点

（一）施工的方法

高等级公路的施工方法主要有人工、简易机械化、机械化、水力机械化和爆破等。

1.人工施工法

人工施工是使用手工工具进行公路施工的方法。这种施工方法效率低、劳动强度大，不仅要占用大量的劳动力，而且施工进度慢，工程质量也难以保证。但在山区低等级公路路基工程中，当机械无法进入施工现场或施工场地难以展开机械化作业时，就不可避免地要采用人工施工法。

2.简易机械化施工法

简易机械化施工是以人力为主，配以简易机械的公路施工方法。与人工施工法相比较，能适当地减轻劳动强度，而且可以加快施工进度、提高施工质量。在中国目前的施工生产条件下，特别是山区一般公路的建设中，仍是一种值得推广的施工方法。

3.机械化施工法

机械化施工是使用配套机械，主机配以辅机，相互协调，共同形成主要工序的综合机械化作业的公路施工方法。机械化施工可以极大地提高劳动生产率，减轻劳动强度，显著地加快施工进度，提高工程质量，而且安全程度高，是加速公路工程建设和实现公路施工现代化的根本途径。

4.爆破施工法

爆破施工是通过爆破震松岩石、硬土或冻土，开挖路堑或采集石料的施工方法。

这种方法是道路施工特别是山区公路施工不可或缺的重要施工方法。

5.水力机械化施工法

水力机械化施工是利用水泵、水枪等水力机械，喷射出强力水流，冲散土层，并流运至指定地点沉积的施工方法。这种方法需要有充足的水源和电源，适于挖掘比较松散的土质和地下钻孔工程。施工方法的选择，应根据工程性质、工程数量、施工期限以及可能获得的人力和机械设备等条件综合考虑。为了适应中国公路建设标准高和速度快的要求，许多施工单位都先后从国内外购置了大量现代化筑路机械与设备，在高等级公路施工中，基本实现了机械化或半机械化作业，迅速提高了施工质量和劳动效率，大大加快了公路工程建设的步伐。

（二）施工特点

作为一种特定的人工构造物，公路工程施工与工业生产比较，虽然公路施工同样是把一系列的资源投入产品（工程）的生产过程，其生产上的阶段性和连续性，组织上的专门化和协作化也与之基本相符。但是，公路施工与一般工业生产和其他土建工程施工（如房屋建筑）仍有所不同。

1.公路工程属于线性工程

一般一条公路项目的建设路段少则几千米，多则数十千米、数百千米以上，路线跨越山川、河谷。路线所经路段难以完全避开不良地质地区，如滑坡、软基、冻土、深挖等路段；在地形复杂的地段，难以避免地要修建大桥、特大桥、隧道、挡墙等结构物。这就使得公路项目建设看似简单，实际上却比一般土木工程项目复杂得多。由于公路路线所经路段地质特性的多变性，使得公路路基施工复杂、多变性凸显，结构物的施工也因地质条件的不确定性，经常导致设计变更、工期延长，使进度控制、质量控制、投资控制的难度大大增加。

2.公路工程项目构成复杂

公路工程项目的单位工程包括：路基土石方工程、路面工程、桥梁工程、隧道工程、互通立交工程、沿线设施及交通工程、绿化工程等。各单位工程中的作业内容差异很大，如桥梁工程，随不同的桥型，施工技术差异很大。这也决定了公路工程项目施工的技术复杂性和管理的综合性。

3.公路工程项目规模庞大

公路工程施工过程缓慢、工作面有限，决定了其较长的工期。高速公路的施工工期通常在2~5年，工期长意味着在工程建设中面临着更多的不确定因素，承担着更大的风险。

4.公路工程项目建设投资大

高速公路造价一般为2 000万~4 000万元/km，有时甚至更高。工程建设需要的巨大资金能否及时到位，是保障工程按期完工的前提。资金投入对投资活动的成功与否关系重大，同时，在工程建设中要求有高质量的工程管理，以确保项目的工期、投资和质量目标的实现。

二、公路施工的基本程序

施工程序是指施工单位从接受施工任务到工程竣工阶段必须遵守的工作程序，主要包括接受施工任务、签订工程承包合同、组织施工和竣工验收等。

（一）签订工程承包合同

1.接受施工任务的方式

施工企业接受任务的方式主要有三种：

（1）上级主管单位统一布置任务，安排计划下达。

（2）经主管部门同意，自行对外接受任务。

（3）参加招投标，中标而获得任务。

2.接受任务的要求

（1）查证核实工程项目是否列入国家计划。

（2）必须有批准的可行性研究初步设计（或施工图设计）及工程概（预）算文件。

3.接受任务的方式

（1）签订工程承包合同，对工程接受加以肯定。

（2）施工承包合同的内容主要包括承包的依据方式、工程范围、工程质量、施工工期、工程造价、技术物资供应、拨款结算方式、奖惩条款等。

（二）施工准备工作

施工准备工作是为拟建工程的施工建立必要的技术和物质条件，统筹安排施工力量和现场。施工准备工作也是施工企业搞好目标管理、推行技术经济承包的依据。要编制好施工组织设计，以保证工程建设的顺利进行。其作用是发挥企业优势，合理资源供应，加快施工速度，提高工程质量，降低工程成本。

（三）组织施工

1.施工准备就绪后，向监理工程师提交开工报告，经同意即可开工。

2.按施工顺序和施工组织设计中所拟定的施工方法进行施工。

3.组织施工应具备的文件有：设计文件；施工规范和技术操作规程；各种定额；施工图预算；施工组织设计；公路工程质量检验评定标准和施工验收规范。

（四）竣工验收

1.所有建设项目和单位工程都已按设计文件内容建成。

2.以设计文件为依据，根据有关规定和评定质量等级进行工程验收。

第三节 施工的技术准备与组织准备

一、技术准备

（一）熟悉与审查设计文件并进行现场核对

组织有关人员学习设计文件，其目的是对设计文件、设计图及资料进行了解和研究，使施工人员明确设计者的设计意图和业主的要求，熟悉设计图的细节，并对设计文件和设计图进行现场核对。其内容主要包括：

1. 设计图是否齐全，规定是否明确，说明有无矛盾。

2. 路基平、纵横断面，构造物总体布置和桥涵结构物形式等是否合理，相互之间是否有错误和矛盾。

3. 主要标高、尺寸、位置有无错误。

4. 设计文件所依据的水文、气象、土壤等资料是否准确、可靠、齐全。

5. 核对路线中线、主要控制点、水准点、三角点、基线等是否准确无误。

6. 路线或构造物与农田、水利航道、公路、铁路、电信、管线及其他建筑物的互相干扰情况及其解决办法是否恰当，干扰可否避免。

7. 对地质不良地段采取的处理措施。

8. 主要材料、劳动力、机械台班等计算（含运距）是否准确。

9. 施工方法、料场分布、运输工具、道路条件等是否符合实际情况。

10. 结构物工程数量计算是否有误。

11. 工程预算以及采用的定额是否合理。如现场核对时发现设计不合理或有错误之处，应做好详细记录并拟订修改意见，待设计技术交底时提交。

（二）补充调查资料

进行现场补充调查是为编制实施性施工组织设计收集资料。调查的内容主要有：

1. 工程地点的水文、地形、气候条件和地质情况。

2. 自采加工料场、当地材料、可供利用的房屋情况。

3. 当地劳动力资源、工业加工能力、运输条件和运输工具情况。

4. 施工场地的水源、电源及生活物资供应情况。

5. 当地风俗习惯等。

（三）设计交桩和设计技术交底

工程在正式施工之前，应由勘测设计单位向施工单位进行交桩和设计技术交底。交桩应在现场进行，设计单位将路线测设时所设置的导线控制点和水准点及其他重要点位的桩志逐一移交给施工单位。施工单位在接受这些控制点后，要采取必要措施完善地加固与保护。

设计技术交底一般由建设单位主持，设计、监理和施工单位参加。交底时设计单位应说明工程的设计依据、设计意图，并对某些特殊结构、新材料、新技术以及施工中的难点和需注意的方面详细说明，提出设计要求。施工单位则将在研究设计文件中发现的问题及有关修改意见提出，由设计单位对有关问题进行澄清和解释，对于合理的修改意见，必要时可在统一认识的基础上，对所讨论的结果逐一记录，并形成会议纪要，由建设单位正式行文，参加单位共同会签，作为与设计文件同时使用的技术文件和指导施工的依据及进行工程结算的依据。

（四）建立工地实验室

1. 工地实验室的作用

公路工程施工过程中，必须进行各种材料试验，以便选用合适的材料及材料性能参数，才能保证公路工程结构物的强度和耐久性，并有利于掌握各种材料的施工质量指标，保证结构物的施工质量。

随着公路技术等级的提高，相应的筑路材料试验任务增大，并要求试验结果具有更高的准确性和可靠性。高等级公路的线形更趋于平、直，使得路基工程的高填深挖及经过不良地带的路段增加。由于高等级公路对路面的行车性能及耐久性能提出更高的要求，相应地要求路基更为稳定，路面材料应具有更高的力学性能、耐磨蚀性和气候稳定性等。公路工程事业的进步，促进了其施工技术水平的不断提高，同时也推动了公路工程新材料的研究应用，并且使材料性能试验及质量检验工作显得日益重要；另外，随着经济体制改革的深化，要求不断改善公路工程的投资效益，因而工程质量问题已从一般化的要求变成了衡量工程施工单位技术质量水平的标志。因此，从某种意义上说，一项工程的质量如何，已关系到该公路施工单位以后的业务前景。基于上述情况，加强质量管理和施工质量检验、建立并充分发挥工地实验室的作用，是施工单位必须做的一项十分重要的工作。

2. 工地实验室的主要工作内容

工地实验室是为施工现场提供直接服务的实验室，主要任务是配合路基、路面施工，对工地使用的各种原材料、加工材料及结构性材料的物理力学性能以及施工结构体的几何尺寸等进行检测。

3. 工地实验室的人员及设施

工地实验室的试验检测人员必须是施工单位试验检测机构的正式人员。工地实验室负责人应由施工单位试验检测机构负责人授权,从事试验检测工作3年以上,具有交通运输部试验检测工程师资格的人员担任;工地实验室部门负责人需具有省交通厅试验检测员及以上资格的人员担任;一般试验检测人员需具有省交通厅试验检测员及以上资格或交通系统试验检测培训证的人员担任。未取得交通系统试验检测资格或培训证的人员不得上岗。

施工单位试验检测人员数量按施工合同额进行配备:5 000万元以下的至少4人;5 000万元以上、1亿元以下的至少6人;1亿元以上、2亿元以下的至少8人;2亿元以上的至少10人。

工地实验室在工程项目完工之前,不准对人员和设备进行更换和调离。确实需要更换和调离的,应取得项目建设单位的书面批准。工地实验室面积应达到300m²,并按检测项目要求合理布局,满足工地试验要求;设备安置要合理,便于操作,并保持环境整洁卫生。

工地实验室应按照合同和工程实际需要配备合格的试验检测仪器设备。工地实验室试验检测仪器设备在使用前必须通过计量检定或校准。试验检测仪器设备应由专人负责日常保养、保管,做好使用记录、保养记录,主要试验检测仪器设备应建立设备档案,仪器设备的操作规程要张贴上墙。

(五)编制施工组织设计

施工组织设计是指工程项目在施工前,根据设计人员、业主和监理工程师的要求以及主客观条件,对工程项目施工的全过程所进行的一系列筹划和安排。公路施工组织设计不仅是指导公路施工的基本技术经济文件,也是对施工实行科学管理的重要手段。编制施工组织设计的目的在于全面、合理、有计划地组织施工,从而具体实现设计意图,按质、按量、按期完成施工任务。实践证明,一个工程如果施工组织设计编制得好,并能得到认真执行,施工就可以有条不紊地进行,否则将会出现盲目施工的混乱局面,造成不必要的损失。

1. 编制原则

(1)严格遵守合同签订的或上级下达的施工期限,保质保量按期完成施工任务。对工期较长的大型项目,可根据施工情况,分期分批进行安排。

(2)科学、合理地安排施工顺序,在保证质量的基础上,尽可能缩短工期,加快施工进度。

(3)采用先进的施工方法和施工技术,不断提高施工机械化、预制装配化程度,减轻劳动强度,提高劳动生产率。

（4）应用科学的计划方法确定最合理的施工组织方法，根据工程特点和工期要求，因地制宜地快速施工、平行作业。对于复杂的工程应通过网络计划确定最佳的施工组织方案。

（5）落实季节性施工的措施，科学安排施工计划，组织连续、均衡的施工。

（6）严格遵守施工规范、规程和制度，认真按照基本建设程序办事，根据批准的设计文件与工期要求安排进度。严格执行有关技术规范和规程，提出具体的质量、安全控制和管理措施，并在制度上加以保证，确保工程质量和作业安全。

2. 编制施工组织设计的程序

编制施工组织设计需要遵守一定的程序，根据合同要求和施工现场的具体条件，按照施工的客观规律，协调和处理好各个影响因素的关系，用科学的方法进行编制。

3. 施工组织设计的主要内容

（1）工程概述：包括简要说明工程项目、施工单位、业主、监理机构、设计单位、质检单位名称、合同开工日期和竣工日期、合同价格；简要介绍项目的地理位置、地形地貌、水文、气候、交通运输、水电供应等情况；介绍施工组织机构设置及职能部门之间的关系；说明工程结构、规模、主要工程量；说明合同特殊要求等。

（2）施工技术方案：包括施工方法（特别是冬期和雨期及技术复杂的特殊施工方法），施工程序（重点是施工顺序及工序之间的衔接），决定采用的新技术、新工艺、新材料和新设备，技术安全措施、质量保证措施等。

（3）施工进度计划：主要是对施工顺序、开始和结束时间、搭接关系进行综合安排，包括以实物工程量和投资额表示的工程的总进度计划和分年度计划以及所需用的工日数和机械台班数。

（4）施工总平面图布置：必须以平面布置图表示，并标明项目建设的位置、生产区、生活区、预制厂、材料场、爆破器材库等的位置。

（5）劳动力需要量和来源：包括总需要量和分工种、分年度的需要量在内。

（6）施工现场平面布置。

（7）施工机械、建筑材料，施工用水、用电的分年度需要量及供应方案。

（8）便道、防洪、排水和生产、生活用房屋等设施的建设及时间要求。

（9）施工准备工作进度表：包括各项准备工作的负责单位、完成时间及要求等。

施工组织设计用文、图、表三种形式表示，互相结合、互相补充。凡能用图表表示的，应尽量采用图表。因为图表便于"上墙"，能形象、准确、直观地说明问题，有利于指导现场施工。

4. 施工组织设计的编制步骤

（1）施工方案的制定：编制施工组织设计首先遇到的问题就是选择和制定施工方案，如果这个问题得不到解决，施工组织设计乃至以后的施工工作就不可能进行。所以，施工方案的优劣，在很大程度上决定了施工组织设计质量的好坏和施工任务能否圆满完成。

施工方案是指对项目施工所做的总体设想和安排。施工方案应包括：施工方法和施工机具的选择，施工段划分，施工顺序，新工艺、新技术、新机具、新材料、新管理方法的使用，有关该工程的科学试验项目安排等。选择和制定施工方案，首先要考虑其是否可行，同时还要做到技术先进、经济合理、施工安全，应全面权衡、通盘考虑。施工方法是施工方案的核心内容，它对工程的实施具有决定性的作用。确定施工方法应突出重点，凡是采用新技术、新工艺和对本工程质量起关键作用的项目以及工人在操作上还不够熟练的项目，应详细而具体，不仅要拟订进行这一项目的操作过程和方法，而且要提出质量要求以及达到这些要求的技术措施，并要预见可能发生的问题，提出预防和解决这些问题的办法。对于一般性工程和常规施工方法则可适当简化，但要提出工程中的特殊要求。确定施工方法，应考虑工程项目的特点，结合现场一切有关的自然条件和施工单位拥有的施工经验和设备，吸收国内外同类工程成功的施工方法和先进技术，以达到施工快速、经济和优质的目的。

（2）施工进度计划的编制：施工进度计划是对施工顺序、开始和结束时间、搭接关系进行综合安排。施工进度计划是施工组织设计中最重要的组成部分，它必须配合施工方案的选择进行安排，它又是劳动力组织、机具调配、材料供应及施工场地布置的主要依据，一切施工组织工作都是围绕施工进度计划来进行的。

编制施工进度计划的目的是要确定各个项目的施工顺序、开竣工日期。一般以月为单位进行安排，从而据此计算人力、机具、材料等的分期（月）需要量，进行整个施工场地的布置和编制施工预算。

施工进度计划一般用图示法表现。进度计划的图形可以采用横道图、S形曲线、"香蕉"曲线、网络图等。通常采用横道图，它的形式简单、醒目，易绘制、易懂；还可以在施工过程中在同一图上描绘实际进度。与计划进度相比，当工程项目及工序比较简单，且它们之间的关系也不太复杂，其工序衔接及进度安排凭已有施工经验即可确定时，可以直接绘制横道图进度计划；当工程项目以及工序之间的相互关系比较复杂、各工序的衔接及进度安排有多种方案需进行比较时，则要用网络图求得最优先计划，再整理绘制成横道进度图。

（3）资源供应计划：资源供应计划包括劳动力供应计划、材料供应计划、施工机械和大型工具供应计划、预制品供应计划等。这些计划是根据施工进度计划编制的，是计划进度的保证性计划，是进行市场供应的依据。

（4）场外运输计划：将各种物资从产地或交货地点运到工地仓库、料场，称为场外运输。场外运输计划应解决的主要问题是正确选择运输方式及运输工具，以达到降低成本和加速工程进度的目的。

（六）施工现场规划和场地布置

1. 施工现场规划和场地布置

施工现场规划和场地布置是施工组织设计的基本内容之一，它需要考虑的问题很多、很广泛也很具体。它是一项实践性、综合性很强的工作，只有充分掌握了现场的地形、地物，熟悉了现场的周围环境和其他有关条件，并对本工程情况有了一个清楚与正确的认识之后，才能做到统筹规划、合理布局。

施工现场规划和场地布置情况应以场地平面布置图表示出来。在施工场地平面布置图内应标示出公路的平面位置、场地内需要修建的各项临时工程和露天料场、作业场的平面位置和占地面积以及场地内各种运输线路（包括由场外运送材料至工地的进出口线路）。

2. 材料加工及机械修配场地的规划和布置

施工单位为满足本身的需要，有条件时应设置采石场、采砂场、混凝土构件预制场、金属加工厂、机械修配厂等。对于预制场，一般宜设在工地上，以减少构件的运输。对于砂石材料开采场，宜设在材料产地。如有两个或两个以上的产地可供选择时，选择的条件首先是材料品质要符合设计要求；其次是运输距离要近；最后是开采的难易程度、成材率的高低。预制场的选择要综合考虑，做出综合经济分析。对于材料加工场地，则设在原材料产地较为有利。

3. 工地临时房屋的规划与布置

工地临时房屋主要包括施工人员居住用房、办公用房、食堂和其他生活福利设施用房以及实验室、动力站、工作棚和仓库等。这些临时房屋应建在施工期间不被占用、不被水淹、不受塌方影响的安全地带。现场办公用房应建在靠近工地，且受施工噪声影响小的地方；工人宿舍、文化生活用房，应避免设在低洼潮湿、有烟尘和有害健康的地方；此外，房屋之间还应按消防规定相互隔离，并配备灭火器。

4. 工地仓库及料场布置

工地储存材料的设施，一般有露天料场、简易料棚和临时仓库等。易受大气侵蚀的材料，如水泥、铁件、工具、机械配件及容易散失的材料等，宜储存在临时仓库中；钢材、木材等宜设置简易料棚堆放；砂石、石灰等一般在露天料场中堆放。

仓库、料棚、料场的位置，应选择在运输及进出料都方便，而且尽量靠近用料最集中、地形较平坦的地点。设置临时仓库、料棚时，应根据储存材料的特点、进出料的便利程度以及合理的储备定额，来计算需要的面积。面积过大会增加临时工程费用，过小可能满足不了储备需要及增加管理费用。

5. 施工场内运输的规划

在工地范围内，从仓库、料场或预制场等地到施工点的料具、物资搬运，称为场内运输。场内运输方式应根据工地的地形、地物，材料在场内的运距、运量以及周围道路和环境等因素进行选择。如果材料供应运输与施工进度能密切配合，做到场外运输与场内运输一次完成，即由场外运来的材料直接运至施工使用地点，或场内外运输紧密衔接，材料运到场内后不存入仓库、料场，而由场内运输工具转运至使用地点，这是最经济的运输组织方法。这样可节省工地仓库、料场的面积，减少工地装卸费用。但这种场内外运输紧密结合的组织方法在工程实践中是很难做到的。大量的场内运输工作是不可避免的，必须做好施工场内运输规划。

（七）工地供电的规划

工地用电主要包括各种电动施工机械和设备的用电以及室内外照明的用电。公路工程施工离不开电，做好工地供电的组织计划，对保证施工的顺利进行有着重要的关系。

工地用电应尽可能利用当地的电力供应，从当地电站、变电站或高压电网取得电能。在当地没有电源，或电力供应不能满足施工需要的情况下，则要在工地设置临时发电站。最好选用两个来源不同的电站供电，或配备小型临时发电装置，以免工作中偶然停电造成损失。同时，还要注意供电线路、电线截面、变电站的功率和数目等的配置，使它们可以互相调剂，不致因为线路发生局部故障而引起停电。

（八）工地供水的规划

公路工程施工离不开水，施工组织设计必须规划工地临时供水问题，确保工地用水和节省供水费用。

二、组织准备

施工企业通过投标方式获得工程施工任务后，应根据签订的施工合同的要求，迅速组建符合本工程实际的施工管理机构，组织施工队伍进场施工。同时，为保证工程按设计要求的质量、计划规定的进度和低于合同运价的成本，安全顺利地完成施工任务，还应针对施工管理工作复杂、困难多的特点，建立一整套完善的施工管理制度，采用科学的管理方法，切实有效地开展工作。

施工组织准备工作的主要任务是：组建施工项目经理部；选配强有力的施工领导班子和施工力量；强化施工队伍的技术培训。

（一）施工机构的组建和人员的配备

这里的施工机构是指为完成公路施工任务负责现场指挥、管理工作的组织机构。根据中国具体情况及以往的公路施工经验，施工机构一般由生产系统、职能部门和行政系统等组成。

（二）建立健全各项管理制度

1. 施工计划管理制度

施工计划管理是施工管理工作的中心环节，其他管理工作都要围绕计划管理来开展。计划管理包括编制计划、实施计划、检查和调整计划等环节。由于公路施工受自然条件的影响大，其他客观情况的变化也难于准确预测，这就要求施工计划必须经过充分调查研究后制订，同时在执行过程中应随时检查，发现问题及时采取措施解决，必要时还应对计划进行调整修改，使之符合新的客观情况，保证计划的实现。

2. 工程技术管理制度

程技术管理是对施工技术进行一系列组织、指挥、调节和控制等活动的总称。其主要内容包括：施工工艺管理、工程质量管理、施工技术措施计划、技术革新和技术改造、安全生产技术措施、技术文件管理等。要搞好各项技术管理工作，关键是建立并严格执行各种技术管理制度。只有执行技术管理制度，才能很好地发挥技术管理作用，圆满地完成技术管理的任务。

3. 工程成本管理制度

程成本管理是施工企业为降低工程成本而进行的各项管理工作的总称。工程成本管理与其他管理工作有着密切的联系，施工企业总的技术水平和经营管理水平的高低，均能直接或间接地反映在成本这个指标上。工程成本的降低，表明施工企业在施工过程中活劳动（支付劳动者的报酬）和物化劳动（生产资料）的节约。活劳动的节约说明劳动生产率的提高，物化劳动的节约说明机械设备利用率的提高和建筑材料消耗率的降低。因此，建立成本管理制度，加强对工程成本的管理，不断降低工程造价，具有十分重要的意义。

4. 施工安全管理制度

安全生产关系到人民群众的生命和财产安全，关系到改革发展和社会稳定的大局。加强施工安全、劳动保护对公路工程的质量、成本和工期有重要意义，也是企业管理的一项基本原则。

其基本任务是：正确贯彻执行"以人为本"的思想和"安全第一、预防为主、综合治理"的方针。建立安全施工责任制，加强安全检查，开展安全教育，在保证安全施工的条件下，创优质工程。

第四节 物资准备与施工现场准备

一、物资准备

物资准备是指施工中必需的劳动手段和施工对象的准备。它是根据各种物资需要量计划，分别落实货源、组织运输和安排储备，以保证连续施工的需要。准备工作主要包括以下内容。

1. 建筑材料准备

首先根据工程量用预算的方法进行工、料、机分析，按批准的施工进度计划的使用要求、材料储备定额和消耗定额，分别按材料名称、规格、使用时间进行汇总，编制材料需要量计划，同时根据不同材料的供应情况，随时注意市场行情，及时组织货源，签订供货合同。建筑材料准备主要包括：

（1）路基、路面工程所需的砂石料、石灰、水泥、工业废渣、沥青等材料的准备。

（2）沿线结构物所需的钢材、木材、砂石料和水泥等材料的准备。

2. 施工机具设备的准备

根据采用的施工方案和施工进度计划，确定施工机械的类型、数量和进场时间，确定施工机具的供应方法和进场后的存放地点和方式，提出施工机具需要量计划，以便及时组织机械进场，保证工程的顺利进行。

3. 周转材料准备

周转材料主要是指模板和架设工具。根据批准的施工进度计划和施工方案编制周转材料的需要计划，组织周转材料进场。

二、施工现场准备

（一）恢复定线测量

1. 承包人应检查工程原测设的所有永久性标桩，并将遗失的标桩在接管工地 14d 之内通知监理工程师，然后根据监理工程师提供的工程测设资料和测量标志，在 28d 之内将复测结果提交监理工程师。上述测量标志经检查批准后，承包人应自费进行施工测量和补充测量，并经监理工程师批准之后，在工地正确放样。

2. 通过复测，对持有异议的原地面标高，承包人应向监理工程师提交一份列出有误标高和相应的修正标高表。在监理工程师确定正确标高之前，对有争议的标高的原有地面不得扰动。

3. 在合同执行期间，承包人应将施工中所有的标桩，包括转角桩、曲线主点桩、桥涵结构物和隧道的起终点、控制点以及监理工程师认为对放样和检验有用的标桩等，进行加固保护，并对水准点、三角网点等树立易于识别的标志。承包人应对永久性测量标志进行保护，直至工程竣工验收后，完整地移交给监理工程师。

4. 承包人应根据批准的格式向监理工程师提供全部的测量标记资料，所有测量标记应涂上油漆，其颜色要得到监理工程师的同意，易于辨别。所有标桩保护和迁移的费用均由承包人承担，因施工而引起的标桩变动所发生的费用业主将不予支付。

5. 承包人应按照上述测量标志资料自费完成全部恢复定线施工测量设计和施工放样。承包人应对施工测量、设计和施工放样工作的质量负责到底。

6. 各合同段衔接处的测量应在监理工程师的统一协调下由相邻两合同段的承包人共同进行，将测量结果协调统一在允许的误差范围内。

（二）建造临时设施

1. 临时房屋设施

临时房屋包括行政办公用房、宿舍、文化福利用房及作业棚等。临时房屋设施的需要量根据职工与家属的总人数和房屋指标确定。临时房屋修建的一般要求是：布置要紧凑，充分利用非耕地，尽量利用施工现场或附近已有的建筑物。必须修建的临时房屋，应以经济、实用为原则，合理选择形式（如装拆式移动式建筑）以便重复使用。

2. 仓库

仓库是为存放施工所需要的各种物资器材而设的。按物资的性质和存放量要求，其形式可以是露天、敞棚、房屋或库房。仓库物资储存量应根据施工条件通过计算确定：一方面应保证工程施工的需要，有足够的储量；另一方面又不宜储存过多，以免增加库房面积，造成积压浪费。

为了保证物料及时顺利地卸入库内和发放使用，仓库必须设计有足够的卸装长度。在保证安全的条件下，应设在交通方便的地方，并利用天然地形组织装卸工作。对于材料使用量很大的仓库，应尽量靠近使用地点。

3. 临时交通便道

工程在正式施工前，必须解决好场内外的交通运输问题。在工地布设临时交通便道时应遵循下列原则：

（1）临时交通道路以最短距离通往主体工程施工场所，并连接主干道路，使内外交通便利。

（2）充分利用原有道路，对不满足使用要求的原有道路，应在充分利用的基础上进行改建，节约投资和施工准备时间。

（3）在本工程的施工与现有的道路、桥涵发生冲突和干扰之处，承包人都要在本工程施工之前完成改道施工或修建临时道路。临时道路应满足现有交通量的要求，路面宽度应不小于现有道路的宽度，且应加铺沥青面层。

（4）利用现有的乡村道路作为临时道路时，应将该乡村道路进行修整、加宽、加固及设置必要的交通标志，并经监理工程师验收合格后方可通行。

（5）工程施工期间，应配备人员对临时道路进行养护，以保证临时道路和结构物的正常通行。

（6）尽量避开洼地和河流，不建或少建临时桥梁。

4. 工地临时用电

施工现场用电，包括生产用电和生活用电。其中：生活用电主要是照明用电；生产用电包括各种生产设施用电、主体工程施工用电、其他临时设施用电。

第二章　路基工程施工技术

路基是整个路桥施工的基础，没有扎实耐用的路基便无法保障后续工程的质量，在施工过程中应当把握好路基的施工技术。路基施工有很多技术要求，施工中应当根据实际情况进行不同施工技术的选择，本章主要从土质与石质路基施工两方面进行详细的技术研究，保障质量的同时还确保路基施工的有序进行。

第一节　路基工程基本知识

一、路基的概念与分类

公路路基是路面的基础，是线形承重主体，承受着自身土体的自重和路面结构的重量，以及由路面传递下来的行车荷载。没有稳定坚固的路基，就不会有一个好的路面，松软的路基会产生不均匀下沉现象，造成路面开裂和不平整，进而影响行车的速度、安全、舒适和道路的畅通。

根据填挖情况的不同，路基可分为路堤、路堑和填挖结合路基三种类型。路堤是指全部用岩土（或其他填料）填筑而成的路基；路堑是指全部开挖形成的路基；当天然地面横坡比较大，一侧开挖，另一侧填筑时，称为填挖结合路基，也称半堤半堑路基。

对于一级公路和高速公路，路基又可分为整体式断面路基和分离式断面路基两类。对于路堤来讲，按路基的填土高度不同，又可划分为：矮路基（小于 1.5 m）、高路基（大于 18m）和一般路基（1.5~18m）。按填料不同，路基又可分为土质路基、石质路基和土石混合路基。路基在结构上又分为：上路堤和下路堤路床。路床是指路面底面以下 0~0.8m 内的路基部分，又可分为上路床和下路床。上路堤是指路面底面以下 0.8~1.5m 的填方部分，下路堤是指上路堤以下的填方部分。

路堑按其开挖方式的不同，又可分为：全挖式路基、台口式路基和半山洞式路基。按其材质不同，路堑又可分为土质路堑和石质路堑。

二、路基施工的特点和基本要求

1. 路基施工的主要特点

（1）土石方数量大，不同路段工程数量差别大：一般平原微丘区的二级公路，每千米土石方数量在 10 000~22 000m³，山岭重丘区更是数量巨大，不同路段的挖填方数量差别大。

（2）材质差别大：不论是填方路段还是挖方路段，路基工程都是宜土则土、宜石则石。土路基本身也有不同土质类型，如粉性土、砂性土、黏性土、黄土，还有需加固处理的软土等。石质路基材质有可能是石灰岩、沉积岩、变质岩或是火山岩，不论其风化程度如何，只要其强度满足要求，都可以用作路基填料。在同一道路的同一路段上，出现多种材质混合的可能性比较大。

（3）施工方法因地制宜：由于地形地貌、地质水文、气象、现有交通条件等诸多条件的制约，施工方法，宜挖则挖、宜爆则爆，多种多样，因地制宜。

（4）路基工程和桥梁、涵洞、防护工程、路面工程等在施工中相互干扰、相互影响，应认真组织、妥善安排。

（5）应注意环境和生态保护，防止取土、弃土和排水沟、边沟等影响农田水利和排灌系统。

2. 车辆荷载对路基工程的基本要求

（1）具有足够的整体稳定性。

（2）具有足够的强度，也就是抵抗变形的能力。

（3）具有足够的水温稳定性，即在最不利的水温条件下，保持路基的强度仍能满足设计和行车荷载对路基的要求。

3. 路基工程施工的基本要求

（1）路基工程施工应满足设计和使用要求，并把试验检测作为主要的监控手段来指导路基工程施工。

（2）路基施工宜移挖作填，即把路堑段的挖方用作路堤填筑段的填方，减少占用土地并有利于环境保护，减少对自然景观的破坏，保持与地形地貌的协调。

（3）路基施工应严格按照规范要求来组织，特殊地区的路基施工采取相应的技术措施。

（4）石方挖方路基的施工，不宜采取大爆破的方法进行；必须使用时，需请有相应设计施工资质的单位，做出专门的设计，反复论证后，按大爆破的有关规定组织和实施。

三、路基填料

路基填筑工程量巨大，路基填料的选择一般采取因地制宜的原则，宜土则土、宜石则石。凡是具有规定强度且能被压实到规定密实度和能形成稳定路基的材料均为适用的填料。也就是说，不论是细粒土、粗粒土或是爆破之后的岩石或工业废渣，只要符合一定的技术要求，均可以用作路基填料。但在路基填料的选择上还要注意以下几点：

1. 路基填方应优先考虑使用级配较好的砾类土、砂类土等粗集料做填料，填料的最大粒径应小于 150 mm。

2. 当采用细粒土做填料时，最为符合规定。

3. 泥炭、淤泥、冻土、强膨胀土、有机土及易溶盐超过允许含量的土，不得直接用于填筑路基。液限大于 50%、塑性指数大于 26 的土以及含水量超过规定的土，也不得直接用于路基填料。确需使用上述土或黄土填筑路基时，必须采取一定的改善措施，使其满足要求，并取得监理工程师批准。

4. 钢渣、粉煤灰等可用作路基填料，其他工业废渣使用前应进行有害物质的检测，以免对土地和水源造成污染。

5. 浸水路基应选用渗水性良好的材料填筑，如中等颗粒的砂砾、级配碎石等，不应直接采用粉质土填筑。如必须采用细砂、粉砂等易液化的材料做填料时，应考虑防止震动液化的技术措施。

6. 桥梁台背应优先选用渗水性好的填料，在渗水材料缺乏的地区，可以使用石灰、水泥、粉煤灰等单独或综合处置的细粒土。

7. 填石路基的石块最大粒径应小于厚度的 2/3，路床顶面 50 cm 厚度内不得使用石块填筑。

四、路基施工期间的防水与排水

1. 在路基工程施工期间，为防止工程或附近农田、建筑物及其他设施受冲刷淤积，应修建临时排水设施，以保持施工场地处于良好的排水状态。

2. 临时性排水设施应与永久性排水设施相结合。施工场地流水不得排入农田、耕地或污染自然水源，也不应引起淤积、阻塞和冲刷。

3. 施工时，不论挖方或填方，均应做到各施工层表面不积水。因此，各施工层应随时保持一定的泄水横坡或纵向排水通道。挖方路基顶面或填方基底含水率过大时，应采取措施降低其含水率。

4. 临时排水设施及排水方案应报请监理检查验收。

五、路基基本施工方法

路基施工方法大致可分为以下几种：

1. 人工施工。人工施工采用手工工具，如小推车、扁担挑、铁锹挖人工填筑、人工石夯夯实的施工方法。人工施工工效低、进度慢，古代和近代的道路基本使用这种方法施工。目前道路施工中，特别小的项目和施工机械无法进入的区域，如庭院人行小路、块石路面，也主要采取人工施工方法。

2. 简易机械化施工。简易机械化施工是以人工为主、简易机械为辅的施工方式，采取人工战术，大兵团作战，仅在碾压、整形等环节使用机械作业施工方法。

3. 机械法施工。机械法施工是使用配套机械（个别工序辅以人工）相互协调，共同形成主要工序的综合机械化施工方法，目前高等级公路的施工都采用这种方法。

4. 爆破法施工。爆破法施工主要适用于石质路堑和隧道施工。

5. 水力机械法施工。水力机械法施工是使用水泵、水枪等水力机械喷射强力水流，冲散土层并流至指定地点沉积的施工方法。这种方法对电力和水源要求高，且沉积时间长，难以控制下工程质量，目前在公路施工中很少使用。

六、路基填方试验路段

对于一级以上公路，或使用新材料、新技术、新工艺、新设备的施工路段，施工单位在正式施工之前，应首先进行一定长度的试验路段，试验路段的施工方法与正式施工相同。进行试验路段的目的是：确定填方施工的松铺厚度，验证最佳含水量范围，确定碾压组合形式，确定最佳的机械配套和施工组织。路段试验应对所有的实验环节做好记录，包括：压实设备的类型，碾压组合方式，碾压速度和碾压遍数，含水量的大小及均匀程度，有无出现翻浆及处理办法，填料的松铺厚度及压实厚度，最后实测的压实度等。试验结果作为以后该种填筑材料施工控制的重要依据。

第二节 一般路基施工技术

一、土质路堤施工

（一）施工取土

1. 路基填方取土，应根据设计要求，结合路基排水和当地土地规划、环境保护要求进行，不得任意挖取。

2. 施工取土应不占或少占良田，尽量利用荒坡、荒地，取土深度应结合地下水等因素考虑，有利于复耕。原地面耕植土应先集中存放，以利于再用。

3. 自行选定取土方案时，应符合下列技术要求：

（1）地面横向坡度陡于1：10时，取土坑应设在路堤上侧。

（2）桥头两侧不宜设置取土坑。

（3）取土坑与路基之间的距离，应满足路基边坡稳定的要求。取土坑与路基坡脚之间的护坡道应平整密实，表面设1%~2%向外倾斜的横坡。

（4）取土坑兼做排水沟时，其底面宜高出附近水域的常水位或与永久排水系统及桥涵出水口的标高相适应，纵坡不宜小于0.2%，平坦地段不宜小于0.1%。

（5）线外取土坑等与排水沟、鱼塘、水库等蓄水（排洪）设施连接时，应采取防冲刷、防污染的措施。

4. 对取土造成的裸露面，应采取整治或防护措施。

（二）施工方法

路堤填筑是把填料用一定方式运送上堤进行铺平、碾压密实的过程。路堤填筑分为分层填筑法、竖向填筑法和混合填筑法三种。

1. 分层填筑法

路堤填筑根据不同的土质，从原地面逐层填起并分层压实，每层填土的厚度可按压实机具的有效压实深度和压实度确定。分层填筑法又可分为水平分层填筑和纵向分层填筑两种：

（1）水平分层填筑：填筑时按照横断面全宽分成水平层次，逐层向上填筑，如原地面不平，应由最低处分层填起，每填一层，经过压实符合规定要求之后，再填上一层，依此循环进行直至达到设计高程。

（2）纵向分层填筑：此方法适用于用推土机从路堑取土填筑距离较短的路堤，依纵坡方向分层，逐层向上填筑，原地面纵坡大于12%的地段常采用此法。

2. 竖向填筑法

竖向填筑是指从路基一端或两端同时按横断面的全部高度，逐步推进填筑。此方法适用于无法自下而上填筑的深谷、陡坡、断岩、泥沼等运土和机械无法进场的路堤。

竖向填筑因填土过厚不易压实，施工时要选用沉陷量较小、透水性较好及颗粒粒径均匀的砂石材料或附近开挖路堑的废石方，并一次填足路堤全宽度；选用振动式或夯击式压实机械；暂时不修建较高级的路面，容许短期内自然沉落。

3. 混合填筑法

混合填筑在路堤下层竖向填筑，上层水平分层填筑，使上部填土经分层压实获得需要的压实度。此方法适应于因地形限制或填筑堤身较高，不宜采用水平分层法和竖向填筑法自始至终进行填筑的情况。在深谷陡坡地段填筑路堤，尽量采用混合填筑法。施工时可以单机作业，也可多机作业，一般沿线路分段进行，每段距以 20~40m 为宜，多在地势平坦或两侧有可利用的山地土场的场合采用。

（三）施工要点

1. 地基表层处理应符合下列规定

（1）二级及二级以上公路路堤基底的压实度应不小于 90%；三、四级公路应不小于 85%。路基填土高度小于路面和路床总厚度时，基底应按设计要求处理。

（2）原地面坑、洞、穴等，应在清除沉积物后，用合格填料分层回填、分层压实。

（3）泉眼或露头地下水，应按设计要求，采取有效导排措施后方可填筑路堤。

（4）地基为耕地、松散土、水稻田、湖塘、软土、高液限土等时，应按设计要求进行处理，局部软弱的部分也应采取有效的处理措施。

（5）地下水位较高时，应按设计要求进行处理。

（6）陡坡地段、土石混合地基、填挖界面、高填方地基等都应按设计要求进行处理。

2. 路堤填筑应符合下列规定

（1）性质不同的填料，应水平分层、分段填筑，分层压实。同一水平层路基的全宽应采用同一种填料，不得混合填筑。每种填料的填筑层压实后的连续厚度不宜小于 500 mm。填筑路床顶最后一层时，压实后的厚度应不小于 100 mm。

（2）潮湿或冻融敏感性小的填料应填筑在路基上层，强度较小的填料应填筑在下层。在有地下水的路段或临水路基范围内，填筑透水性好的填料。

（3）在透水性不好的压实层上填筑透水性较好的填料前，应在其表面设 2%~4% 的双向横坡，并采取相应的防水措施。不得在由透水性较好的填料所填筑的路堤边坡上覆盖透水性不好的填料。

（4）每种填料的松铺厚度应通过试验确定。

（5）每一填筑层压实后的宽度不得小于设计宽度。

（6）路堤填筑时，应从最低处起分层填筑，逐层压实；当原地面纵坡大于 12% 或横坡陡于 1：5 时，应按设计要求挖台阶，或设置坡度向内并大于 4%、宽度大于 2m 的台阶。

（7）填方分几个作业段施工时，接头部位如不能交替填筑，则先填路段，按 1：1 坡度分层留台阶。如能交替填筑，则应分层相互交替搭接，搭接长度不小于 2 m。

3. 选择施工机械：应考虑工程特点、土石种类及数量、地形、填挖高度、运距、气候条件、工期等因素经济合理地确定。填方压实应配备专用碾压机具。

4. 压实度检测应符合以下规定

（1）用灌砂法、灌水（水袋）法检测压实度时，取土样的底面位置为每一压实层底部；用环刀法试验时，环刀中部处于压实层厚的 1/2 深度；用核子仪试验时，应根据其类型，按说明书要求办理。

（2）施工过程中，每一压实层均应检验压实度，检测频率为每 1 000 m² 至少检验 2 点，不足 1 000m² 时检验 2 点，必要时可根据需要增加检验点。

二、填石路堤施工

1. 填料要求

路堤填料粒径应不大于 500mm，并不宜超过层厚的 2/3，不均匀系数宜为 15~20。路床底面以下 400mm 范围内，填料粒径应小于 150 mm；路床填料粒径应小于 100 mm。膨胀岩、易溶性岩石不宜直接用于路堤填筑，强风化石料、崩解性岩石和盐化岩石不得直接用于路堤填筑。

2. 填筑方法

填石路堤的填筑施工方式有倾填（含抛填）和逐层填筑、分层压实两种。倾填又可分为石块从岩面爆破后直接散落在准备填筑的路堤内和用推土机将爆破后堆置在半路堑上的石块及用自卸汽车从远处运来的爆破石块推入路堤两种情况。高速公路、一级公路和铺设高级路面的其他等级公路的填石路堤不宜采用倾填式施工，而应采用分层填筑、分层压实的方法。二级及二级以下且铺设低级路面的公路在陡峻山坡段施工特别困难或大量爆破移挖做填时，可采用倾填方式将石料填筑于路堤下部，但倾填路堤在路床底面下不小于 1.0m 范围内仍应分层填筑压实。

采用分层填筑方式施工，又可分为机械作业和人工作业两种方法。机械施工分层填筑时，高速公路及一级公路分层松铺厚度一般为 50 cm，其他公路为 100 cm。施工中应安排好石料运行路线，专人指挥，按水平分层，先低后高、先两侧后中央卸料。由于每层填筑厚度较大，故摊铺平整工作必须采用大型推土机进行，个别不平处应配合人工用细块、石屑找平，如果石块级配较差、粒径较大、填层较厚，石块间的空隙较大时，可于每层表面的空隙里扫入石渣、石屑、中砂、粗砂，再以压力水将砂冲入下部，反复数次，使空隙填满。人工摊铺、填筑填石路堤，当铺填粒径 25cm 以上石料时，应先铺填大块石料，大面向下，小面向上，摆平放稳，再用小石块找平，石屑塞填，最后压实；铺填粒径 25cm 以下石料时，可直接分层摊铺、分层碾压。

3. 施工要点

（1）基层处理时：其承载力应满足设计要求；在非岩石地基上填筑填石路堤前，应按设计要求设过渡层。

（2）路堤施工前：应先修筑试验路段，确定满足孔隙率标准的松铺厚度、压实机械型号及组合、压实速度及压实遍数、沉降差等参数。

（3）路床施工前：应先修筑试验路段，确定能达到最大压实干密度的松铺厚度、压实机械型号及组合、压实速度及压实遍数、沉降差等参数。

（4）岩性相差较大的填料应分层或分段填筑：严禁将软质石料与硬质石料混合使用。

（5）中硬、硬质石料填筑路堤时：应进行边坡码砌。码砌边坡的石料强度、尺寸及码砌厚度应符合设计要求。边坡码砌与路基填筑宜基本同步进行。

（6）压实机械宜选用自重不小于 18 t 的振动压路机。

（7）在填石路堤顶面与细粒土填土层之间应按设计要求设过渡层。

4. 质量检验

（1）上、下路堤的压实质量标准。

（2）填石路堤施工过程中的每一压实层，可用试验路段确定的工艺流程和工艺参数，控制压实过程；用试验路段确定的沉降差指标检测压实质量。

（3）填石路堤填筑至设计标高并整修完成后，其施工质量应符合规定。

（4）填石路堤成型后的外观质量标准：路堤表面无明显孔洞；大粒径石料不松动，铁锹挖动困难；边坡码砌紧贴、密实，无明显孔洞、松动，砌块间承接面向内倾斜，坡面平顺。

三、土石路堤施工

土石路堤是指石料含量占总质量 30%~70% 的土石混合材料填筑的路堤。

1. 填料要求

（1）膨胀岩石、易溶性岩石等：不宜直接用于路堤填筑，崩解性岩石和盐化岩石等不得直接用于路堤填筑。

（2）天然土石混合填料中：中硬、硬质石料的最大粒径不得大于压实层厚的 2/3；石料最大粒径不得大于压实层厚。

2. 填筑方法

土石路堤不得采用倾填方法，只能采用分层填筑，分层压实。

当土石混合料中石料含量超过 70% 时，宜采用人工铺填，即先铺填大块石料，且大面向下，放置平衡，再铺小块石料、石渣或石屑，嵌缝找平，然后碾压。当土石混合料中石料含量小于 70% 时，可用推土机将土石混合料铺填，每层铺填厚度应根据压实机械类型和规格确定，不宜超过 40cm。用机械铺填时应注意避免硬质石块，特别是集中在一起的尺寸大的硬质石块。

3. 施工要点

（1）在陡、斜坡地段，土石路堤靠山一侧应按设计要求做好排水和防渗处理。

（2）压实机械宜选用自重不小于 18 t 的振动压路机。

（3）施工前应根据土石混合材料的类别分别进行试验路段施工，确定能达到最大压实干密度的松铺厚度、压实机械型号及组合、压实速度及压实遍数、沉降差等参数。

（4）碾压前应使大粒径石料均匀分散在填料中，石料间孔隙应填充小粒径石料、土和石渣。

（5）压实后透水性差异大的土石混合材料，应分层或分段填筑，不宜纵向分幅填筑。如确需纵向分幅填筑，应将压实后渗水良好的土石混合材料填于路堤两侧。

（6）土石混合材料来自不同料场，其岩性或土石比例相差较大时，宜分层或分段填筑。

（7）填料由土石混合材料变化为其他填料时，土石混合材料最后一层的压实厚度应小于 300 mm，该层填料最大粒径宜小于 150mm，压实后，该层表面应无孔洞。

（8）中硬、硬质石料的土石路堤，应进行边坡码砌。码砌边坡的石料强度、尺寸及码砌厚度应符合设计要求。边坡码砌与路堤填筑宜基本同步进行。软质石料土石路堤的边坡按土质路堤边坡处理。

4. 质量检验

（1）中硬、硬质石料土石路堤在施工过程中的每一次压实层，可用试验路段确定的工艺流程和工艺参数，控制压实过程；用试验路段确定的沉降差指标，检测压实质量。路基成型后质量应符合规定。

（2）软质石料填筑的土石路堤应符合地基表层处理的规定。

（3）土石路堤的外观质量标准包括路基表面无明显孔洞；大粒径填石无松动，铁锹挖动困难；中硬、硬质石料土石路基边坡码砌紧贴、密实，无明显孔洞、松动，砌块间承接面应向内倾斜，坡面平顺。

第三节 特殊路基施工技术

一、软土路基施工

淤泥、淤泥质土以及天然强度低、压缩性高、透水性小的一般黏性土统称为软土。软土路基天然含水率大于等于 35% 与液限；天然孔隙比大于等于 1 m；十字板抗剪强度小于 35 kPa；压缩系数宜大于 0.5 MPa^{-1}。

高速公路路基的软土系指标准贯击数小于 4，无侧限抗压强度小于 50kPa，含水量大于 50% 的黏性土和标准贯击数小于 10，含水量大于 30% 的砂性土。软土无论是按沉积成因还是按土质划分，它们都具有共同的工程性质，即颜色以深色为主，粒度成分以细颗粒为主，有机质含量高。天然含水量高，容重小，天然含水量大于液限，超过 30%；相对含水量大于 10；软土的饱和度高达 100%，甚至更大；天然重力密度为 1.5~19.0km³。天然孔隙比大，一般大于 1m。渗透系数小，一般小于 10^{-6}cm/s 数量级，沉降速度慢，固结完成所需时间较长。黏粒含量高，塑性指数大。高压缩性，压缩系数大，基础沉降量大，一般压缩系数大于 0.5 MPa^{-1}。强度指标小，软土的黏聚力小于 10 kPa，快剪内摩擦角小于 5°。固结快剪黏聚力小于 10 kPa，快剪内摩擦角小于 5°。固结快剪的强度指标略高，黏聚力小于 15 kPa，内摩擦角小于 10º。软土的灵敏度高，灵敏度一般在 2~10，有时大于 10，具有显著的流变特性。软土路基应进行路基处理并观测路堤沉降，按图纸或经监理工程师批准的处理方法进行施工。

（一）软土路基处理方法

1. 换填法：换填法是将原路基一定深度和范围内的淤泥挖除，换填符合规定要求的材料，使之达到规定压实度的方法。换填时，应选用水稳性或透水性好的材料，分层铺筑，逐层压实。

2. 抛石挤淤法：抛石挤淤法是在路基底从中部向两侧抛投一定数量的碎石，将淤泥挤出路基范围，以提高路基强度的方法。所用碎石宜采用不易风化的大石块，尺寸一般不小于 0.15 m。抛石挤淤法施工简单、迅速、方便。适用于常年积水的洼地，排水困难，泥炭呈流动状态，厚度较薄，表层无硬壳，片石能沉达底部的泥沼或厚度为 3~4 m 的软土；适用于在特别软的地面上施工，由于机械无法进入，或是表面存在大量积水无法排出时；适用于石料丰富，运距较短的情况。

3. 排水固结法：排水固结法可分为堆载预压法、真空预压法、降水预压法、电渗排水法，适用于处理厚度较大的饱和软土和冲填土路基，但对于较厚的泥炭层要慎重选择。

4. 胶结法

（1）水泥搅拌桩：水泥搅拌桩的适用范围为淤泥、淤泥质土、含水量较高的地层、地基承载力不大于 120kPa 的黏性土、粉土等软土路基。在有较厚泥炭土层的软土路基上，宜通过试验确定其适用性，并可适量添加磷石膏以提高搅拌桩桩身强度。当地下水中含有大量硫酸盐时，应选用抗硫酸盐硅酸盐水泥。

（2)高压喷射注浆法:高压喷射注浆法的适用范围为淤泥、淤泥质土、黏性土、黄土、砂土、人工填土和碎石土等路基。尤其适用于软弱路基的加固。湿陷性黄土以及土中含有较多的大粒径块石、坚硬性黏性土、大量植物根茎或过多有机质时，应根据现场试验结果确定其适用程度。对地下水流速较大或涌水工程以及对水泥有严重侵蚀的路基应慎用。

（3）灌浆法：灌浆法适用于处理淤泥、淤泥质土、粉土和含水量较高，且路基承载力标准值不大于 120 kPa 的黏性土等地基。当用于处理泥炭土或地下水具有侵蚀性时，宜通过试验以确定其适用性。

（4）水泥土夯实桩法：水泥土夯实桩法适用于地下水位以上的素填土、淤泥质土和粉土等。

5. 加筋土法：加筋土法的适用范围为人工填土、砂土的路堤、挡墙、桥台等；土工织物适用于砂土、黏性土和软土的加固，或用作反滤、排水和隔离的材料；树根桩适用于各类土，主要用于既有建筑物的加固及稳定土坡、支挡结构物；锚固法能可靠地锚固土层和岩层。对软弱黏土宜通过重复高压灌浆或采用多段扩体或端头扩体以提高锚固段锚固力。对液限大于 50% 的黏性土、相对密度小于 0.3 的松散砂土以及有机质含量较高的土层，均不得作为永久性锚固地层。

6. 振冲置换法：振冲置换法适用于不排水剪切强度 20 kPa≤CU≤50 kPa 的饱和软黏土、饱和黄土及冲填土。对不排水剪切强度小于 20 kPa 的地基应慎重选择。此法能使天然路基承载力提高 20%~60%。

7. 水泥粉煤灰碎石桩（简称 CFG 桩）法：CFG 桩法适用于淤泥、淤泥质土、杂填土、饱和及非饱和的黏性土、粉土，能使天然路基承载力提高 70% 以上。

8. 钢渣桩法：钢渣桩法适用于淤泥、淤泥质土、饱和及非饱和的黏性土、粉土。

9. 石灰桩法：石灰桩法适用于渗透系数适中的软黏土、杂填土、膨胀土、红黏土、湿陷性黄土。不适合地下水位以下的渗透系数较大的土层。当渗透系数较小时，软土脱水加固效果不好的土层慎用。

10. 强夯置换法：强夯置换法适用于饱和软黏土，一般适合于 3~6 m 的浅层处理。

11. 砂桩法：砂桩法适用于软弱黏性土，但应慎用，且需要较长的时间，对不排水剪切强度小于 15kPa 的软土应采用袋装砂井桩。

12. 夯坑基础法：夯坑基础法适用于软黏土、非饱和的黏性土、夯填土、湿陷性黄土。

13. 强夯法：强夯法适用于碎石、砂土、杂填土、素填土、湿陷性黄土及低饱和度的粉土和黏性土。对于高饱和度的粉土和黏性土，需经试验论证后方可使用，且应设置竖向排水通道。该法处理深度可达 10 多米，但强夯的震动可能会对周围环境造成不良影响，因此，使用时要求考虑周围环境因素。

14. 振冲法：振冲法是一种不添加砂石材料的振冲挤密法，一般宜用于 0.75mm 以上颗粒占土体 20% 以上的砂土，而添加砂石材料的振冲挤密法宜用于粒径小于 0.005mm 的黏粒含量不超过 10% 的粉土和砂土。

15. 挤密碎石桩法：挤密碎石桩法适用于松散的非饱和黏性土、杂填土、湿陷性黄土、疏松的砂性土。对饱和软黏土应慎重使用。

（二）软土路基施工方法

1. 抛石挤淤施工

（1）抛石挤淤应按设计要求或监理工程师的要求进行。

（2）应选用不易风化的片石，片石厚度或直径不宜小于 300 mm。

（3）当软土地层平坦，软土成流动状时，填土应沿路基中线向前呈三角形方式投放片石，再渐次向两侧全宽范围扩展，使泥沼或软土向两侧挤出。当软土地层横坡陡于 1∶10 时应自高侧向低侧抛投，并在低侧边部多抛填，使低侧边部约有 2m 的平台。

（4）片石抛出软土面或抛出水面后，应用较小石块填塞垫平，用重型压路机压实。

2. 垫层施工

垫层处置施工通常用于松软过湿的表面，采用排水、铺设填料或以掺加剂加固使地表层强度增加，防止地基局部剪切变形，从而保证重型机械通行，又使填土荷载均匀分布在地基上。

垫层材料宜采用无杂物的中粗砂，含泥量应不小于 5%；也可采用天然级配型砾料，其最大粒径应小于 50mm，砾石强度应不低于四级。垫层应分层摊铺压实，碾压到规定的压实度。垫层宽度应宽出路基边脚 500~1 000mm，两侧宜用片石护砌或采用其他方式防护。垫层采用砂砾料时，应避免粒料离析。在软、湿路基上铺以 0.3~0.5m 厚度的排水层，有利于软湿表层的固结，并形成填土的底层排水，在一定程度上能提高地基强度，使施工机械可以通行。碎石、岩渣垫层的一般厚度为 0.4 m 左右，并铺设单层或双层土工织物或土工网格，有利于均匀支承填土荷载，提高地基承载力，减少地基的沉降量。掺合料垫层是利用掺合料（石灰、水泥、土、加固剂）以一定剂量混合在填料土中，可改变地基的压缩性和强度特性，从而保证施工机械的通行。垫层大部分松散，应进行大部分或全部防护。

3. 袋装砂井施工

（1）袋装砂井施工工艺流程为：施工设备的准备→沉入套管→袋装砂沉入→就地填砂或井→预制砂袋沉放。

（2）袋装砂浆的成孔方法可根据机械设备条件进行比较选择：专用的施工设备一般为导管式的振动打设机械，只是在进行方式上有差异。成孔的施工方法有五种，即锤击沉入法、射水法、压入法、钻孔法及振动贯入法。

4. 碎石柱（砂桩）施工

（1）材料要求：采用中、粗砂，大于 0.6 mm 颗粒含量宜占总重的 50% 以上，含泥量应小于 3%，渗透系数大于 5×10^{-2}mm/s。也可使用砂砾混合料，含泥量应小于 5%。还可采用未风化碎石或砾石，粒径宜为 19~63 mm，含泥量应小于 10%。

（2）如果对砂桩质量要求较为严格或采用小直径管打大直径砂桩时，可以采用双管冲击法或单管振动重复压拨法成桩。

（3）施工前应按规定要求进行成桩试验：详细记录冲孔、清孔、制桩时间和深度、水压、冲水量、压入碎石用量及工作电流的变化等。通过试桩确定水压、工作电流等变化的幅值和规律（主要指土层变化与水压、工作电流的相应变化），并验证设计参数和施工控制的有关参数，作为振冲碎石桩成桩的施工控制指标。

（4）填料方式：采用"先护壁，后制桩"的办法施工。成孔时先达到软土层上部 1~2 m 范围内，将振冲器提出孔口加一批填料；下降振冲器使这批填料挤入孔壁，把这段孔壁加强以防塌孔；然后使振冲器下降至下一段软土中，用同样方法加料护壁。如此重复进行，直达设计深度。孔壁护好后，就可按常规步骤制桩了。

（5）桩的施工：桩的施工顺序一般采用由里向外、由一边推向另一边，或间隙跳打的方式。制桩操作步骤：先用振冲器成孔，而后借循环水清孔，最后倒入填料，再用振冲器沉至填料进行振实成型。

5. 加固土桩施工

（1）材料要求：

1）生石灰粒径应小于 2.36 mm，无杂质，氧化镁和氧化钙总量应不小于 85%，其中氧化钙含量应不小于 80%。

2）粉煤灰中二氧化硅和三氧化二铝含量应大于 70%，烧失量应小于 10%。

3）水泥宜用普通或矿渣水泥。

（2）成桩试验：加固土桩施工前必须进行成桩试验，桩数不宜少于 5 根，且满足以下要求：

1）应取得满足设计喷入量的各种技术参数，如钻进速度、提升中速度、搅拌速度喷气压力、单位时间喷入量等。

2）应确定能保证胶结料与加固软土拌和均匀性的工艺。

3）掌握下钻和提升的阻力情况，选择合理的技术措施。

4）根据地层、地质情况确定复喷范围。

（3）应根据固化剂喷入的形态（浆液或粉体），采用不同的施工机械组合。

（4）采用浆液固化剂时，制备好的浆液不得离析，不得停置过长。超过 2h 的浆液应降低等级使用。浆液拌和均匀、不得有结块，供浆应连续。

（5）采用粉体固化剂时，应符合以下规定：

1）严格控制喷粉标高和停粉标高，不得中断喷粉，确保桩体长度；严格控制粉喷时间停粉时间和喷入量；应采取措施防止桩体上下喷粉不匀、下部剂量不足、上下部强度差异大等问题；应按设计要求的深度复搅。

2）当钻头提升到地面以下小于 500 mm 时，送灰器停止送灰，用同剂量的混合土回填。钻头直径的磨损量不得大于 10mm。如喷粉量不足，应整桩复打，复打的喷粉量不小于设计用量。因故喷粉中断时，必须复打，复打重叠长度应大于 1m。

3）施工设备必须配有自动记录的计量系统。

（6）加固土桩施工质量，应符合相关规定。

6.CFG 桩施工

（1）材料要求

1）集料：应根据施工方法，选择合理的集料级配和最大粒径。

2）水泥：宜选用普通硅酸盐水泥。

3）粉煤灰：宜选用袋装Ⅱ、Ⅰ级粉煤灰。

（2）成桩试验

施工前应进行成桩试验，试桩数量宜为 5~7 根。CFG 桩试桩成功，经监理验收合格后，方可开始施工。

（3)CFG 桩施工要求

1）桩体施工应选择合理的施打顺序，一般应隔行隔桩跳打，相邻桩之间施工间隔时间应大于 7d，避免对已成桩造成损害。

2）成桩过程中，应对已打桩的桩顶进行位移监测。

3）混合料应拌和均匀：在施工中，每台机械每天应做 1 组（3 块）试块（试块为边长 150 mm 的立方体），经标准养生，测定其立方体抗压强度，应符合图纸规定。

4)CFG 桩沉管时间宜短，拔管速度控制在 1.2~1.5 m/min，不允许反插，以防止桩缩颈、断桩及桩身强度不均。

5）桩顶设 500mm 保护桩长，CFG 桩施工完成 7d 后，开挖至设计高程，截去保护桩长。CFG 桩施工完成 28d 后，方可填筑路基。

6）冬季施工时混合料入孔温度不得低于 5℃，对桩头和桩间土应采取保温措施。

7. 铺设土工合成材料

（1）土工合成材料的质量应符合设计要求及规范要求，在采用土工合成材料加筋的路堤填筑正式开工前，应结合工程先修筑试验路段，以指导施工。

（2）铺设土工合成材料应按图纸施工，在平整的下承层上全断面铺设，铺设时，土工织物应拉直平顺，紧贴下承层，不得扭曲、折皱。在斜坡上摊铺时，应保持一定松紧度。可采用插钉等措施固定土工合成材料于填土下承层表面。

（3）土工合成材料在铺设时，应将强度高的方向置于垂直于路堤轴线方向。

（4）应保证土工合成材料的整体性，当采用搭接法连接时，搭接长度宜为 300~600 mm；采用缝接法时，缝接宽度应不小于 50mm；采用黏结法时，黏结宽度应不小于 50mm，黏合强度应不低于土工合成材料的抗拉强度。

（5）铺设土工合成材料的土层表面应平整，表面严禁有碎块石等坚硬凸出物；在距土工合成材料层 80mm 以内的路堤填料，其最大粒径不得大于 60 mm。

（6）土工合成材料摊铺以后，应及时填筑填料，以避免其受到阳光过长时间的暴晒，一般情况下，间隔时间不应超过48h。填料应分层摊铺、分层碾压，所选填料及其压实度应符合规范的要求。与土工合成材料直接接触的填料中严禁含强酸性、强碱性物质。

（7）土工合成材料上的第一层填土摊铺宜采用轻型推土机或前置式装载机，一切车辆、施工机械只容许沿路堤的轴线方向行驶。

（8）对于软土地基，应采用后卸式货车沿加筋材料两侧边缘倾卸填料，以形成运土的交通便道，并将土工合成材料张紧。填料不允许直接卸在土工合成材料上面，必须卸在已摊铺完毕的土面上；卸土高度以不大于1 m为宜，以免造成局部承载能力不足。卸土后应立即摊铺，以免出现局部下陷。

（9）填成施工便道后，再由两侧向中心平行于路堤中线对称填筑，第一层填料宜采用推土机或其他轻型压实机具进行压实；只有当已填筑压实的垫层厚度大于600 mm后，才能采用重型压实机械压实。

（10）双层土工合成材料上、下层接缝应交替错开，错开长度不应小于500 mm。

（11）施工过程中土工织物不应出现任何损坏，以保证工程质量。

二、黄土地区路基施工

1.黄土路基的特点

湿陷性黄土一般呈黄色或黄褐色，粉土含量常占60%以上，含有大量的碳酸盐、硫酸盐等可溶盐类，天然孔隙比在1左右，肉眼可见大孔隙。在自重压力或自重压力与附加压力共同作用下，受水浸湿后土的结构迅速破坏而发生显著附加下沉。

2.施工准备工作

黄土地区路基施工，应做好施工期排水，将水迅速引离路基。在填挖交界处引出边沟时，应做好出水口的加固，排水设施接缝处应坚固不渗漏。

3.湿陷性黄土地基的处理方法

湿陷性黄土地基应采取拦截、排除地表水的措施，防止地表水下渗，减少地基地层湿陷下沉。其地下排水构造物与地面排水沟渠必须采取防渗措施。

若地基土层有强湿陷性或较高的压缩性，且容许承载力低于路堤自重压力时，应考虑地基在路堤自重和活载作用下所产生的压缩下沉。除采用防止地表水下渗的措施外，还可根据湿陷性黄土工程特性和工程要求，因地制宜采取换填土法、重锤夯实法、强夯法、预浸法、挤密法、化学加固法等措施对地基进行处理。

4.黄土填筑路堤要求

（1）路床填料不得使用老黄土，路堤填料不得含有粒径大于100 mm的块料。

（2）在填筑横跨沟堑的路基土方时，应做好纵横向界面的处理。

（3）黄土路堤边坡应拍实，并应及时予以防护，防止路表水冲刷。

（4）浸水路堤不得用黄土填筑。

5. 黄土路堑施工要求

（1）路堑路床土质应符合设计要求，密实度不足时，应采取措施碾压至要求的压实度。

（2）路堑施工前，应做好堑顶地表排水导流工程，路堑施工期间，开挖作业面应保持干燥。

（3）路堑施工中，如边坡地质与设计不符，可提出修改边坡坡度。

6. 地基陷穴处理方法

陷穴表面的防渗处理层厚度不宜小于 300 mm，并将流向陷穴的附近地表水引离。对现有的陷穴、暗穴，可以采用灌砂、灌浆、开挖回填等措施，开挖的方法可以采用导洞、竖井和明挖等。

挖方边坡坡顶以外 50m 范围内、路堤坡脚以外 20m 范围内的黄土陷穴应进行处理。挖方边坡坡顶以外的陷穴，若倾向路基，应做适当处理。对串珠状陷穴应彻底进行处置。

三、滑坡地段路基施工

1. 对于滑坡的处置，应分析滑坡的外表地形滑动面，滑坡体的构造、滑动体的土质及饱水情况，以了解滑坡体的形式和形成的原因，根据公路路基通过滑坡体的位置、水文、地质等条件，充分考虑路基稳定的施工措施。

2. 路基滑坡直接影响到公路路基稳定时，不论采用何种方法处理，都必须做好地表水及地下水的处理。

3. 对于滑坡顶面的地表水，应采取截水沟等措施处理，不让地表水流入滑动面内。必须在滑动面以外修筑 1~2 条截水沟，对于滑坡体下部的地下水源应截断或排出。

4. 在滑坡体未处置之前，禁止在滑坡体上增加荷载（如停放机械、堆放材料、弃土等）。

5. 对于挖方路基上边坡发生的滑坡，应修筑一条或数条环形水沟，但最近一条必须离滑动裂缝面最小 5m 以外，以截断流向滑动面的水流。截水沟可采用砂浆封面浆或砌片（块）石修筑，滑坡上面出现裂缝须填土进行夯实，避免地表水继续渗入，或结合地形，修建树枝形及相互平行的渗水沟与支撑渗沟，将地表水及渗水迅速排走。

6. 当挖方路基上边坡发生的滑坡不大时，可采用（台阶）减重、打桩或修建挡土墙进行处理以达到路基边坡稳定。采用打桩时，桩身必须深入滑动面以下设计要求的深度；采用修建挡土墙时，挡土墙基础必须置于滑动面以下的硬岩层上。同时，宜修统一排水沟、暗沟（或渗沟）排出地下水。滑坡较大时，可采用修建挡土墙、钢筋混凝土锚固桩或预应力锚索等方法处理，不论采用何种方法处理，其基础都必须置于滑动面以下的硬岩层上或达到设计要求的深度。同时宜修筑渗沟、排水涵洞（管）或集水井。

7.填方路堤发生的滑坡，可采用反压土方或修建挡土墙等方法处理。

8.沿河路基发生的滑坡，可修建河流调治构造物（堤坝、丁坝、稳定河床等）及挡土墙等处理。

9.滑坡表面处置可采用整平夯实山坡，填筑积水坑，堵塞裂隙或进行山坡绿化固定表土。

四、岩溶地区路基施工

以地下水为主、地表水为辅，以化学过程（溶解和沉淀）为主、机械过程（流水侵蚀和沉积、重力崩塌和堆积）为辅的石灰岩等可溶性岩石的破坏和改造作用称岩溶作用。岩溶作用所造成的地表形态和地下形态称岩溶地貌，岩溶作用及其产生的特殊地貌形态和水文地质现象统称为岩溶。

我国西南地区岩溶现象分布比较普遍，在广西、贵州、云南及川东、鄂西、湘西、粤北一带连成一片，石灰岩分布面积达 56 万 km²。全国石灰岩分布面积约 130 万 km²，是岩溶比较发育的国家。

1.岩溶地区公路路基工程的主要病害

（1）由于地下岩溶水的活动，或因地面水的消水洞穴阻塞，导致路基基底冒水、水淹路基、水冲路基以及隧道冒水、冒泥等病害。

（2）由于地下岩溶洞穴顶板的坍塌，引起位于其上的路基及其附属构造物发生坍陷、下沉或开裂。

（3）由于溶沟、溶槽、石芽等的存在造成地基不稳定，影响路基及其构筑物的稳定性或安全问题。

（4）某些岩溶形态的利用问题，如利用天生桥跨越地表河流，利用暗河溶洞扩建隧道等。

此外，岩石地区除了石灰岩类岩溶外，分布着各类危及路基的崩坍、岩堆，这类岩石多数属于炭质泥岩、页岩、麻岩、云母岩。还有由于煤田、矿区、油田及地下水过量开采和利用形成的采空区，往往引起路基沉陷、变形或开裂。这些地区修筑的路基具有相似处，把它们一并论述。

因此，在岩溶地区建造公路，应全面了解路线通过地带岩溶发育的程度和岩溶形态的空间分布规律，以便充分利用某些可以利用的岩溶形态，避让或防治影响路基稳定的岩溶病害。

2. 岩溶形态及岩溶类型

岩溶地区岩溶的形态类型很多:有石芽和溶沟(槽)、溶蚀裂隙、漏斗、溶蚀洼地、坡立谷和溶蚀平原、溶蚀残丘、孤峰和峰林、槽谷、落水洞、竖井、溶洞、暗河、天生桥、岩溶湖、岩溶泉以及土洞等。比较常见的岩溶形态有:

(1)漏斗:漏斗是常见的地表岩溶形态之一,由地表层的溶蚀和侵蚀作用伴随塌陷作用而成,呈碟状或倒锥状,平面上呈圆形或椭圆形,直径和深度一般由数米至数十米。

(2)溶蚀洼地:许多相邻的漏斗经流水溶蚀不断扩大汇合而成溶蚀洼地,平面上呈圆形或椭圆形,但规模比漏斗更大,直径由数百米至一两千米。溶蚀洼地周围有溶蚀残丘或峰丛峰林,底部常有落水洞和漏斗。

(3)坡立谷和溶蚀平原:溶蚀洼地充分发育,相邻的洼地彼此连通,发展成坡立谷。坡立谷长度、宽度从几十米至数千米不等,四周山坡陡峻,谷底宽平,覆盖着溶蚀残余的黄色、棕色或红色的黏性土,有时还有河流冲积层。常有河流纵贯坡立谷,河水从一端流入,于另一端被落水洞吸收,转入地下成暗河。有些坡立谷还耸立着孤峰。坡立谷进一步发展,即形成开阔宽广的溶蚀平原,溶蚀平原上还有许多其他岩溶形态。

(4)槽谷:槽谷是岩溶山区比较常见的一种长条形的槽状谷地,谷底平坦,谷坡陡峻,主要由水流长期溶蚀而形成。由于河谷底部发育有一系列漏斗、落水洞等,地表水流不断漏失,使原来的河谷失去排水作用,即成干谷。槽谷在大部分时间是干涸的,但在暴雨季节和排水不畅时,则会出现暂时的水流。

(5)落水洞、竖井:落水洞和竖井多由岩石裂隙经流水长期溶蚀扩大或由岩层塌陷而成,呈垂直或稍倾斜状,下部多与溶洞或暗河连通,是地表通向地下的流水通道。在广西所见到的,直径多在10m以下,深度多在10~30m。落水洞常产生在漏斗、槽谷、溶蚀洼地和坡立谷的底部,或河床的边缘,多呈串珠状分布。在雨季,由于落水洞排水不畅,常使槽谷、溶蚀洼地和坡立谷产生暂时性的积水,甚至发生淹水现象。

(6)溶洞:溶洞是一种近于水平方向发育的岩溶形态,常由溶水对岩层的长期溶蚀和塌陷作用而形成,是早期岩溶水活动的通道。规模较大的水平溶洞系统,主要是在岩溶水的水平循环带中产生的。溶洞系统比较复杂,规模、形态变化很大,除少部分洞身比较顺直,断面比较规则外,大部分是忽高忽低、忽宽忽窄,洞身曲折起伏很大。洞内普遍分布各种堆积物,有时还有河流流痕及砂砾、卵石冲积物,支洞多,常有丰富的岩溶水。

(7)暗河、天生桥:暗河是地下岩溶水汇集、排泄的主要通道,在岩溶发育地区,地下大部分都有暗河存在。其中部分暗河常与地面的槽谷伴随存在,通过槽谷底部的一系列漏斗、落水洞使两者互相连通。因此,可以根据这些地表岩溶形态的分布位置,概略地估计暗河在地下的发展方向。地下的暗河河道或溶洞塌陷,在局部地段有时会形成横跨水流的天生桥。

（8）岩溶泉：岩溶水流出地面即成岩溶泉。它是岩溶发育地区分布最广泛的一种岩溶现象，其中以下降泉居多，上升泉较少。岩溶泉有经常性和间歇性之分。间歇性泉旱季干涸，雨季流水。

当暗河流向非岩溶地区时，在可溶岩层与非可溶岩层接触带的边缘，经常是岩溶泉最发育的地方。

（9）岩溶湖：岩溶湖是由于槽谷、溶蚀洼地、坡立谷中的大型强斗底部的消水通道堵塞，或溶蚀平原局部洼地集水而成的湖泊。在溶洞中也常有小型的地下岩溶湖存在。

（10）土洞：在槽谷、坡立谷底部和溶蚀平原上，可溶性岩层常被第四纪的松散土层所覆盖，由于地下水位降低或水动力条件的改变，在岩溶水的淋滤、潜蚀、搬运作用下，使上部土层下落、流失或坍塌，形成大小不一、形态不同的土洞。如广西、贵州和粤北等地土层覆盖的岩溶地区（即埋藏岩溶地区），由于人为抽水、排水引起地下水位的变动，常形成土洞，直接危害路基的稳定。

3. 岩溶路基施工技术要点

岩溶地区路基常见病害主要表现为地下水位高而侵蚀路基路面，导致土基软化，路面开裂；暴雨时节冲垮路基，路床地面以下潜伏洞穴而产生凹陷。一般公路受造价的制约，当地往往又缺乏路基用土，故而采用矮路堤。矮路堤所固有的排水不畅、地基强度不足等病源在此得到充分暴露。因此，岩溶地区地基处理的措施是排水、填洞、跨越、利用。

岩溶地下水应因势利导，采用疏导、排除、降低地下水位的方法，消除对路床软化的影响，保证路基处于干燥或中湿状态。所有冒水的溶洞在施工中均不能堵塞水的出路。一般的做法是在与地下水道相连的漏斗、消水洞处一律修建涵洞。疏导建筑物一般可采用明沟、泄水洞、渗沟、涵洞等。

4. 崩坍、岩堆地区路基基底处理概要

在陡峭的山坡上，由于人工开挖、自然营力、风化、爆破的作用，岩（土）体从陡峭斜坡上向下倾倒、崩落、翻滚，破坏过程急剧、短促而猛烈，这个过程称崩坍。崩坍后岩（土）体的原来结构完全被打乱，互无联系，大石块抛落较远，土体集中，堆积而成倒石堆或岩堆。崩坍、岩堆地区路基处理的关键是边坡整治。路线应尽量避免通过原有的崩坍、岩堆地段。确有必要通过时，应探明其深度、范围、工程数量，采取清挖至原状土、设支挡结构物、桩基顶面打钢筋混凝土盖板、桩基与岩堆共同组成复合地基等措施。之后，按填土或填石路基施工。

第四节 路基防护与支挡设施

一、路基防护与支挡工程类型

在路基防护与支挡工程中，一般把防止风化和冲刷，主要起隔离、封闭作用的措施称为防护工程。防护工程不能承受外力作用，所以要求路基本身必须是稳定的。把防止路基或山体因重力作用而滑移，地基承载力不足而沉陷，主要起支承和加固作用的结构物称为支挡工程。它们当中有些措施往往兼有防护与加固作用。路基防护与支挡工程设施，按其作用不同，可分为边坡坡面防护、冲刷防护及支挡建筑物三大类。

1. 坡面防护

主要是保护路基边坡表面，免受雨水冲刷，减缓温差及温度变化的影响，防止和延缓软弱岩土表面的风化碎裂、剥蚀演变进程，从而保护路基边坡的整体稳定性，在一定程度上还可美化路容，协调自然环境。常用类型有植物防护浆（干）砌片石及混凝土预制块、坡面处置及综合防护等。

2. 冲刷防护

用于防护水流对路基的冲刷，可分为直接防护和间接防护等。直接防护类型有植物防护、砌石防护与加固等。间接防护主要指设置导流结构物，如丁坝、顺坝、防洪堤、拦水坝等，必要时进行疏浚河床、改变河道，以改变水流方向，避免或减缓水流对路基的直接破坏作用。

3. 支挡建筑物

用以防止路基变形或支挡路基本身或山体的位移，以保证其稳定性。常用的类型有挡土墙、土垛、石垛及浸水挡土墙等。

二、植物防护

进行公路边坡坡面防护，必须考虑当地的气候特点、边坡类型和工程经济特点。植物的选择应根据植物学特性，考虑公路结构、护管条件环境条件等。优先选择本地区的绿化植物、乡土植物和园林植物等；注重种类和生态习性的多样性；与附近的植物和风景等诸多条件相适应；兼顾近期和远期的植物规划，慢生和速生种类相结合；选择花枝、叶形态美观的植物。植物的配置应考虑如下条件：根据季节的变化要求，使用不同季节相变化的植物，丰富公路景观。南方一般地区植物防护种类宜做到花常开、叶常绿；北方有条件地区宜做到三季有花、四季常绿；有条件地区植物防护的空间配置在平面和立面的基础上，可采用自然式和规则式；草地与周围植物应根据景观、功能要求，利用对比等手法进行配置。

边坡的植物防护配比一般应通过种子发芽率试验和种植试验确定，种植试验一般分路堤边坡和路堑边坡，其中路堑边坡又可分为阳坡土质、阴坡土质，阳坡土夹石、阴坡土夹石，缀花边坡及纯石质边坡进行不同配比的试验，根据试验边坡植物的生长情况确定施工配比。

1. 植物防护的技术要求

（1）公路边坡植物防护应与主体工程相互协调：

1）路堤或路堑边坡，应考虑高度和坡度，利用护坡道、平台、碎落台，在满足土壤和灌木条件的前提下，进行植物防护。

2）一般坡度缓于 1.0∶1.5 的路基边坡可种植乔木，大乔木种植坡度缓于 1∶4，中乔木种植坡度缓于 1∶3。

3）坡度较陡、土质不佳时，可设计支架或砌筑植树坑，混凝土、砌石或喷射砂浆的边坡，可在边坡脚挖筑种植坑槽填客土或坡面预留坑槽填客土种植。

（2）土质或以土质为主的边坡，宜用灌木或混播抗逆性强的草种，并可多选用豆科植物进行植物防护，通过管护逐步稳定。种植香根草防护的路堤边坡。

（3）边坡平台宜选择灌木或小乔木植物防护。

（4）混凝土、砌石或喷射砂浆的边坡，可选择攀缘或悬垂的植物以及抗逆性强的灌木或小乔木植物防护。

（5）土夹石边坡，应结合防护工程，在改善水肥条件后，用灌木或草本植物防护。

2. 植物防护施工时间的选择

（1）边坡植物防护需在土建工程完成后进行：在土建施工完成并清除场地废物和其他有碍植物生长的杂物，边坡平整后开始边坡植物防护施工，上边坡植物防护应在边坡工程治理稳定后进行。

（2）施工季节宜在春季、雨季、秋季：春季在 3~4 月；雨季在 5~9 月；秋季在 10~11 月。

（3）植物防护施工应根据植物特性适时种植：

1）耐寒树种秋季落叶后种植为宜；耐寒性较差或珍贵的边缘树种宜在春季种植。

2）常绿树种、针叶树类宜在春季或雨季种植；常绿阔叶树类在春季、雨季种植效果好。

3）草地建植：采用营养体繁殖的，适宜时间是春末、夏初和深秋，以雨季为好。播种的时间，一般冷季型草以秋季为好，暖季型草宜在春末夏初。

（4）公路植物防护一般在生土场地，杂草源少时及时播种；如需使用恶杀草性除草剂，一般应在施用恶杀草性除草剂的 20~3d 后进行。

三、圬工防护

1. 喷浆喷射混凝土防护

喷浆喷射混凝土防护适用于易风化和坡面不平的岩石挖方边坡。喷浆、喷射混凝土的水泥用量较大，可用于重点工程或重点防护地段。根据实践经验，比较经济的砂浆是水泥、石灰、河砂及水四种原材料，厚度一般为 1~3 cm（喷浆）或 7~15cm（喷混凝土）。对坡面较陡或易风化的坡面，可以在喷射防护之前先铺设加筋材料，加筋材料可以用铁丝网或土工格栅。喷浆、喷射混凝土坡面应设置泄水孔，一般按 2~3m 的间距和排距设置。

2. 勾缝与灌浆防护

适用于比较坚硬，且裂缝多而细的岩石边坡，防止水分浸入岩层内造成病害。灌浆防护适用于坚硬，但裂缝较宽和较深的岩石边坡，借砂浆的胶结力，使坡面表层成为一个整体的防水层。

3. 护面墙

在各种软质岩层和较破碎岩石的挖方边坡，为免受大气、降雨因素影响而修建的护墙，称为护面墙。施工方法有干砌和浆砌两种，多用于易风化的片岩，如绿泥片岩、泥质页岩、千枚岩及其他风化严重的软岩挖方边坡防护。

4. 干砌片石护坡

干砌片石护坡适用于土质、软岩及易风化、破坏较严重的填挖方路基边坡，以防止雨、雪水冲刷。在砌面防护中，宜首选干砌片石结构，这不仅为了节省投资，而且可以适应较大的边坡变形。如在冻胀严重的路段，干砌片石就显得特别优越。对土质填方路段也能适应路基边坡沉落变形。但干砌片石护坡受水流冲击时，细小土颗粒易被流水冲刷带走，而引起较大的沉陷。

5. 浆砌片石护坡

浆砌片石护坡是公路建设，特别是高速公路建设中常用的工程防护方法。浆砌片石护坡是用水泥砂浆将片石空隙填满，使砌石成为一个整体，以保护坡面不受外界因素（水、大气等）的侵蚀，所以比干砌片石有更高的强度和稳定性。

6. 拱形骨架植草护坡

拱形骨架植草护坡多用于稳定的土质挖方路基边坡的防护。土质边坡一般采用液压喷播植草进行绿化施工；对风化严重的石质边坡，可在骨架中间透空部分填土后再进行种草、种树等植物防护工作。根据拱形骨架所采用的材料不同，又可分为浆砌片石拱形骨架植草护坡、现浇混凝土拱形骨架植草护坡、预制混凝土块拱形骨架植草护坡等类型。

第三章　路面工程施工技术

路面工程是整个施工项目当中最核心的一项，也是后期最需要维修维护的一项。在施工过程中，应当加强施工技术，为后续的维修维护节省成本与时间。本章主要介绍路面的施工技术。

第一节　路面工程基本知识

一、路面的概念、结构与分类

（一）路面的概念

路面是指用各种材料铺筑在路基上的供车辆行驶的构造物，其主要任务是保证车辆快速、安全、舒适地行驶，路面应能够承受交通荷载和自然因素的作用，还要与周围环境衬托协调。

（二）路面的结构

道路行车荷载和自然因素的作用一般随深度的增加而减弱，为适应这一特点，路面结构也是多层次的，路面结构一般由面层、基层、垫层组成，有的道路在面层和基层之间还设立了一个联结层。

1. 面层

面层位于整个路面结构的最上层，直接承受行车荷载，并受自然因素的影响。因此要求面层应有足够的强度、刚度和稳定性。另外，面层还应有良好的平整度和抗滑性能，以保证车辆安全平稳地通行。面层通常使用水泥混凝土、沥青混凝土、沥青碎石混合料做铺筑材料，有些道路也用块石、料石或水泥混凝土预制块铺筑道路面层，山区交通量很小的地区也直接用泥灰结碎石或泥结碎石做面层。面层可分层铺筑，称为上面层（表层）、中面层和下面层。

2. 基层

基层是指面层以下的结构层，主要起支撑路面面层和承受由面层传递来的车辆荷载的作用。因此基层应有足够的强度和刚度，基层也应有平整的表面，以保证面层厚度均匀、平整，基层还可能受到地表水和地下水的浸入，故应有足够的水稳定性，以防湿软变形而影响路面的结构强度。基层可采用水泥稳定类、石灰稳定类、石灰工业废渣稳定类以及级配碎砾石、填隙碎石或贫混凝土铺筑。当基层较厚时，应分为两层或三层铺筑，下层称为底基层，上层称为基层，中层视材料情况，可称为基层也可称底基层。选择基层材料时，为降低工程成本，应本着因地制宜的原则，尽可能使用当地材料。

3. 垫层

垫层设在土基和基层之间，主要适用于潮湿土基和北方地区的冻胀土基，用以改善土基的湿度和温度状况，起隔水（地下水和毛细水）、排水（基层下渗的水）、隔温（防冻胀）以及传递荷载和扩散荷载的作用。垫层材料不要求强度高，但要求水稳性能和隔热性能好。常用的垫层材料有砂砾、炉渣或卵圆石组成的透水性垫层和石灰土或石灰炉渣土组成的稳定性垫层。

4. 联结层

联结层指为加强面层和基层的共同作用或减少基层裂缝对面层的影响，而设在基层上的结构层，经常被视为面层的组成部分。联结层一般采用颗粒较大的沥青稳定碎石、大粒径透水性沥青稳定碎石或沥青灌入式。

（三）路面的分类

从路面力学特性角度划分，传统的分法把路面分为柔性路面和刚性路面。随着科技的进步，又有了新的发展，路面分类进一步得到细化。

1. 柔性路面

柔性路面是指刚度较小，抗弯拉强度较低，主要靠抗压和抗剪强度来承受车辆荷载作用的路面。其主要特点是刚度小，在车轮荷载的作用下弯沉变形较大，车轮荷载通过时路面各层向下传递到路基的压应力较大。

2. 刚性路面

刚性路面是指路面板体刚度大，抗弯拉强度较高的路面，其主要特点是，抗弯拉强度高、刚度大，处于板体工作状态，竖向弯沉较小，传递给下层的压应力较柔性路面小得多。

3. 半刚性路面

中国在公路建设中大量使用了水泥稳定类、石灰稳定类和石灰粉煤灰稳定类材料做基层，这些基层材料随着龄期的增长，其强度和刚度也在缓慢地增长，但最终的强度和刚度仍远小于刚性路面，其受力特点也不同于柔性路面。以沙庆林院士为首的中国公路路面科研人员，将其称为半刚性路面基层，加铺沥青面层之后，称为半刚性路面。

4. 复合式基层路面

上部使用柔性基层，下部使用半刚性基层的基层称为复合式基层。它的受力特点是处于半刚性基层和柔性基层中间的一种结构，可以提高柔性路面的承载能力，在加铺沥青面层之后，称之为复合式路面。

在当前的一个时期内国内大量使用了半刚性路面基层。半刚性基层的整体性好，但易形成温度裂缝和干缩裂缝，并经反射造成沥青面层开裂，水渗入后在行车荷载的作用下出现唧浆现象，进而形成公路路面的早期损坏。将半刚性基层用作下基层，上覆以柔性基层，成为复合式结构，不仅可以提高基层的承载力，也可以扩散半刚性基层裂缝产生的水平应力，进而截断反射裂缝向上传递的途径。同时，柔性基层多采用级配碎砾石结构，具有一定的排水功能。进一步完善基层边缘排水设计，应能起到预防路面早期破坏的效果。重交通量和多雨潮湿地区目前已开始混合基层的研究和实践。

二、路面施工的特点和基本要求

路面工程是直接承受行车荷载的结构，需经受严酷的自然环境和行车荷载的反复作用，因此对路面工程也提出了更高的要求。

（一）路面施工的特点

1.机械化程度高

随着经济的发展，机械制造业也发展迅速，各种类型、各种功能的路面施工机械相继出现，以前使用人工施工为主的路面施工已经转变为机械化施工为主，人工为辅的局面。如何更好地发挥机械性能，减轻人工的劳动强度，也是路面工程施工组织的重要内容。

2.工程数量均匀，容易进行流水作业

一般情况下，一个工程项目路面工程的结构类型和设计厚度是相同的或相近的，除交叉口和收费区范围外，每千米工程数量是均匀的，这使得采取流水作业法安排路面工程施工变得更加容易。

3.路面施工材料相对比较均匀，更容易控制路面质量

采用细粒土的路面基层底基层材料，用沿线的土进行基层底基层施工，虽然也符合因地制宜的原则，但相对于路基工程——土石混合来讲，土质差别比较小，可以利用塑性指数的差别制定统一的质量控制标准来控制基层质量（如建立相同强度下，塑性指数与灰剂量的关系；或建立相同灰剂量情况下，塑性指数与最大干密度的关系等）。对于采取砂石材料进行施工的路面基层和面层，由于材料的产地相同，材质更加均匀，所以更容易用同样的质量标准来控制生产。

4.与桥梁工程、台背回填、防护工程施工有相互干扰

在施工进度安排上，因桥梁工程、台背回填、防护工程的滞后影响基层施工时，可采取跳跃施工的方法。面层施工时，应已完成上述工作，不影响面层施工的连续性。

5.废弃材料处理

应注意不对绿化工程、防护工程和水资源造成污染，必要时应采取环境保护措施。

6.半刚性基层沥青路面的基层重排与面层的施工安排

宜在同一年内施工，以减少半刚性基层的反射性裂缝和沥青面层的早期损坏。

（二）对路面工程的基本要求

一般来说，不同等级的公路对路面的使用品质具有不同的要求，主要表现在一定设计年限内允许通行的交通量和要求道路提供的服务等级。首先，路面在设计年限内通过预测交通量的情况下，路面应保持一定的承载能力和抗疲劳能力；其次，路面在风吹、日晒、雨淋、严寒、酷暑、冻融等复杂的自然条件下，在设计年限内应保持一定的稳定性和耐久性；最后就是在设计年限内经过一定的养护管理，路面应具有与公路等级相适应的服务水平，为车辆行驶提供安全可靠、快捷舒适的服务。具体来说，对路面工程有以下要求：

1.具有足够的强度和刚度

路面承受车辆在路面行驶时作用于路面的水平力、垂直力，并伴随着路面的变形（弯沉盆）和车辆的振动，受力模型比较复杂，会引起各种不同应力，如压应力、弯拉应力、剪应力等。路面的整体或结构的某一部分所受的力超出其承载能力，就出现路面病害，如断裂、沉陷等，在动载的不断作用下，进而出现碎裂和坑槽。因此必须保证路面整体和路面的组成部分具有足够的强度，包括修建路面的原材料，如砂石、水泥等，复合性材料，如水泥混凝土、沥青混凝土和路面结构本身。刚度是指路面抵抗变形的能力，刚度不足时路面在车辆荷载的作用下也会产生变形、车辙、沉陷、波浪等破坏现象，因此要求路面具有足够的刚度，使路面整体和各组成部分的变形量控制在弹性变形范围内。

2.具有足够的稳定性

路面结构袒露在自然环境之中，经水和温度等影响，其力学性能和技术品质发生变化。路面稳定性包括以下内容。高温稳定性：在夏季高温条件下，沥青材料如没有足够的抗高温的能力，会发生泛油、面层软化，在车辆荷载的作用下产生车辙、波浪和推挤，水泥路面则可能发生拱胀开裂。低温抗裂性：冬季低温条件下，路面材料如没有足够的抗低温能力，会出现收缩、脆化或开裂。水泥路面也会出现收缩裂缝，气温骤变时出现翘曲而破坏。水温稳定性：雨季路面结构应有一定的防水、抗水或排水能力，否则在水的浸泡作用下，强度会下降，甚至出现剥离、松散、坑槽等破坏。

3.具有足够的平整度

路面应有良好的平整度，不平整的路面会使车辆颠簸，行车阻力增大，影响行车安全和司乘舒适度，加剧路面和车辆的损坏。因此，路面应具有与公路等级相适应的平整度。

4. 粗糙度和抗滑性能

路面表层直接接触车轮，路面表层应有一定的粗糙度和抗滑性能，车轮和路面表层间应有足够的附着力和摩擦阻力，保证车辆在爬坡、转弯、制动时车轮不空转或打滑。路面抗滑性不仅对保证安全行车十分重要，而且对提高车辆的运营效益也有重要意义。

5. 耐久性

阳光的暴晒、水分的浸入和空气氧化作用都会对路面结构和材料产生作用，尤其是沥青材料会出现老化，并失去原有的技术品质，导致路面开裂、脱落，甚至大面积松散破坏。因此在路面修筑时，应尽可能选用有足够抗疲劳、抗老化、抗变形能力的路用材料，以提高路面的耐久性，延长路面的使用寿命。

6. 尽可能低的扬尘性

汽车在路面上行驶，车身后及轮胎后产生的真空吸力作用将吸引路面表层或其中的细颗粒而引起尘土飞扬，造成污染并影响行车视距，给沿线居民卫生和农作物造成不良影响，尤其以砂石路面为甚。所以除非在交通量特别小或抢修临时便道的情况下，一般不要用砂石路面结构。

7. 具有尽可能低的噪声

噪声污染也影响居民的正常生活，穿越居民区的公路路面可采用减噪混凝土，以降低噪声。

三、路面施工用材料

路面工程施工中，材料起着至关重要的作用，有些新建公路路面工程出现早期破坏，材料质量是最重要的影响因素。路面结构层所用材料应满足强度、稳定性和耐久性等要求。路面施工需用材料广泛，物理力学性能各异，有些材料适用于路面基层，有些材料适用于路面面层，也有些材料既可用于基层也可用于面层，但技术要求和力学性能指标略有不同。以下对路面工程所用的主要工程材料的分类和基本要求进行分述。

（一）路面材料质量监控

路面材料从工程质量控制角度出发，应对集料、结合料质量进行监控，同时也应对路面混合料及辅助材料进行质量监控，只有这样才能更好地保证路面工程质量。

（二）路面材料的基本要求

路面用材料种类繁多，需求量大。路面各结构层使用的材料均应满足强度、稳定性和耐久性的要求，以保证路面各层次质量。选择路面用材料时也应依照因地制宜的原则，但更重要的是各类路面材料必须符合路面各结构层次的技术要求。

1.基层、底基层用材料

（1）水泥：普通硅酸盐水泥、矿渣硅酸盐水泥和火山灰质硅酸盐水泥均可用作基层结合料，但宜选用终凝时间较长的水泥。

（2）石灰：石灰质量应符合《建筑生石灰》和《建筑消石灰》规定的合格以上级的生石灰或消石灰的技术指标。

（3）粉煤灰：粉煤灰中 SO_2、Al_2O_3 和 Fe_2O_3 的总含量应大于 70%，烧失量不宜大于 20%，比表面积宜大于 2 500 cm^2/g。

（4）细粒土：无机结合料稳定的细粒土，其技术要求应符合规定。

（5）中粗粒土：级配碎石、未筛分碎石、砂砾碎石土、煤矸石、砂砾土均可作为路面基层材料，其颗粒直径不宜大于 37.5 mm。

集料压碎值：高速公路和一级公路按结构层次和结构类型一般应不大于 30%，二级公路一般不大于 30%~35%，三级及以下公路一般不大于 35%~40%。

2.沥青面层用材料

（1）道路石油沥青：

1）道路石油沥青的质量应符合规范规定的技术要求。经建设单位同意，沥青的 PI 值、60℃动力黏度、15℃延度可作为选择性指标。

2）沥青路面采用的沥青标号，宜按照公路等级、气候条件、交通条件、路面类型及在结构层中的层位和受力特点施工方法等，结合当地的使用经验，经技术论证后确定。

（2）乳化沥青：

1）乳化沥青适用于沥青表面处置路面、沥青灌入式路面、冷拌沥青混合料路面，修补裂缝，喷洒透层、黏层与封层等。

2）乳化沥青类型根据集料品种及使用条件选择。阳离子乳化沥青可适用于各种集料品种，阴离子乳化沥青适用于碱性石料。乳化沥青的破乳速度、黏度宜根据用途与施工方法选择。

3）制备乳化沥青用的基质沥青，对高速公路和一级公路而言，应符合《道路石油沥青》中 A、B 级沥青的要求，其他情况可采用 C 级沥青。贮存期以不离析、不冻结、不破乳为度，宜存放在立式罐中，并保持适当搅拌。

（3）液体石油沥青：液体石油沥青适用于透层、黏层及拌制冷拌沥青混合料。根据使用目的与场所，可选用快凝、中凝、慢凝的液体石油沥青，其质量应符合相关规范规定。液体石油沥青宜采用针入度较大的石油沥青，使用前按先加热沥青后加稀释剂的顺序，掺配煤油或轻柴油，经适当的搅拌稀释制成。掺配比例根据使用要求由试验确定。

（4）煤沥青：道路用煤沥青的标号根据气候条件、施工温度、使用目的选用，其质量应符合相关规范的规定。各种等级公路的各种基层上的透层，宜采用 T-1 或 T-2 级，其他等级不符合喷洒要求时可适当稀释使用。三级及三级以下的公路铺筑表面处置或灌入式沥青路面，宜采用 T-5、T-6 或 T-7 级。与道路石油沥青、乳化沥青混合使用，以改善渗透性。道路用煤沥青严禁用于热拌热铺的沥青混合料，做其他用途时的贮存温度宜为 70~90℃，且不得长时间贮存。

（5）改性沥青：改性沥青可单独或复合采用高分子聚合物、天然沥青及其他改性材料制作。各类聚合物改性沥青的质量应符合相关规范的规定，当使用其他聚合物及复合改性沥青时，可通过试验研究制订相应的技术要求。改性沥青须在固定式工厂或在现场设厂集中制作，改性沥青的加工温度不宜超过 180℃。

（6）粗集料

1）沥青层用粗集料包括碎石、破碎砾石、筛选砾石、钢渣、矿渣等，但高速公路和一级公路不得使用筛选砾石和矿渣。粗集料必须由具有生产许可证的采石场生产或施工单位自行加工。

2）粗集料应该洁净、干燥、表面粗糙，质量应符合规范的规定。当单一规格集料的质量指标达不到表中要求，而按照集料配合比计算的质量指标符合要求时，工程上允许使用。对受热易变质的集料，宜采用经搅拌和机烘干后的集料进行检验。

3）粗集料的粒径规格应按照规范的规定选用。破碎砾石应采用粒径大于 50mm、含泥量不大于 1% 的砾石轧制，经过破碎且存放期超过 6 个月的钢渣可作为粗集料使用。钢渣在使用前应进行活性检验，要求钢渣中的游离氧化钙含量不大于 3%，浸水膨胀率不大于 2%。

（7）细集料

1）沥青路面的细集料包括天然砂、机制砂和石屑，其规格应分别符合相关规范要求。

2）细集料应洁净、干燥、无风化、无杂质，并有适当的颗粒级配。细集料的洁净程度，天然砂以小于 0.075 mm 含量的百分数表示，石屑和机制砂以砂当量（适用于 0~4.75 mm）或亚甲蓝值（适用于 0~2.36 mm 或 0~0.15 mm）表示。

3）热拌密级配沥青混合料中天然砂的用量通常不应超过集料总量的 20%，并且是在不得已情况下经试验论证后才可采用的。SMA 和 OGFC 混合料不得使用天然砂。

（8）填料

1）沥青混合料的矿粉必须采用石灰岩或岩浆岩中的强基性岩石等憎水性石料经磨细得到的矿粉，原石料中的泥土杂质应除净。矿粉应干燥、洁净，能自由地从矿粉仓流出，其质量应符合相关规范的规定。

2）拌和机的粉尘严禁回收使用。

3）粉煤灰作为填料使用时，用量不得超过填料总量的 50%，粉煤灰的烧失量应小于 12%，与矿粉混合后的塑性指数应小于 4%，其余质量要求与矿粉相同。高速公路、一级公路的沥青面层不宜采用粉煤灰做填料。

3. 水泥路面用材料

（1）水泥

1）各等级公路均宜优先选用旋窑生产的道路硅酸盐水泥，确有困难时或中轻交通路面可以使用立窑水泥，低温天气施工或有快速通车要求的路段可采用 R 型早强水泥。各交通等级路面用水泥的抗折强度、抗压强度应符合规范的规定。

2）水泥进场时每批量应附有化学成分、物理力学指标合格的检验证明。各交通等级路面所使用水泥的化学成分、物理性能等品质要求应符合规范的规定。

3）采用机械化铺筑时，宜选用散装水泥。散装水泥的夏季出厂温度：南方不宜高于 65℃，北方不宜高于 55℃。混凝土搅拌时的水泥温度：南方不宜高于 60℃，北方不宜高于 50℃，且不宜低于 10℃。

4）当贫混凝土和碾压混凝土用作基层时，可使用各种硅酸盐类水泥。不掺用粉煤灰时，宜使用强度等级 32.5 级以下的水泥。掺用粉煤灰时，只能使用道路水泥、硅酸盐水泥、普通水泥。水泥的抗压强度、抗折强度、安定性和凝结时间必须检验合格。

（2）粉煤灰及其他掺合料

1）混凝土路面在掺用粉煤灰时，应掺用质量指标符合规定的电收尘Ⅰ、Ⅱ级干排或磨细粉煤灰，不得使用Ⅰ级粉煤灰。贫混凝土、碾压混凝土基层或复合式路面下面层应掺用符合规定的Ⅱ级或Ⅱ级以上粉煤灰，不得使用等外粉煤灰。

2）粉煤灰宜采用散装灰，进货应有等级检验报告，并了解所用水泥中已经加入的掺合料种类和数值。

3）路面和桥面混凝土中可使用硅灰或磨细矿渣，使用前应经过试配检验，确保路面和桥面的混凝土弯拉强度、工作性、抗磨性、抗冻性等技术指标合格。

（3）粗集料

1）粗集料应使用质地坚硬、耐久、洁净的碎石、碎卵石和卵石，并应符合规范的规定。高速公路、一级公路、二级公路及有抗（盐）冻要求的三、四级公路混凝土路面使用的粗集料级别应不低于Ⅱ级，无抗（盐）冻要求的三、四级公路混凝土路面，碾压混凝土及贫混凝土基层可使用Ⅲ级粗集料。有抗（盐）冻要求时，Ⅰ级集料吸水率不应大于 1.0%；Ⅱ级集料吸水率不应大于 2.0%。

2）用作路面和桥面混凝土的粗集料不得使用不分级的统料，应按最大公称粒径的不同采用 2~4 个粒级的集料进行掺配，并应符合合成级配的要求。卵石最大公称粒径不宜大于 19.0 mm；碎卵石最大公称粒径不宜大于 26.5 mm；碎石最大公称粒径不应大于 31.5 mm；贫混凝土基层粗集料最大公称粒径不应大于 31.5 mm；钢纤维混凝土与碾压混凝土粗集料最大公称粒径不宜大于 19.0 mm。碎卵石或碎石中粒径小于

75μm的石粉含量不宜大于1%。

（4）细集料

1）细集料应采用质地坚硬、耐久、洁净的天然砂、机制砂或混合砂，并应符合规定。高速公路、一级公路、二级公路及有抗（盐）冻要求的三、四级公路混凝土路面使用的砂应不低于Ⅱ级，无抗（盐）冻要求的三、四级公路混凝土路面，碾压混凝土及贫混凝土基层可使用Ⅱ级砂。特重、重交通混凝土路面宜使用河砂，砂的硅质含量不应低于25%。

2）细集料的级配要求应符合规定，路面和桥面用天然砂宜为中砂，也可使用细度模数在2.0~3.5的砂。同一配合比用砂的细度模数变化范围不应超过0.3，否则应分别堆放，并调整配合比中的砂率后使用。

3）路面和桥面混凝土所使用的机制砂还应检验砂浆磨光值，其值宜大于35，不宜使用抗磨性较差的泥岩、页岩、板岩等水成岩类母岩生产机制砂。配制机制砂混凝土应同时掺引气高效减水剂。

4）在河砂资源紧缺的沿海地区，二级及二级以下公路混凝土路面和基层可使用淡化海砂，缩缝设传力杆混凝土路面不宜使用淡化海砂，钢筋混凝土及钢纤维混凝土路面和桥面不得使用淡化海砂。淡化海砂带入每立方米混凝土中的含盐量不应大于1.0kg，碎贝壳等甲壳类动物残留物含量不应大于1.0 kg。

（5）水：饮用水可直接用作混凝土搅拌和养护用水。如果有质疑，检验硫酸盐含量小于0.0027mg/mm³，含盐量不得超过0.005 mg/mm³，pH值不得小于4，合格后方可使用。

（6）外加剂

1）外加剂的产品质量应符合各项技术指标。供应商应提供有相应资质外加剂检测机构的品质检测报告，检验报告应说明外加剂的主要化学成分，认定对人员无毒副作用。

2）引气剂应选用表面张力降低值大、水泥稀浆中起泡容量多而细密、泡沫稳定时间长、不溶残渣少的产品。有抗冰（盐）冻要求地区，各交通等级路面、桥面、路缘石、路肩及贫混凝土基层必须使用引气剂；无抗冰（盐）冻要求地区，二级及二级以上公路路面混凝土中应使用引气剂。

3）各交通等级路面、桥面混凝土宜选用减水率大、坍落度损失小、可调控凝结时间的复合型减水剂。高温施工宜使用引气缓凝（保塑）（高效）减水剂；低温施工宜使用引气早强（高效）减水剂。选定减水剂品种前，必须与所用的水泥进行适应性检验。

4）处在海水、海风、氯离子、硫酸根离子环境或冬期洒除冰盐的路面或桥面，钢筋混凝土、钢纤维混凝土中宜掺阻锈剂。

（7）钢筋：各交通等级混凝土路面、桥面和搭板所用钢筋网传力杆、拉杆等钢筋应符合国家有关标准的技术要求。所用钢筋应顺直，不得有裂纹、断伤、刻痕、表面油污和锈蚀。传力杆钢筋加工应锯断，不得挤压切断，断口应垂直、光圆，用砂轮打磨掉毛刺，并加工成 2~3 mm 的圆倒角。

（8）钢纤维：用于公路混凝土路面和桥面的钢纤维应满足《混凝土用钢纤维》的规定，单丝钢纤维抗拉强度不宜小于 600MPa。钢纤维长度应与混凝土粗集料最大公称粒径相匹配，最短长度宜大于粗集料最大公称粒径的 1/3；最大长度不宜大于粗集料最大公称粒径的 2 倍；钢纤维长度与标称值的偏差不应超过 ±10%。

在路面和桥面混凝土中，宜使用防锈蚀处理的钢纤维和有锚固端的钢纤维，不得使用表面磨损、前后裸露尖端导致行车不安全的钢纤维和搅拌易成团的钢纤维。

（9）接缝材料

1）胀缝板：宜选用适应混凝土面板膨胀和收缩，施工时不变形、弹性复原率高、耐久性好的产品。高速公路、一级公路宜采用塑胶、橡胶泡沫板或沥青纤维板，其他公路可采用各种胀缝板。

2）填缝材料：填缝材料应具有与混凝土板壁黏结牢固、回弹性好、不溶于水、不渗水，高温时不挤出、不流淌、抗嵌入能力强、耐老化皲裂、负温拉伸量大，低温时不脆裂、耐久性好等性能。

四、路面施工的基本方法

路面工程是层状结构，路面工程施工的共同点是几乎所有的路面结构（手摆拳石和条石路面等结构除外）都需要拌和混合料、摊铺和压实三道工序，路面工程施工主要有三种方法：人工路拌法、机械路拌法、拌机铺法。

1. 人工路拌法

人工摊土（石料）、人工拌和、简易机械压实，基层施工主要有人工翻拌法、人工筛拌法等，沥青面层施工主要有沥青灌入式和人工冷拌沥青混合料、使用砂盘人工拌和沥青混合料等。其主要的特点是：用工数量大，劳动强度大，工作效率低，工程质量受人为因素影响大，且质量不稳定，安全生产和防护措施比较严格，安全生产难度大。

2. 机械路拌法

路面基层施工以机械路拌法为主的施工方法，其操作是以人工或机械分层摊铺各种路用材料，然后用路拌机械拌和，整形后碾压成形。这也是目前路面底基层和二级以下公路路面基层常用的施工方法。其主要特点是：用人工数量大大减少，混合料拌和质量较好，但如不严控拌和深度，易出现素土夹层。

对于高速公路和一级公路除直接和土基相邻的路面底基层外，不宜采用机械路拌法施工，而应采取厂拌机铺法施工。

3. 厂拌机铺法

随着高速公路的快速发展，无机结合料稳定粒料路面基层得到广泛的应用，这种结构多使用厂拌机铺法，此外，沥青碎石和沥青混凝土路面的施工、水泥混凝土路面的施工，也采用厂拌机铺法，即用专门的厂拌机械拌制混合料，用专门的摊铺机械摊铺路面的施工方法。其主要特点是：机械化程度高，混合料配比准确，厚度控制、高程控制比较直观，但需要大量的自卸运输车辆。

五、路面工程试验路段

在进行大面积施工之前，修筑一定长度的试验路段是很必要的，在高速公路与一级公路的工程实践中，施工单位通过修筑试验路段，进行施工优化组合，把施工中存在的问题找出来，并采取措施予以克服，提出标准的施工方法和施工组合用来指导大面积施工，从而使整个工程施工质量高、进度快。

修筑试验路段的任务是：检验拌和、运输、摊铺、碾压、养生等模拟投入设备的可靠性；检验混合料的组成设计是否符合质量要求及各道工序的质量控制措施；提出用于大面积施工的材料配比和松铺系数；确定每一作业段的合适长度和一次铺筑的合理厚度；对于沥青混合料还应提出施工温度的保障措施，水泥稳定类混合料还应提出在延迟时间内完成碾压的保证措施等；最后提出标准施工方法。标准施工方法的主要内容应包括：集料与结合料数量的控制与计量方法；摊铺方法；合适的拌和方法；拌和深度、拌和速度、拌和遍数；混合料最佳水量控制方法；沥青混合料油石比的控制方法；整平和整形的合适机具与方法；平整度及厚度的控制方法；压实机械的组合、压实顺序、速度和遍数；压实度的检查方法和对比试验，机械的选型与配套，自卸车辆与摊铺机械的配合等。

第二节　路面基层施工技术

一、路面粒料基层施工工技术

（一）粒料分类及适用范围

1. 粒料分类

（1）嵌锁型：包括泥结碎石、泥灰结碎石、填隙碎石等。

（2）级配型：包括级配碎石、级配砾石、符合级配的天然砂砾部分砾石经轧制掺配而成的级配砾石、碎石等。

2.粒料类适用范围

（1）级配碎石可用于各级公路的基层和底基层。

（2）级配砾石、级配碎砾石以及符合级配、塑性指数等技术要求的天然砂砾，可适用于轻交通的二级和二级以下公路的基层以及各级公路的底基层。

（3）填隙碎石可用于各级公路的底基层和二级以下公路的基层。

（二）对原材料的技术要求

1.各类基层底基层的集料压碎值应符合相关的规定。

2.填隙碎石的单层铺筑厚度。厚度宜为10~12 cm，最大粒径宜为厚度的0.5~0.7倍。用作基层时，最大粒径不应超过53mm；用作底基层时，最大粒径不应超过63mm。填隙料可用石屑或最大粒径小于10 mm的砂砾料或粗砂，主骨料和填隙料的颗粒组成可参照有关规范的规定。

3.级配碎石宜用几种粒径不同的碎石和石屑掺配拌制而成，其粒料的级配组成应符合相应的试验规程的要求且级配应接近圆滑曲线。用于底基层的未筛分碎石的级配，宜符合相应的试验规程的要求。级配碎石用作基层时，其压实度不应小于98%；用作底基层时，其压实度不应小于96%。

4.级配砾石或天然砂砾用作基层或底基层，其颗粒组成应符合相应的试验规程的要求且级配宜接近圆滑曲线。级配砾石或天然砂砾用作基层时，其重型击实标准的压实度不应小于98%，CBR值不应小于60%；用作底基层时，其重型击实标准的压实度不应小于96%，CBR值对轻交通道路不应小于40%，对中等交通道路不应小于60%。

二、路面无机结合料稳定基层施工技术

（一）无机结合料稳定类（半刚性类）基层分类及适用范围

1.分类。

（1）水泥稳定土：包括水泥稳定级配碎石、未筛分碎石、砂砾、碎石土、砂砾土、煤矸石、各种粒状矿渣等。

（2）石灰稳定土：包括石灰稳定级配碎石、未筛分碎石、砂砾碎石土、砂砾土、煤矸石、各种粒状矿渣等。

（3）石灰工业废渣稳定土：可分为石灰粉煤灰类与石灰其他废渣类两大类。除粉煤灰外，可利用的工业废渣包括煤渣、高炉矿渣、钢渣（已经过崩解达到稳定）及其他冶金矿渣、煤矸石等。

2.适用范围。

（1）水泥稳定土：适用于各级公路的基层和底基层，但水泥稳定细粒，土不能用

作二级和二级以上公路高级路面的基层。

（2）石灰稳定土：适用于各级公路的底基层以及二级和二级以下公路的基层，但石灰土不得用作二级公路的基层和二级以下公路高级路面的基层。

（3）石灰工业废渣稳定土：适用于各级公路的基层和底基层，但二灰、二灰土和二灰砂不应做二级和二级以上公路高级路面的基层。

（二）对原材料的技术要求

1. 水泥。普通硅酸盐水泥、矿渣硅酸盐水泥和火山灰质硅酸盐水泥均可做结合料，但应是初凝时间 3h 以上和终凝时间较长（宜在 6 h 以上）的水泥。

2. 石灰。石灰质量应符合 GB1594-1979 规定的Ⅲ级以上消石灰或生石灰的技术指标。应检验石灰的有效钙和氧化镁含量。

3. 粉煤灰。粉煤灰中 SO_2 和 Fe_2O 的总含量应大于 70%，烧失量不宜大于 20%，比表面积宜大于 2 500 cm²/g（或 90% 通过 0.3 mm 筛孔，70% 通过 0.075 mm 筛孔）。

4. 集料。要满足级配要求的规定。

5. 无机结合料稳定细粒土时，细粒土应符合相关的要求。

6. 水泥稳定类材料的压实度（按重型击实标准）及 7d（在非冰冻区 25℃、冰冻区 20℃条件下湿养 6d、浸水 1 d）龄期的无侧限抗压强度应满足相关要求。

7. 水泥剂量。应通过配合比设计试验确定，但设计水泥剂量宜按配合试验确定的剂量增加 0.5%~1.0%，对集中厂拌法宜增加 0.5%，对路拌法宜增加 1%。当水泥稳定中、粗粒土做基层时，应控制水泥剂量不超过 6%。

8. 采用水泥稳定碎石土、砾石土或含泥量大的砂、砂砾。这时宜掺入一定剂量石灰进行综合稳定，当水泥用量占结合料总量的 30% 以上时，应按水泥稳定类进行设计，否则按石灰稳定类设计。

9. 水泥稳定粒径均匀且不含或含细料很少的砂砾、碎石以及不含土的砂时，宜在集料中添加 20%~40% 的粉煤灰或添加剂量为 10%~12% 的石灰土进行综合稳定。

10. 石灰粉煤灰稳定类材料的压实度（按重型击实标准）及 7 d（在非冰冻区 25℃、冰冻区 20℃条件下湿养 6 d、浸水 1 d）龄期的无侧限抗压强度应满足相关的要求。

（三）其他要求

1. 为提高石灰粉煤灰稳定土的早期强度，宜在混合料中掺入 1%~2% 的水泥。

2. 石灰稳定土用于沥青路面的基层时，除层铺法表面处治外，应在基层上做下封层。

3. 石灰稳定土用于基层时，颗粒的最大粒径不应超过 37.5mm；用于高速公路和一级公路的底基层时，颗粒的最大粒径不应超过 37.5 mm；用于其他等级公路的底基层时，颗粒的最大粒径不应超过 53 mm。

4. 不含黏土的砂砾、级配碎石和未筛分碎石，应采用石灰土稳定，石灰土与集料的质量比宜为 1：4，集料应具良好的级配。

5. 石灰稳定土的压实度（按重型击实标准）及 7d（在非冰冻区 25℃、冰冻区 20℃ 条件下湿养 6 d、浸水 1 d）龄期的无侧限抗压强度应满足相关的要求。

第三节　路面工程施工技术

一、水泥混凝土路面原材料施工技术

（一）水泥

水泥属于水硬性无机胶凝材料，是公路工程的主要材料之一。按不同类别以水泥的主要水硬性矿物、混合材料、用途和主要特性进行水泥的命名，力求简明准确。公路工程中使用的水泥对其化学性质和物理性质有较高的要求，水泥中的氧化镁含量不得超过 5%，三氧化硫含量不得超过 3%，抗压强度和抗折强度要符合国家标准。水泥按照水泥砂浆试件 3d、28d 的强度分不同等级，水泥的强度等级分为 32.5 级、32.5R 级、42.5 级、42.5R 级、52.5 级、52.5R 级等。公路工程主要使用硅酸盐类水泥中的五种通用水泥，即：硅酸盐水泥、普通硅酸盐水泥、矿渣硅酸盐水泥、火山灰质硅酸盐水泥和粉煤灰硅酸盐水泥，路面工程还会用上道路硅酸盐水泥。

（二）水泥混凝土

水泥混凝土具有可浇性、经济、耐用、耐热、能效高、现场制作、艺术性、能耗低、原料丰富、可就地取材等优点。但水泥混凝土也有抗拉强度低、韧性差、体积不稳定、强度重量比值低等缺点。用于公路工程施工的混凝土主要有桥涵水泥混凝土和道路水泥混凝土。

（三）混凝土外加剂

1. 特性。混凝土外加剂是在混凝土制作过程中加入的一种少量甚至微量材料，其使得混凝土在施工、硬化过程中或硬化后具有某些新的特性。

2. 分类。混凝土外加剂按其主要功能分为四类：改善混凝土拌合物流变性能的外加剂——各种减水剂、引气剂和泵送剂等；调节混凝土凝结时间、硬化性能的外加剂——早强剂、缓凝剂和速凝剂等；改善混凝土耐久性的外加剂——引气剂、防水剂和阻锈剂等；改善混凝土其他性能的外加剂——加气剂膨胀剂、防冻剂、着色剂、防水剂和泵送剂等。

二、水泥混凝土路面施工方法

水泥混凝土路面，包括普通混凝土（素混凝土）、钢筋混凝土、连续配筋混凝土、预应力混凝土、装配式混凝土、钢纤维混凝土和混凝土小块铺砌等面层板和基（垫）层所组成的路面。

目前采用最广泛的是就地浇筑的普通混凝土路面，简称混凝土路面。所谓普通混凝土路面，是指除接缝区和局部范围（边缘和角隅）外不配置钢筋的混凝土路面。

水泥混凝土路面具有强度高、稳定性好、耐久性好、养护费用少、有利于夜间行车、有利于带动当地建材业的发展等优点，但对水泥和水的需要量大且存在有接缝、开放交通较迟、修复困难等缺点。

水泥混凝土面层铺筑的技术方法有小型机具铺筑、滑模机械铺筑、轨道摊铺机铺筑、三辊轴机组铺筑和碾压混凝土等方法。

（一）模板及其架设与拆除

施工模板应采用刚度足够的槽钢、轨模或钢制边侧模板，不应使用木模板、塑料模板等易变形模板；支模前在基层上应进行模板安装及摊铺位置的测量放样，核对路面标高、面板分板、胀缝和构造物位置；纵横曲线路段应采用短模板，每块横板中点应安装在曲线切点上。模板安装应稳固、平顺、无扭曲，应能承受摊铺、振实、整平设备的负载行进，冲击和振动时不发生位移。模板与混凝土拌合物接触表面应涂脱模剂，模板拆除应在混凝土抗压强度不小于 8.0 MPa 时方可进行。

（二）混凝土拌合物搅拌

搅拌楼的配备，应优先选配间歇式搅拌楼，也可使用连续搅拌楼。

每台搅拌楼在投入生产前，必须进行标定和试拌。在标定有效期满或搅拌楼搬迁安装后，均应重新标定。施工中应每 15dS 校验一次搅拌楼计量精确度。搅拌楼配料计量偏差不得超过规定。不满足时，应分析原因，排除故障，确保拌合计量精确度。采用计算机自动控制系统的搅拌楼时，应使用自动配料生产，并按需要打印每天（周、旬、月）对应路面摊铺桩号的混凝土配料统计数据及偏差。

应根据拌合物的黏聚性、均质性及强度稳定性试拌确定最佳拌合时间。

外加剂应以稀释溶液加入，其稀释用水和原液中的水量，应从拌合加水量中扣除。

拌合引气混凝土时，搅拌楼一次拌合量不应大于其额定搅拌量的 90%。纯拌合时间应控制在含气量最大或较大时。

（三）混凝土拌合物的运输

1.应根据施工进度、运量、运距及路况，选配车型和车辆总数。总运力应比总拌合能力略有富余。确保新拌混凝土在规定时间内运到摊铺现场。

2. 运输到现场的拌合物必须具有适宜摊铺的工作性。不同摊铺工艺的混凝土拌合物从搅拌机出料到运输、再到铺筑完毕的允许最长时间应符合时间控制的规定。不满足时应通过试验、加大缓凝剂或保塑剂的剂量。

3. 混凝土运输过程中应防止漏浆、漏料和污染路面，途中不得随意耽搁。自卸车运输应减少颠簸防止拌合物离析。车辆起步和停车应平稳。

第四节 路面工程质量通病及防治

一、无机结合料基层裂缝的防治

（一）原因分析

1. 混合料中石灰、水泥、粉煤灰等比例偏大；集料级配中细料偏多，或石粉中性指数偏大。

2. 碾压时含水量偏大。

3. 成型温度较高，强度形成较快。

4. 碎石中含泥量较高。

5. 路基沉降尚未稳定或路基发生不均匀沉降。

6. 养护不及时、缺水或养护时洒水量过大。

7. 拌和不均匀。

（二）预防措施

1. 石灰稳定土基层裂缝的主要防治方法。

（1）改善施工用土的土质，采用塑性指数较低的土或适量掺加粉煤灰。

（2）掺加粗粒料，在石灰土中适量掺加砂、碎石、碎砖、煤渣及矿渣等。

（3）保证拌和遍数。控制压实含水量，需要根据土的性质采用最佳含水量，避免含水量过高或过低。

（4）铺筑碎石过渡层，在石灰土基层与路面间铺筑一层碎石过渡层，可有效避免裂缝。

（5）分层铺筑时，在石灰土强度形成期，任其产生收缩裂缝后，再铺筑上一层，可有效减少新铺筑层的裂缝。

（6）设置伸缩缝。在石灰土层中，每隔 5~10m 设一道伸缩缝。

2. 水泥稳定土基层裂缝的主要防治方法。

（1）改善施工用土的土质，采用塑性指数较低的土或适量掺加粉煤灰或掺砂。

（2）控制压实含水量，根据土的性质采用最佳含水量，含水量过高或过低都不好。

（3）在能保证水泥稳定土强度的前提下，尽可能采用少的水泥用量。

（4）一次成型，尽可能采用慢凝水泥，加强对水泥稳定土的养护，避免水分挥发过多。养护结束后应及时铺筑下封层。

（三）治理措施

1. 可采用聚合物加特种水泥压力注入法修补水泥稳定粒料的裂缝。

2. 加铺高抗拉强度的聚合物网。

3. 破损严重的基层，应将原破损基层整幅开挖维修，不应横向局部或一个单向车道开挖，以避免板边受力产生不利后果，最小维修长度一般为 6m。维修半刚性基层所用材料也应是同类半刚性材料。

4. 一般情况下，石灰土被用于底基层时，根据其干缩特性，应重视初期养护，保证基层表面处于潮湿状态，防止干晒。在石灰稳定土施工结束后，要及早铺筑面层，使基层含水量不发生大的变化，以减轻干缩裂隙。

二、沥青混凝土路面不平整的防治

（一）原因分析

1. 路面不均匀沉降。

2. 基层不平整。

3. 桥头、涵洞两端及桥梁伸缩缝的跳车。

4. 路面摊铺机械及工艺水平对平整度的影响。

5. 面层摊铺材料的质量对平整度的影响。

6. 碾压对平整度的影响。

（二）预防措施

1. 在摊铺机及找平装置使用前，应仔细设置和调整，使其处于良好的工作状态，并根据实铺效果随时进行调整。

2. 现场应设置专人指挥运输车辆，以保证摊铺机的均匀连续作业，摊铺机不在中途停顿，不得随意调整摊铺机的行驶速度。

3. 路面各个结构层的平整度应严格控制，严格执行工序间的交验制度。

4. 针对混合料中沥青性能特点，确定压路机的机型及重量，并确定出施工的初次碾压温度，合理选择碾压速度，严禁在未成型的油面表层急刹车及快速起步，并选择合理的振频、振幅。

5. 在摊铺机前设专人清除掉在"滑靴"前的混合料及摊铺机履带下的混合料。

6. 为改进构造物伸缩缝与沥青路面衔接部位的牢固度及平顺度，先摊铺沥青混凝土面层，再做构造物伸缩缝。

7. 做好沥青混凝土路面接缝施工。

（三）治理措施

1. 在摊铺层表面有个别超尺寸颗粒，被熨平板带动而在层面划出不规则的小沟，或在摊铺层表面有少数超尺寸颗粒因被熨平板带动而在其后形成小坑洞。

处理方法：人工及时用适量的细集料沥青混合料填补，并及时碾压整平。

2. 摊铺机后局部一片或一条较宽的带内沥青混合料中的大碎石被压碎。

处理方法：人工及时把被压碎的碎石混合料铲除，选用合适的沥青混合料补齐和整平。

3. 表面层混合料有离析现象（大料集中）。

处理方法：人工及时补撒适量的细集料沥青混合料。

三、沥青混凝土路面接缝病害的防治

（一）原因分析

1. 横向接缝

（1）采用平接缝，边缘未被处理成垂直面。采用斜接缝时，施工方法不当。

（2）新旧混合料的黏结不紧密。

（3）摊铺、碾压不当。

2. 纵向接缝

（1）施工方法不当。

（2）摊铺、碾压不当。

（二）预防措施

1. 横向接缝

（1）尽量采用平接缝。将已摊铺的路面尽头边缘在冷却但尚未结硬时锯成垂直面，并与纵向边缘成直角，或趁未冷透时用凿岩机或人工垂直刨除端部层厚不足的部分。采用斜接缝时，注意搭接长度，一般为 0.4~0.8m。

（2）预热软化已压实部分路面，加强新旧混合料的黏结。

3. 摊铺机起步速度要慢，并在调整好预留高度摊铺结束后立即碾压，压路机先进行横向碾压（从先铺路面上跨缝开始，逐渐移向新铺面层），再纵向碾压成为一体，碾压速度不宜过快。同时也要注意碾压的温度要符合要求。

2. 纵向接缝

（1）尽量采用热接缝施工，采用两台或两台以上摊铺机梯队作业。当半幅路施工或因特殊原因而产生纵向冷接槎时，宜加设挡板或加设切刀切齐，也可在混合料尚未冷却前用镐刨除边缘留下毛槎的方式。铺另半幅前必须将缝边缘清扫干净，并涂洒少量黏层沥青。

（2）将已摊铺混合料留 10~20cm 暂不碾压，作为后摊铺部分的高程基准面，待后摊铺部分完成后一起碾压。纵缝为热接缝时，应以 1/2 轮宽进行跨缝碾压；纵缝为冷接缝时，应先在已压实的路上行走，只压新铺层的 10~15cm，随后将压实轮每次再向新铺面移动 10~15cm。

（3）碾压完成后，用 3m 直尺检查，用钢轮压路机处理棱角。

（三）治理措施

接缝处理不好常容易产生的缺陷是接缝处下凹或凸起，以及由于接缝压实度不够和结合强度不足而产生裂纹甚至松散。施工时应边压边以 3m 直尺测量，并配以人工细料找平。对于横向接缝，在摊铺层施工结束后再用 3m 直尺检查端部平整度，不符合要求者应趁混合料尚未冷却时立即处理，以摊铺层面直尺脱离点为界限，用切割机切缝挖除。

四、水泥混凝土路面裂缝的防治

（一）原因分析

1. 横向裂缝

（1）混凝土路面切缝不及时，由于温缩和干缩发生断裂。混凝土连续浇筑长度越长，浇筑时气温越高，基层表面越粗糙，越易断裂。

（2）切缝深度过浅，由于横断面没有明显削弱，应力没有释放，因而在邻近缩缝处产生新的收缩缝。

（3）混凝土路面基础发生不均匀沉陷（如穿越河道、沟槽，拓宽路段处），导致板底脱空而断裂。

（4）混凝土路面板厚度与强度不足，在行车荷载和温度作用下产生强度裂缝。

（5）水泥干缩性大；混凝土配合比不合理，水灰比大；材料计量不准确；养护不及时。

（6）混凝土施工时，振捣不均匀。

2. 纵向裂缝

（1）路基发生不均匀沉陷，如纵向沟槽下沉、路基拓宽部分沉陷、路堤一侧积水、排灌等导致路基基础下沉，板块脱空而产生裂缝。

（2）由于基础不稳定，在行车荷载和水、温度的作用下，产生塑性变形或者基层材料水稳性不良，产生湿软膨胀变形，导致各种形式的开裂，纵缝也是其中一种破坏形式。

（3）混凝土板厚度与基础强度不足产生的荷载型裂缝。

3.龟裂

（1）混凝土浇筑后，表面没有及时覆盖，在炎热或大风天气，表面游离水分蒸发过快，体积急剧收缩，导致开裂。

（2）混凝土拌制时水胶比过大；模板与垫层过于干燥，吸水多。

（3）混凝土配合比不合理，水泥用量和砂率过大。

（4）混凝土表面过度振捣或抹平，使水泥和细集料过多上浮至表面，导致缩裂。

（二）预防措施

1.横向裂缝

（1）严格掌握混凝土路面的切缝时间。

（2）当连续浇捣长度很长，切缝设备不足时，可在 1/2 长度处先锯，之后再分段锯；可间隔几十米设一条压缝，以减少收缩应力的积聚。

（3）保证基础稳定、无沉陷。在沟槽、河道回填处必须按规范要求，做到密实、均匀。

（4）混凝土路面的结构组合与厚度设计应满足交通需要，特别是重车、超重车行驶的路段。

（5）选用干缩性较小的硅酸盐水泥或普通硅酸盐水泥。严格控制材料用量，保证计量准确，并及时养护。

（6）混凝土施工时，振捣要适度、均匀。

2.纵向裂缝

（1）对于填方路基，应分层填筑、碾压，保证其均匀、密实。

（2）对新旧路基界面处的施工应设置台阶或格栅，保证路基衔接部位的严格压实，防止相对滑移。

（3）河道地段，淤泥必须彻底清除；沟槽地段，应采取措施保证回填材料有良好的水稳性和压实度，以减少沉降。

（4）在上述地段应采用半刚性基层，并适当增加基层厚度；在拓宽路段应加强土基，使其具有略高于旧路的强度，并尽可能保证有一定厚度的基层能全幅铺筑；在容易发生沉陷的地段，混凝土路面板应铺设钢筋网或改用沥青路面。

（5）混凝土路面板厚度与基层结构应按现行规范设计，以保证应有的强度和使用寿命。基层必须稳定。宜优先采用水泥、石灰稳定类基层。

3. 皱裂

（1）混凝土路面浇筑后，及时用潮湿材料覆盖，认真浇水养护，防止强风和暴晒。在炎热季节，必要时应搭棚施工。

（2）配制混凝土时，应严格控制水灰比和水泥用量，选择合适的粗骨料级配和砂率。

（3）在浇筑混凝土路面时，将基层和模板浇水湿透，避免吸收混凝土中的水分。

（4）干硬性混凝土采用平板振动器时，应防止过度振捣而使砂浆积聚表面。砂浆层厚度应控制在 2~5mm 范围内。抹面时不必过度抹平。

（三）治理措施

1. 横向裂缝

（1）当板块裂缝较大，咬合能力严重削弱时，应局部翻挖修补，先沿裂缝两侧一定范围画出标线，最小宽度不宜小于 1m，标线应与中线垂直，然后沿缝锯齐，凿去标线间的混凝土，浇捣新混凝土。

（2）整块板更换。

（3）用聚合物灌浆法封缝或沿裂缝开槽嵌入弹性或刚性黏合修补材料，起封缝防水作用。

2. 纵向裂缝

（1）如属于土基沉陷等原因引起的，则宜先从稳定土基着手或者等待其自然稳定后，再着手修复。在过渡期可采取一些临时措施，如封缝防水；严重影响交通的板块，挖除后可用沥青混合料修复。

（2）裂缝的修复，如采用一般性的扩缝嵌填或浇筑专用修补剂有一定效果，但耐久性不易保证；采用扩缝加筋的办法进行修补具有较好的增强效果。

（3）翻挖重铺是一个常用的有效措施，但基层必须稳定可靠，否则必须首先从加强、稳定基层方面入手。

3. 皱裂

（1）如混凝土在初凝前出现皱裂，可采用镘刀反复压抹或重新振捣的方法来消除，再加强湿润覆盖养护。

（2）一般对结构强度无影响，可不予处理。

（3）必要时应用注浆进行表面涂层处理，封闭裂缝。

五、水泥混凝土路面断板的防治

（一）原因分析

1. 混凝土板的切缝深度不够、不及时，以及压缝距离过大。

2. 车辆过早通行。

3. 原材料不合格。

4. 基层材料的强度不足，水稳性不良，以致受力不均，出现应力集中而导致的开裂断板。

5. 基层标高控制不严和不平整。

6. 混凝土配合比不当。

7. 施工工艺不当。

8. 边界原因。

（二）预防措施

1. 做好压缝并及时切缝。

2. 控制交通车辆。

3. 合格的原材料是保证混凝土质量的必要条件。

4. 强度、水稳性、基层标高及平整度的控制。

5. 施工工艺的控制。

6. 边界影响的控制。

（三）治理措施

1. 裂缝的修补

裂缝的修补方法有直接灌浆法、压注灌浆法、扩缝灌注法、条带罩面法、全深度补块法。

2. 局部修补

（1）对于轻微断裂，裂缝有轻微剥落的断板，先画线放样，按画线范围凿开成深 5~7cm 的长方形凹槽，刷洗干净后，用快凝细石混凝土填补。

（2）对轻微断裂，裂缝较宽且有轻微剥落的断板，应按裂缝两侧至少各 20cm 的宽度放样，按画线范围开凿成深至板厚一半的凹槽，此凹槽底部裂缝应与中线垂直，刷洗干净凹槽，在凹槽底部裂缝的两侧用冲击钻离中线沿平行方向，间距为 30~40cm，打眼贯通至板厚达基层表面，然后清洗凹槽和孔眼，在孔眼安设Ⅱ型钢筋，冲击钻钻头采用 φ30 规格，Ⅱ型钢筋采用 φ22 螺纹钢筋制作，安设钢筋完成后，用高强度等级砂浆填塞孔眼至密实，最后用与原路面相同等级的快凝混凝土浇筑至与路面齐平。

（3）较为彻底的办法是将凹槽凿至贯通板厚，在凹槽边缘两侧板厚中央打洞，深 10cm，直径为 4cm，水平间距为 30~40cm。每个洞应先将其周围润湿，插入一根直径为 18~20mm、长约 20mm 的钢筋，然后用快凝砂浆填塞捣实，待砂浆硬后浇筑快凝混凝土夯捣实，至与路面平齐即可。

3. 整块板更换

对于严重断裂，裂缝处有严重剥落，板被分割成 3 块以上，有错台或裂块并且已经开始活动的断板，应采用整块板更换的措施。基层强度不足或渗水软化，以及路基不均匀沉降，造成混凝土板断裂成破碎板或严重错台时，应将整块板凿除，在处治好基层以及路基后，重新浇筑新的混凝土板，或采用混凝土预制块或条块石换补。对于路基稳定性差，沉降没有完全结束的段落，建议采用预制块换补断板。对基层也要求采用水泥稳定层。修补块的缝隙宜用水泥砂浆或沥青橡胶填满，以防渗水破坏。重新浇筑新的混凝土板时，若采用常规材料修复或更换，则养护期长，影响交通，最好采用快凝材料。

第四章 公路工程施工监理

道路工程在施工过程中应当考虑进度、质量以及安全三方面的管理措施，以保障工程有序进行的同时还能够节省时间、保障质量以及保证安全。本章主要从道路工程的进度监理、质量监理以及安全监理三方面进行详细的研究。

第一节 公路工程施工监理综述

一、工程施工监理的概念与目的

1. 工程施工监理的相关概念

监理是监理人员依据监理合同对工程质量、安全环保、费用、进度实施的监督和管理活动。具体地讲，是监理机构在工程施工中受建设单位的委托，并在建设单位的授权下，依据国家法律、法规、行业规范、施工合同监理服务协议，运用合同协议中的规定、方法和手段，对工程的施工单位在施工准备阶段、施工阶段、缺陷责任期阶段及其成品、半成品进行监督检查和评价，使其行为和结果符合合同约定，保证工程合同顺利实施，使工程建设费用管理、进度计划、质量目标和安全生产目标得以实现的管理活动。监理单位是指具有法人资格并取得交通主管部门颁发的公路工程施工监理资质证书的企业。它是依法成立的、独立的、智力密集型的、从事工程监理业务的经济实体，与建设单位签订监理合同，并受其委托承担工程建设的监理业务。合同文件（或称合同）指合同协议书、投标函及其附录、中标通知书、通用合同条款、专用合同条款、技术标准和要求图样、已标价工程量清单以及其他合同文件。监理服务合同是由建设单位与监理单位签署的、明确工程实施中各方责、权、利的协议。缺陷责任期是自监理工程师签发工程交工证书到监理工程师签发工程缺陷责任终止证书的时间。工程缺陷责任终止证书是工程缺陷责任期满，经施工单位维护的工程完全满足合同的有关规定，监理工程师签发的解除施工单位工程缺陷责任的证明；工程交工证书指工程全部完成，根据施工单位申请，监理工程师按照合同有关规定对工程进行验收后签发的证明。

2. 工程施工监理的目的

施工监理的目的是加强公路工程质量管理，控制工期、工程费用、安全生产和环境保护，提高投资效益及工程管理水平，使施工管理工作法制化、标准化、规范化、程序化。

二、工程施工监理的相关单位及相互关系

1. 施工监理的相关单位

建设单位（又称业主）：是指执行建设项目投资计划的单位，或是被指定的负责管理该建设项目的代表机构以及取得当事人（单位）资格的合法继承人（单位）。施工单位（又称承包人、承包单位或承包商）：是指和建设单位签订承建合同或材料、设备制造与供应合同的当事人（单位）以及取得该当事人（单位）资格的合法继承人（单位）。监理单位（又称监理机构、监理工程师）。监理单位是指依法注册、独立从事工程监理业务，受建设单位委托或指定，与其签订监理服务协议，执行施工监理业务的单位及驻地代表。

2. 施工监理与相关单位的关系

建设单位和监理单位是委托与被委托的关系。监理工程师依据监理合同和监理服务协议规定，独立承担现场施工监督和管理工作。建设单位授予监理工程师履行监理合同和监理服务协议中规定的职权并支持其工作，监理工程师在监理合同和监理服务协议规定的职权范围内尽其职责，正确执行合同，坚持公平、公正，既维护建设单位合法利益，也不损害施工单位的正当利益。

监理单位和施工单位是监理与被监理的关系，此关系体现在建设单位与施工单位签订的施工合同中。在工程实施过程中，施工单位应按施工合同规定接受监理工程师的监督和管理，执行监理工程师的指令。监理工程师根据施工合同正确、公正地开展监理工作，不与施工单位有经济联系。施工单位对不公正的监理行为有权向建设单位及有关部门申诉。

三、公路工程施工监理体制与质量保证体系

（一）公路工程施工监理体制

我国工程施工监理体制主要是由"一个制度""三个层次"和"多种方式"构成的。

1. "一个制度"

是指工程监理制度，它是国家行业主管部门建立和推行监理工作的目标和组织管理体系。

2. "三个层次"

是指政府建设监理（也称政府监理或政府监督）、社会建设监理和企业自检。三个层次是相辅相成的，构成监理工作完整的执行主体。施工企业必须对工程质量最终负责，自检结果是社会监理测试的前提。政府监理是指政府职能机构对监理市场、工程建设过程及参建的建设单位、施工单位、设计单位等进行宏观的监督管理，其主要内容是监督建设行为的合法性、程序性和科学性，确保宏观控制项目建设必须符合国家的利益。社会监理是指社会监理单位受建设单位的委托或授权，对工程项目进行具体过程的监督、管理。以监理工程师为主体构成的专业化监理单位，是从微观上通过现代化的科学管理技术、丰富的经验来保证合同目标的实现。

3. "多种方式"

是指监理工作形式上的划分。从委托性质上分，一种是委托监理，即由建设单位委托专业化的社会监理单位承担。这种委托早期主要是建设单位直接委托，目前主要是通过招标投标方式选定后再委托，委托时双方签订委托合同，这种社会化监理模式，具有独立性、公正性、权威性。另一种是自行监理，即由建设单位组建符合国家规定资质的相对独立的监理机构承担监理任务。

（二）质量保证体系

凡列入基本建设计划的公路项目，都应实行"政府监督、社会监理、企业自检"的质量保证体系。施工监理即属于社会监理，是质量保证体系的重要环节。因此，根据我国的国情，参照国际惯例，构建了我国公路工程建设的三级质量保证体系。

1. 政府监督

改革开放以来，工程建设活动发生了一系列重大的变化。发生这些变化的原因是原有的高度集中的计划经济体制下的工程建设管理模式越来越不适应社会主义市场经济发展的要求，而且工程建设中存在着工程质量严重下降，施工企业自评、自检水分很大等诸多问题。因此，迫切需要建立和健全新的管理体制，特别是工程质量方面，在完善企业内部质量检查体系的同时，要建立严格的外部政府监督体系。政府监督是公路工程质量保证体系中极其重要的质量监督环节之一，是政府部门强化对工程质量管理的具体体现。政府监督是指作为国家机器的政府部门实施对工程质量的管理，是政府社会职能的具体体现和要求。政府监督具有以下特点：

（1）强制性政府的管理行为象征着国家机器的运转，国家机构的管理职能是通过授权于法来实现的。因此政府实施的管理监督行为，对于被管理、被监督者来说，只能是强制性的、必须接受的。

（2）执法性政府监督主要依据国家法律、法规、方针、政策和国家及交通运输部颁发的技术规范标准进行，并严格遵照规定的监督程序行使监督、检查、许可、纠正、强制执行等权力。监督人员每一个具体的监督行为都有充分的依据，带有明显的执法性，显著区别于通常的行政领导和行政指挥等一般性的行政管理行为。

（3）全面性政府监督是针对整个工程建设活动的，就管理空间来说，覆盖了社会；就一个工程项目的建设过程来说，则贯穿于工程建设的全过程。但在我国，工程建设的决策咨询、施工监理等不同阶段的监督管理则是由我国不同的政府职能部门分别负责、共同完成的。

（4）宏观性政府监督侧重于宏观的社会效益，主要保证工程建设行为的规范性，维护社会公众的利益和工程建设各参与者的合法权益。对于一项具体的工程建设来说，政府监督不同于后述的监理工程师的直接的、连续的、不间断的监理。政府监督的强制性、全面性、宏观性的特点，决定政府监督既要遵照规定的管理程序，在工程建设项目实施的全过程中行使监督、检查、许可、纠正和强制执行等权力，又要侧重于对项目的阶段性、控制性的监督管理（不同于社会监理单位实施的直接的、连续的监理）。

2.社会监理

是具有法人资格的社会监理单位对工程实施的监理。这是随着我国经济体制改革的深化，在引进国外建设资金的过程中，逐步认识并结合我国国情而实施的工程建设管理的新体制和新模式。建设单位委托或指定监理工程师（单位）全面监督、管理工程的实施，对工程质量、工程进度、工程费用全面监理。根据交通运输部的规定，公路工程的监理目前主要是施工阶段的监理，因而也被称为"施工监理"。

施工是工程建设过程中极其重要的一个阶段，它不仅要将经过周密考虑的可行性研究和设计的工程付诸实现（也就是说，不仅要把图上的东西变为实际的工程结构），同时还可能要根据施工过程中所遇到的实际社会、自然条件对工程设计做必要的修改。公路工程一般施工周期较长，受外部社会环境和自然环境的影响较大，需综合平衡、相互协调的问题较多，因此，公路工程的施工难度都较大。同时，公路建设需花费大量的费用，一旦出现工期延误情况，不仅会给工程参与各方带来不利影响，也会严重影响到公路工程建设的经济效益和社会效益。施工中出现的质量问题有的难以补救，有的甚至无法补救，给工程留下隐患，因此，施工监理的重要性是不言而喻的。公路工程施工监理，是公路建设管理体制改革的重要内容，是强化质量管理、控制工程造价、提高投资效益及施工管理水平的有效方法。实践证明，一项工程实行了全委托监理，不但能减少不合理的额外支出，保证工程质量和工期，还能避免过多的合同纠纷，并能确保国家建设计划和工程合同的顺利实施，对业主和承包人双方均有利。社会监理具有以下特点。

（1）服务性：监理单位是智力密集型的组织，本身不是建设产品的直接生产者和经营者，为建设单位提供的是智力服务。监理工程师通过对工程施工进行组织、协调、监督和控制，保证工程施工合同的顺利实施，实现建设单位的建设意图。监理工程师在合同的实施过程中，有权监督建设单位和承建单位必须维护国家利益和公众利益。监理单位的劳动与相应的报酬是技术服务性质的，它和施工企业不同，它不承包工程，不参与工程承包的盈利分配，而是根据付出技术服务劳动量取得相应的监理报酬。

（2）公正性和独立性：是监理单位顺利实施监理职能的重要条件。监理单位在工程监理中必须具备组织各方协作配合及调节各方利益的职能，因此要求监理单位必须保持公正。而公正需以独立性为前提，因此监理单位首先必须保持自己的独立性。监理单位在业务关系和经济关系上必须独立，不得同参与工程建设的各方发生利益关系。我国工程监理有关规定指出，监理单位的"各级监理负责人和监理工程师不得是施工、设备制造和材料供应单位的合伙经营者，或与这些单位发生经营性。隶属关系，不得承包施工和建材销售业务，不得在政府机关或施工、设备制造和材料供应单位任职"。这样规定就是为了避免监理单位与其他单位之间存在利益牵制，从而保持监理单位的公正性和独立性。监理单位与建设单位的关系是平等的合同关系，监理单位可以不承担合同以外建设单位随时指定的任务。如果实际工作中出现这种需要，双方必须通过协商，并以合同形式对增加的工作加以确定。监理委托合同一经确定，建设单位就不得干涉监理工程师的正常工作。

在实施监理的过程中，监理单位是处于工程承包合同签约双方，即建设单位和施工单位之外的独立一方，依法行使监理委托合同所确认的职权，承担相应的法律责任。监理单位不能作为建设单位的代表行使职权，否则它在法律上就变成了从属于建设单位的一方，失去了自身的独立地位，从而也就失去了调解建设单位和工程承包单位利益纠纷的合法资格。当然，监理单位也不得是施工单位的合作者，否则也会丧失自己的独立地位。

（3）科学性：监理单位要能发现与解决工程建设中所存在的技术和管理方面的问题，能够提供高水平的专业服务，所以必须具有科学性。这是监理单位区别于其他一般服务性组织的重要特征，也是其赖以生存的重要条件。监理人员的高素质是监理单位科学性的前提条件。监理工程师都必须具有相当高的学历，并有长期从事工程建设工作的丰富实践经验，精通技术与管理，通晓经济与法律，否则，监理单位将不能正常开展业务，监理单位也是没有生命力的。

3. 企业自检

常说"产品的质量是生产出来的，而不是检验出来的"。事后检验只能在一定限度上控制不合格的工程交付使用，但已无法挽回在工程建设中费用的浪费、工期的延误和出现质量事故带来的损失，有时还会给工程留下隐患，带来难以预料的严重后果。施工企业作为公路工程产品的直接生产者，和政府监督机构、监理工程师（单位）不同，它要依照与建设单位签订的合同完成工程建设，同时达到费用、进度和质量要求。因此，应该说施工企业在公路工程质量保证体系中占有特别重要的地位。为了按照合同的约定实现工程的三大目标，施工企业必须保证生产的公路工程产品达到标准，对产品实施自检是必不可少的质量保证环节，因此，施工企业应当尽早地建立周密的自检系统，这个工作包括以下几项内容。

（1）配备人员：施工企业应该根据工程的规模和工程结构的特点，配备相应的、称职的自检人员，施工的每一道工序都由施工企业的自检人员按照监理工程师规定的程序提供自检报告和试验报表。

（2）配备试验设备：施工企业应配备与工程规模和结构特点相适应的试验设备，试验设备的类型、规格应符合合同文件中有关试验标准的规定，并应对一些关键性设备进行核定，如核子密度仪、压力机等。还应对某些试验设备的数量进行核实，分析其是否能满足合同文件所要求的试验项目以及在施工高峰期试验设备能否满足工程检验的需要。

（3）采用标准的、规范化的工作方法：建立和健全标准的、规范化的工作制度，施工企业质检时，应根据国家和交通运输部颁布的有关标准制定的工作制度，明确采用的工作方法和手段。施工企业的自检系统与施工企业的整体管理水平是有密切关系的，应该在施工企业中实施全面质量管理。

四、工程施工监理原则、依据及任务

（一）工程施工监理原则

建设工程监理受建设单位委托和授权，监理单位的目标任务、内容取决于建设单位的要求，不论是工程项目的规划决策阶段还是设计阶段、施工阶段的监督管理，都应遵循以下基本原则：

1.建设工程监理单位应按照公正、独立、自主的原则，开展监理活动，维护建设单位与被监理单位的合法权益，维护社会公众利益和国家利益。

2.建设工程监理单位应当根据权责一致的原则，开展监理业务活动，在建设工程监理合同和其他建设工程合同中应当体现出这一原则，监理单位与项目监理组织之间应当体现这一原则，在项目监理组织内部也应当体现这一原则。

3.建设工程监理单位在履行监理合同过程中应当遵循总监理工程师负责制原则，总监理工程师在工程项目监理中应当成为监理责任主体、监理权力主体和利益主体。

4.建设工程监理单位在工程项目监理中应当坚持"严格监理、竭诚服务"的原则。一方面，严格按照有关法律、法规、规范、标准实施监理，严格根据国家批准的工程建设文件进行监理，严格按照监理合同和其他建设工程合同开展监理；另一方面，要运用合理的技能，谨慎而努力地工作，为建设单位提供满意的服务。同时应当与被监理单位密切配合，友好合作，共同携手实现工程项目总目标。

5.建设工程监理单位在实施监理的过程中应坚持维护综合效益的原则。监理人员在项目监理过程中不应损害国家社会的整体利益而谋求建设单位的经济利益。监理人员要严格遵守国家的有关法律、法规，既要对建设单位负责，更要对国家和社会负责。只有在符合宏观经济、社会效益、环境效益的条件下，建设单位投资项目的微观经济效益才能得以实现。

（二）工程施工监理依据

1.国家和有关主管部门制定的法律、法规、标准、规范、规程及有关技术规定。

2.政府主管部门批准的工程项目建设文件及设计文件。

3.建设工程监理合同及其他建设工程合同。另外，在监理过程中，建设单位下达的工程变更文件，设计单位对设计问题的正式答复，建设单位、承包单位和监理单位联合签署的工地例会纪要、监理工作联系单，均可作为监理工作的依据。

（三）工程施工监理任务

工程施工阶段监理的主要任务是监理工程师必须从组织、技术、合同和经济的角度抓好"五控、两管、一协调"的工作，即质量控制、安全控制、环境保护控制、费用控制、进度控制、合同管理、信息管理和组织协调。根据监理工作职责，认真履行施工合同规定的具体要求，充分运用建设单位授权，采取符合施工合同规定的组织、技术和经济措施，对工程质量、安全、环保、费用和进度实行全面监理，严格进行合同管理和高效的信息管理，合理地实现工程建设的质量、安全、环保、费用和进度五大预期目标。

1.质量监理

质量是工程建设的关键，影响工程质量的因素很多，监理工程师应按照合同规定和要求对影响工程质量的各个因素从原材料、施工工艺等方面进行全过程检查、监督和管理，任一环节疏忽大意，都会给公路工程的质量带来不利影响。因此，监理工程师必须对整个工程实行全过程监理，以确保施工单位提交的工程符合合同、技术规范、使用要求和验收标准的规定。

2.安全监理

监理工程师应审批施工方提交的安全生产保证体系，并要求其有效、可行、可靠，以达到安全生产的目标。

3.环境保护监理

监理工程师应审查施工组织设计中是否按设计文件和环境影响评价报告的有关要求制定施工环境保护措施，以满足公路施工环境保护的要求。

4.费用监理

监理工程师还应在工程质量、工期符合合同要求的基础上，对工程费用进行监理。

工程费用包括合同文件中工程量清单内所列的以及因工程变更、施工单位的索赔或建设单位未履行义务所涉及的一切费用，监理工程师应尽可能减少工程量清单中所列费用以外的附加支出，使工程总费用控制在预定额度之内。

5. 进度监理

一个工程项目在合同文件内规定具体的施工工期，施工单位根据实际情况制订出切实可行的工程进度计划，提交监理工程师进行审批。监理工程师根据施工合同规定的工期对施工单位施工中的组织、资源投入、施工方案、工期安排进行监督与管理，采取具体措施努力减小计划进度和实际进度间的差距，协调整条路线的平衡进度和保证在合同期限内全面完成并交付工程。

6. 合同管理

监理工程师应依照合同约定，对执行施工合同过程中发生的包括工程分包、工程变更、工程延期、费用索赔、争端和仲裁、工程保险、违约和转让等有关合同的问题进行检查和处理。

7. 信息管理

它是指在工程施工过程中，对反映工程施工质量、进度、费用、安全生产和实施状况以及参与者之间关系信息的收集、整理、分析和使用。信息管理是监理工程师正确处理问题的依据，是监理工作成果的体现和工程档案的重要组成部分。

8. 组织协调

监理单位是独立于建设单位和施工单位的第三方，在工程施工过程中处于实施监督和管理的地位，协调建设单位和施工单位以及工程建设其他有关各方的关系，使工程得以顺利进行。

第二节　公路工程施工进度监理

一、进度监理及施工组织概述

为了加强公路工程基本建设项目管理，合理控制工程质量、工期和费用，提高投资效益与工程管理水平，必须进行工程承包合同条件下的项目建设监理，即实施质量、工期、费用三大目标的控制。工程进度是工程承包合同规定工期中施工活动的时间安排，因此进度监理是履行工程承包合同的重要内容，工程进度涉及业主和承包人的重大利益，是合同顺利执行的关键。为此，在工程进度监理中，一定要把计划进度与实际进度之间的差距作为进度控制的关键环节；除满足工期要求外，还应满足合同规定的工程质量及费用要求，从而达到高效、经济的工程施工的目的。

（一）进度监理的作用任务和目标

1.进度监理的作用

实施公路工程项目的施工活动，是根据工程承包合同所规定的工期要求来安排的，且整个施工过程中，必须在限定的工期内，按照技术规范、图样等有关要求完成。因此，在公路工程施工过程中，工程进度监理不仅仅是对时间计划进行管理和控制，同时还需要考虑劳动力、材料和机械设备等所需要的资源能否最有效、合理、经济地被配置与使用，使工程在预定的工期内完成，并争取早日使工程投入使用，从而获得最佳投资效益。可见，对工程项目的施工进度进行监理是十分必要的。它的作用主要表现在：

（1）合理控制工期、质量和费用，使项目管理实现综合优化。

（2）通过审查施工进度计划及控制实际进度与计划、进度的差异，从而完善施工进度计划管理。

（3）除充分考虑时间控制问题外，同时还考虑劳动力、材料、施工机具设备等所必需的施工资源问题，使其最有效、合理、经济地被配置与利用。

（4）通过计划、组织、协调、检查与调整等手段，调动施工活动中的一切积极因素，努力实现施工过程中各个阶段的进度目标，以确保工程施工全过程总工期目标的实现。

2.进度监理的任务

监理工程师在工程进度监理方面的主要任务是：要求承包人在工程开工前或施工中根据招标合同文件和施工进展实况，编制出清楚、明了、真实、可靠，能表达施工中全部活动及其相关联系，反映施工组织及施工方法，符合实际且便于管理的施工组织计划；审批承包人编制的施工组织计划；督促承包人执行已审批的施工组织计划，并在执行过程中通过计划进度与实际进度的比较，定期地、经常地检查和调整进度计划；协调业主与承包人，承包人与分包人，承包人与材料设备供货、交通、通。信、电力供应、消防治安、地方政府、当地群众等各方面、各部门之间的关系，使方方面面不致产生矛盾，以便工程施工能按预期进度进行，保证总工期目标的实现。

3.进度监理的目标

施工过程中进度监理一般包括三个阶段，即编审计划、实施计划、调整计划阶段。各个阶段进度控制的目标分别为计划工期、检查偏差、调整内容。

（1）编审施工进度计划阶段：进度控制的目标是确定一个合理的计划工期。在承包人编制及监理工程师审批施工进度计划时，计划工期应依据以下资料确定：

1）工程项目的工程承包合同中有关工期的规定，是确定计划工期的基本依据；合同规定的工程开工、竣工日期，必须通过进度计划落到实处。

2）材料和设备的供应计划如果已经编制，那么施工进度计划必须与其相协调。

3）已建成的同类工程或相似项目的实际工程进度情况，是编制本项目施工进度计划的重要参考资料。

4）投标书中确定的项目施工方案及工程进度计划。

5）承包人的施工人员技术素质及机具设备能力。

6）施工现场的特殊环境及气候条件等。具体制订施工进度计划时，应根据上述资料编制，对其进行优化后方可予以实施。

（2）实施施工进度计划阶段：在实施施工进度计划的过程中，进度控制的目标是实际进度按计划进度执行，直到工程项目按计划工期完成。但实际工程中，计划不变是相对的，实际进度的改变是绝对的。因为在拟订施工进度计划时，不可能把施工中所有可能出现的情况都考虑进去，而且施工过程中由于自然条件等因素的影响，打破原有施工进度计划是司空见惯的事情，尤其是公路工程项目施工在露天情况下进行，受气候影响较大。因此，在公路工程施工过程中，进度计划不可能完全按照原计划执行，其实际进度与计划进度经常出现差距。监理工程师在实施进度监理时，就是控制实际值与计划值的偏差，以便做出合理的施工进度计划调整。

（3）调整施工进度计划阶段：在施工进度计划开始实施以后，监理工程师必须经常评估和监督进度计划的实际执行情况；如果出现工期延误及实际进度的其他变化，则应将执行中的进度计划予以部分或全部的修改与调整，调整的工作内容及调整期限，应依据工程项目实际情况确定。调整进度计划的目的是使其符合变化了的实际情况，以保证施工进度计划的顺利实现。

（二）进度监理的工作程序

在公路工程施工进度计划的实施过程中，监理工程师的工作程序如下：

1. 施工进度计划的编制。督促和指导承包人按要求编写和提交公路工程施工进度计划，包括总体计划和阶段性计划。

2. 施工进度计划的审批。按规定的审批步骤和审查内容进行各种施工进度计划的审批。

3. 施工进度计划的执行检查。监理工程师对承包人施工进度计划的执行情况进行跟踪检查，并对工程的实际进度做出评价，确认计划进度与实际进度是否相符。

4. 施工进度计划的调整。当工程施工的实际进度滞后时，可根据具体情况对原定进度计划作合理调整。以上施工进度计划监理的工作程序是从开始到结束循环进行的过程。

（三）公路工程施工组织

公路工程的施工组织需在研究的基础上，从保证完成计划目标、保证工程质量、节约设备费用、降低劳务成本等多方面进行比较，拟定最适用、最经济的施工方案和施工方法。公路工程施工方案及方法则可通过施工组织设计来反映。

1. 施工组织设计的内容

应满足招标文件合同条款技术规范、计划工期的要求，并作为对投标文件进行详细评审的重要依据。在合同中，施工组织设计即工程施工进度计划，通常应包含如下内容：施工方案和施工方法；分项工程施工进度计划（可用规定的横道图、斜道图、网络图等表示）；与施工进度计划相适应的工料、机配备数量及进场计划；与施工进度计划相适应的用款计划；施工总体布置图及当地材料供应点；冬期和雨期施工计划和措施；项目现场施工组织机构图；土方工程调配图；临时工程及临时设施的（初步）设计图；质量安全、环保措施等。

2. 施工组织的基本原则

影响施工过程组织的因素很多，如施工性质、施工类型、机械设备条件、施工规模、自然条件等，因而施工过程组织变化因素多，困难较大。尽管如此，还是应当尽力合理组织施工过程，施工组织的原则归纳如下。

（1）连续性原则：指施工过程各阶段、各工序的进行，在时间上是紧密衔接的，不会发生各种不合理的中断。保持和提高施工过程的连续性，具有很大的经济意义，它可以缩短建设周期，节约流动资金，避免不必要的等待和窝工，从而提高劳动生产率。

（2）协调性原则：指施工各阶段、各工序之间在施工能力上要保持一定的比例关系。各施工环节的劳动力、生产效率、设备数量等都必须相互协调，不发生脱节和比例失调的现象。协调的施工组织，可以充分地利用整个施工过程中的人力和设备，避免在各施工阶段和工序之间出现停顿和等待，所以可以缩短施工周期。

（3）均衡性原则：指施工中的各个环节都按照施工计划的要求，在一定的时间内完成相等或相等递增的工作量，使各工段的负荷保持相对稳定，不出现时松时紧、前松后紧等现象。均衡施工能充分利用机械设备和工时，避免突击赶工所造成的损失，因而有利于保证施工质量和劳动力、机械设备的调配。

（4）经济性原则：指施工过程组织除应满足技术要求外，还必须讲求经济效益，要用尽可能小的劳动消耗取得尽可能大的施工生产效果。施工组织的目的是尽可能降低工程造价，而又不影响工程的进度和质量，所以连续性、协调性和均衡性这三项原则要以是否经济可靠作为衡量的标准。

3. 施工组织的研究对象及任务

公路工程施工组织的研究对象是工程施工过程中的时间问题，即施工进度计划编制；空间问题，即组织管理机构及场地布置；资源问题，即劳动力、材料、机具设备等的供应；经济问题，即工程造价、成本控制及资金利用等。公路工程施工组织的基本任务是密切结合我国现行经济政策，充分考虑公路工程施工特点，运用科学的方法和手段组织施工，合理地安排施工过程中劳动力、材料机具设备、资金、进度和工期等要素，以提高承包人的经济效益为中心，确保施工工期短、占用资金少、生产效率高、工程质量好，保证按合同工期完成项目施工工作，实现有计划、有组织、有秩序地进行项目施工管理，达到项目施工的整体效益最佳。

4. 施工组织的基本方法

公路工程施工过程中的组织方法很多，其基本方法可归纳为顺序作业法、平行作业法和流水作业法三种。

（1）顺序作业法：顺序作业就是按固定的程序组织施工。有客观要求的工艺流程和施工顺序必须按先后次序进行顺序作业。

（2）平行作业法：当有若干个工程项目，或者将工程项目划分为几个施工段或几个作业点时，建立若干个施工班组，分别同时按工艺顺序施工，这种施工组织方法被称为平行作业法。

（3）流水作业法：当有若干个工程项目或将工程项目划分为几个施工段时，再将它们按不同的工作内容划分为若干道工序或施工过程，依据工序或施工过程建立专业班组，由各专业班组依照施工顺序完成各个施工段上的施工过程，即相同的工序顺序进行，不同的工序平行进行，这种施工组织方法称被为流水作业法。在施工过程中，顺序作业法、平行作业法、流水作业法可以单独运用，也可以根据具体条件，将三种作业方法综合运用，从而形成平行顺序作业法、平行流水作业法以及立体交叉平行作业法等施工组织法。公路工程施工中，主要的施工组织方法是流水作业法。

二、施工进度计划的编制与审批

公路工程施工进度计划是对工程实施进度监理的前提，没有进度计划，也就谈不上对工程项目的进度监理。因此，在工程开始施工之前，承包人应向监理工程师提供一份科学、合理的工程施工进度计划。

（一）进度计划的编制

工程项目进度计划是表示施工项目中各个单位工程或分项工程的施工顺序——开工、竣工时间以及相互衔接关系的计划，它是工程施工项目实施阶段进行进度控制的行为标准，也是监理工程师实施进度监理的基本条件。因此，监理工程师应要求承包人在编制施工进度计划时必须贯彻合同条款及技术规范；施工进度计划应真实、可靠并符合实际，清楚明了，便于管理，能阐明施工中的全部活动及其相互关系，反映施工组织及施工方法，合理使用人力和设备资源，预测可能出现的施工障碍及变化。进度计划的编制依据主要有：合同中规定的合同工期、开工日期及竣工日期；投标书中确认的工程进度计划及施工方案；主要材料和设备的采购合同和供应计划；工程现场的特殊环境及气候条件；施工人员的技术素质及设备能力；已建成的同类工程的实际进度及经济指标等。根据工程项目实施的不同阶段，分别编制总体进度计划及阶段性进度计划（即年度、季度、月度和周进度计划）；对于某些起控制作用的关键工程项目（如桥梁、隧道、立体交叉等），还应单独编制工程进度计划。

1.施工进度计划的形式与内容

（1）总体进度计划：是用来指导工程全局的，它是工程从开工到竣工的各个主要环节总的进度安排，起着控制构成工程总体的各个单位工程或各个施工阶段工期的作用。因此，工程的总体进度计划可供监理工程师做控制和协调工程总体进度之用。根据 FIDIC 合同条件第 14 条规定，承包人在接到中标通知书之日起，应在合同条件第二部分规定的时间内，向监理工程师提交一份格式和细节都符合监理工程师规定的工程总体进度计划，以取得监理工程师的同意。在承包人提交的工程总体进度计划中，应当反映出以下主要内容：

1）工程项目的合同工期。

2）完成各单位工程及各施工阶段所需要的持续时间最早开始和最迟结束的时间。

3）各单位工程及各施工阶段需要完成的工程量及现金流动估算。

4）各单位工程及各施工阶段所需配备的人力和机械数量。

5）各单位工程或分部工程的施工方案和施工方法等。

（2）阶段性进度计划：对于一个公路工程项目来说，仅有工程项目的总体进度计划对于工程的进度监理来说是不够的，尤其当工程项目比较大时，还需要编制阶段性进度计划，即年度和月（季）度进度计划。年度进度计划要受工程总体进度计划的控制，而月（季）度进度计划又受年度进度计划的控制。月（季）度进度计划是年度进度计划实现的保证，而年度进度计划的实现，又保证了总体进度计划的实现。

（3）关键工程进度计划：是指一个公路工程项目中起控制作用的关键工程，如某一桥梁工程、隧道工程或立体交叉工程的进度计划。关键工程进度计划中的主要内容有：

1）工程概况（名称、位置、结构、施工要求等）。

2）施工准备及竣工清场的时间安排。

3）具体施工方案和施工方法。

4）总体进度计划及各道工序的控制日期。

5）各施工阶段的人力和设备的配额及运转安排，现金流动估算。

6）对总体进度计划及其他相关工程的控制、依赖关系和说明。

7）施工现场平面布置图设计。

8）质量控制及安全措施等。

2.施工进度计划的表示方式

总体进度计划的编制可以采用横道图、斜道图或进度曲线等方式表示；对于大型工程应用网络计划图表示；现金流动估算表即与总体进度计划相应的进度曲线，通过现金流动估算表可以得到每月完成的工程费用额及已完成工程费用的累计。年度、月（季）度工程进度计划可采用横道图、进度曲线及有关进度图表示。但无论采用什么方法，都应反应出相应内容。

3. 施工进度计划的编制

承包人在收到中标通知书后，应在合同专用条件规定的时间内，向监理工程师提交一份格式和细节都符合要求的工程总体进度计划、阶段性进度计划及必要的关键工程进度计划等，以取得监理工程师的批准。

（1）总体进度计划的编制：承包人编制的施工阶段的总体进度计划，内容与施工组织计划的内容相似。它按施工组织设计的要求编制，即在投标文件施工组织设计的基础上，根据评标和合同谈判期间提出的一些问题而增列的合同补充条款、施工现场更为精确的基础资料和承包人能进场的主要施工机械设备，再按需增编材料供应图，运输组织计划图，附属企业或自办料场施工组织设计图表，供水、供电计划图表，重点项目的技术组织措施或工艺设计，网络设计图，各种管理制度等。

（2）年度进度计划的编制：年度进度计划可按路基、路面、基础、墩（台）和桥面等分项工程划分工程项目，并根据年度季节、气候的不同，确定各项年度生产指标，合理安排施工进度，编制出能反映本年度施工各单项工程形象进度控制指标的切实可行的年度施工进度计划。在安排年度进度计划时，应首先安排重点、大型、复杂、周期长、占劳动力多和施工机械设备多的工程，优先安排主要工种或经常处于短线状态的工种的施工任务，使其连续作业。同时，还应重点突出组织顺序上的联系，如大型机械的转移顺序及主要施工队伍的转移顺序等，以达到减少人工、机械设备的窝工费，节省工程费用的目的。

（3）月（季）度进度计划的编制：月（季）度工程进度计划的编制，除根据年度进度计划要求外，还应按监理工程师的要求，确定月（季）度施工任务，指导施工作业；进行月（季）度施工各项指标的平衡、汇总，以便综合衡量完成的工程数量和工程投资，作为月（季）度工程施工进度情况考核的依据。因此，在月（季）度工程进度计划中应对本月（季）计划施工的分项的数量及工程投资额等加以反映。应注意，在安排年度及月（季）度进度计划时，要理顺下列关系：一般工程受重点工程的制约；配套项目受主体项目的制约；下级计划受上级计划的制约；计划内短期安排受总工期计划安排的制约。在调整计划时，应尽量不改变年度计划的指标，以便考核计划的执行情况。

（4）关键工程进度计划的编制：关键工程的施工工期常关系到整个工程项目施工总工期的长短，因此该施工进度计划应单独编制并服从于工程总体进度计划的重点单项工程进度计划，且以满足指导施工作业为准。

（二）进度计划的审批

根据 FIDIC 合同条件第 14 条规定，承包人在接到中标通知书之日后，在合同要求的时间内应向监理工程师提交一份格式和细节符合合同要求的工程总进度计划，以取得监理工程师的批准；如果监理工程师提出要求，承包人还应以书面形式提交一份有关承包人为完成工程而建议采用的施工方案和施工方法的总说明，供监理工程师查阅。下面介绍承包人提交的进度计划所包含的内容以及监理工程师接到承包人提交的进度计划之后应当做些什么工作。

1. 提交进度计划

在中标通知书发出后合同规定的时间内，监理工程师应要求承包人书面提交以下文件（即总体进度计划文件）：一份详细的格式符合要求的工程总体进度计划及必要的各项关键工程的进度计划；一份有关全部支付的现金流动估算；一份有关施工方案和施工方法的总说明（即通过施工组织设计提出）。

在开工以前或在开工以后合理的时间内，监理工程师应要求承包人提交以下文件（即阶段性进度计划文件）：年度进度计划及现金流动估算；月（季）度进度计划及现金流动估算；分项（或分部）工程的进度计划。

2. 审批进度计划。

监理工程师在接到承包人提交的工程进度计划之后，应对进度计划进行认真的审核，其目的是检查承包人所制订的工程进度计划是否合理，有无可能实现，是否适合工程的实际条件和现场情况，避免使用以空洞的、不切实际的工程进度计划来指导施工。

（1）进度计划审批的步骤：监理工程师应组织有关人员对承包人提交的各项进度计划进行审查，并在合同规定或满足施工需要的合理时间内审查完毕。审查工作应按以下程序进行。

1）阅读文件：列出问题，进行调查了解。

2）提出问题：与承包人进行讨论或澄清。

3）对有问题的部分进行分析，向承包人提出修改意见。

4）审查、批准承包人修改后的进度计划。

（2）进度计划审查的内容：监理工程师在审批承包人的工程进度计划时应审查以下内容：第一，工期和施工时间安排的合理性。承包人提交的工程总进度计划的总工期必须符合工程项目的合同工期，即计划总工期应少于或等于合同工期；各施工阶段或单位工程（包括分部、分项工程）的施工顺序和时间安排与材料和设备的进场计划相协调；施工的开始时间和结束时间应合理，尽可能使施工对资源的要求趋于均衡；易受冰冻、低温、炎热、降雨等气候影响的工程应安排在适宜的时间，并采取有效的预防和保护措施;对动员、清场、假日及天气影响的时间,应有充分的考虑并留有余地。第二,施工准备的可靠性。承包人的主要骨干人员及施工队伍的进场日期是否已经落实;施工测量、材料检查及标准试验的工作是否已经安排;驻地建设、进场道路及供电和供水等是否已经解决,或已有可靠的解决方案;所需主要材料和设备的运送日期是否已有保证。第三,计划目标与施工能力的适应性。审查承包人各阶段或单位工程计划完成的工程量及投资额是否与承包人的设备和人力实际状况相适应;各项施工方案和施工方法是否与承包人的施工经验和技术水平相适应;关键线路上的施工力量安排是否与非关键线路上的施工力量安排相适应。

根据 FIDIC 合同条件第 14 条规定,当监理工程师通过调查研究,落实了上述与工程进度计划有关的条件和因素并经过评价后,如确认承包人为完成工程而提供的工程进度计划是合理的,而且计划切实可行,则应在合理的时间内批准承包人编制的进度计划,并通知承包人可以按照计划安排施工。如果监理工程师经过充分的分析和调查了解,认为承包人所提交的工程进度计划与其实际的技术装备能力不相适应,尤其是计划中关键线路上的工作安排不合理时,则应要求承包人修订工程进度计划,并重新拟订一份工程进度计划,亦应上报监理工程师,以取得监理工程师的批准。

监理工程师在批准了承包人所提交的工程进度计划之后,应在第一次工地会议上提供有关监督控制工程进度计划方面的一整套报表和有关规定。同时为了保证工程进度计划的正常进行,监理工程师应经常根据有关记录资料,分析工程进度方面存在的问题,随时掌握承包人的工程进展情况。通常工程项目进度计划的审核工作由监理工程师负责,但对于较大且复杂的工程,其进度计划审核工作的工作量将很大。一般的做法是监理工程师审核工程项目总进度计划;单项工程进度计划(或关键工程进度计划)的审核由单项工程驻地监理工程师进行,并对监理工程师负责。

三、施工进度计划的监理

(一)进度监理的依据及措施

1. 进度监理的合同依据

承包人应按专用合同条款约定的内容和期限,编制详细的施工进度计划和施工方案说明,并报送监理人审批。监理人应在专用合同条款约定的期限内批复或提出修改意见,否则该进度计划被视为已得到批准。经监理人批准的施工进度计划被称为合同进度计划,是控制合同工程进度的依据。承包人还应根据合同进度计划,编制更为详细的分阶段或分项进度计划,报送监理人审批。

2. 进度监理的措施

(1)组织措施:监理单位本身应配置分管进度监理的人员。在项目施工监理机构中,应具体落实进度监理部门的人员，并安排监理任务和管理职能分工；确定进度协调工作制度，包括协调会议举行的时间、协调会议的参加人员等；对影响进度目标实现的组织干扰和风险因素等进行有依据的分析研究。

（2）技术措施：主要指进行技术革新，改进施工方法或施工手段等，以便加快进度。同时，监理工程师应根据工程实际情况，及时与设计单位联系，通过协商，优化或修改设计；定期组织设计单位向承包人进行技术交底；当因某种原因无法要求或来不及要求设计单位进行设计修改时，监理工程师亦可根据合同文件规定直接进行修改。

（3）合同措施：监理工程师可依据合同文件，对进度计划完成较好的承包人实行奖励；把某些具有控制进度的、关键的单项工程单独拿出来进行招标，以利于加快进度；当承包人因自身原因无法完成某个项目施工时，可采取分包办法，让更具有实力的另一承包人参与施工；对各合同段的合同工期及进度计划进行协调等。

（4）经济措施：在整个进度监理工作中，监理工程师应注意和掌握业主和承包人的财务情况。对于承包人，当其资金周转困难时应提供相应的预付款，或在关键时段，采取适当方式激励承包人，以促进工程进度；对于业主，当其预算资金尚未到位或财务状况发生变化或在关键时段未能激励承包人，均有可能导致工程进展速度改变，造成竣工延期，最终引起工程的投资剧增，监理工程师应协助业主避免发生这种尴尬情况。

（5）信息管理措施：监理工程师应经常到施工现场了解情况，不断收集、分析、汇总、掌握与进度有关的资料。通过经常性的计划进度与实际进度的动态比较，定期向承包人通报，向业主提供比较报告等。

（二）工程进度控制

进度控制是指在既定的工期内，由承包人编制出合理的工程施工进度计划，报送经监理工程师审批后，承包人按计划进行施工。在施工过程中，监理工程师经常检查施工实际进度情况，并将其与计划进度相比较。若出现偏差，应分析产生偏差的原因和对工程工期的影响程度，采取一定的措施或要求承包人加强进度管理、调整后续进度计划。如此不断地循环，直到工程竣工为止。进度控制与质量和费用控制一样，是工程施工监理的重点之一。监理工程师在进行进度控制时，要明确进度计划的不变是相对的，而进度计划的变是绝对的；平衡是相对的，不平衡是绝对的，实际进度与计划进度完全一致几乎不可能。作为监理人员，在施工监理过程中应分清主次，即密切关注关键工作，避免造成工作盲目和被动；多观察，多记录，尽快发现影响进度的不利因素，及时采取措施和对策，或敦促承包人调整后续进度计划，使进度符合目标要求。

1.施工进度控制阶段的划分及内容

施工阶段的进度控制内容包括事前、事中和事后进度控制的内容。事前进度控制即工期预控，具体内容包括：编制施工阶段进度控制工作细则；编制或审核施工总进度计划及单位工程施工进度计划；审核承包人提交的施工方案及施工总平面布置图；提供施工用地与通道，完成拆迁；向承包人及时提供图样；及时向承包人支付预付款等。事中进度控制的内容包括：建立现场办公室；及时检查和审核承包人提交的工程进度报告；加强旁站巡视、抽检等监理；组织现场协调会；定期向总监、业主汇报工程进展情况，按期提交必要的进度报告等。事后进度控制的主要内容是：及时组织验收；及时处理工程索赔；及时整理及归档工程进度资料；根据实际施工进度，及时修改和调整验收阶段进度计划及监理工作计划，以保证下一阶段工作的顺利开展。

2. 进度控制的系统原理

（1）施工进度计划系统：为了确保工程进度目标实现，承包人要编制一套围绕工程进度总目标的计划体系：总体进度计划，单项（位）工程进度计划，年度计划，季度、月度生产计划以及与这些进度计划相适应的资源供应计划（或需求计划）、资金需求计划；各项生产任务完成报告。监理工程师应做好这些计划的审批。

（2）施工进度计划的实施保证系统：施工进度计划的实施保证，从内容上可概括为组织保证技术保证、合同保证、经济保证。从工程项目建设的参与方来分有承包人、监理和业主的保证；在施工监理过程中，对于监理工程师来说主要是要抓承包人和监理保证系统的落实。落实承包人的进度计划实施保证系统。承包人的项目经理部是进度计划实施的重要保证，是保证系统的组织保证。从项目经理到项目经理部的各职能部门，为确保工程进度目标的实现，要齐心协力，各尽其职，加强内部管理，尤其应注重人、机、料三大要素的优化配置与协调工作。项目经理应将整个工程逐项分解，由粗到细，最后形成月生产计划和周工作计划，下达或上报监理，以便实施和监督。对工程进度的控制，应派专人记录进度的实际情况，收集反映进度的数据，统计整理汇总实际进度的数据（开、完工时间，完成的工程数量等），形成实际进度报表，并将其与计划进度相比较和分析，以利于后续工程施工。进度控制做到分工协作，共同组成一个纵横连接的承包人进度控制保证系统。

落实监理单位的进度计划实施保证系统。监理单位应加强内部管理，提高人员的素质，以满足项目施工监理的要求。尤其在不良地区和不良气候条件下，监理人员应具有现场处理应急事件的能力，想承包人所想，急承包人所急，及时和果断处理好现场存在的问题，避免或减小对工程进度的不利影响。例如结构物的基础和下部结构等部位，这些部位如不及时处理，一旦下雨，直接影响工程进度。合同保证方面应加强对承包人分包工作的管理，分包工程与主包工程的衔接也直接影响工程进度。经济保证方面是及时验收计量和签认支付，资金是影响整个工程进度最重要的因素之一。

（三）影响进度的主要原因

影响公路工程施工进度的因素很多，按照 FIDIC 管理模式可分为承包人的原因、业主的原因、监理工程师的原因和特殊原因。

1. 承包人的原因

（1）承包人在合同规定的时间内，未按时向监理工程师提交符合监理工程师要求的施工进度计划。

（2）工程施工过程中，各种原因使得工程进度不符合工程施工进度计划时，承包人未按监理工程师的要求在规定时间内提交修订的工程施工进度计划，使后续工作无章可循。

（3）承包人技术力量及设备、材料的变化，对工程承包合同和施工工艺等不熟悉，造成承包人违约而引起的停工或缓慢施工，也是影响工程施工进度的原因之一。

（4）承包人的质检系统不完善和质量意识不强，将对工程施工进度造成严重影响。

2. 业主的原因

在工程施工过程中，除承包人的原因外，业主未能按工程承包合同的规定履行义务，也将影响工程施工进度，甚至造成承包商终止合同。

（1）监理工程师同意承包人提交的工程施工进度计划后，业主未能按施工进度计划随工程进展向承包人提供施工所需的现场和通道。承包人的施工进度计划难以实现，容易导致工程延期和索赔事件的发生。

（2）由于业主，监理工程师未能在合理的时间内向承包人提供图样和指令，给工程施工带来困难；或承包人已进入施工现场并开始施工，而设计发生变更，变更的设计图无法按时提交给承包人，这都将严重影响工程施工的进度。

（3）工程施工过程中，业主未能按合同规定的期限支付承包人的款项，造成承包人暂停施工或缓慢施工，也是影响工程施工进度的一个主要因素。

3. 监理工程师的原因

在公路工程的施工过程中，由于监理工程师的失职、判断或指令错误以及未按程序办事等因素，影响工程施工进度。

4. 其他特殊原因

工程进度计划的实施过程中，除承包人、业主和监理工程师以外，还会存在影响进度的其他特殊原因。

（1）额外或附加工程的工程量增加，如土石方数量增加，土石比例发生较大变化，涵洞改为桥梁等，均会影响工程施工的进度。

（2）工程施工中，承包人碰到异常恶劣的气候条件。

（3）人们无法预测和防范的任何自然力的作用以及特殊风险的出现，如战争、地震和暴乱等。

（四）施工进度计划的检查

承包人实施计划时必须对照原计划进行检查，驻地监理工程师对进度计划的实施予以合理的监控，尽量保证实际进度符合原计划安排。进度计划的检查是其执行信息的主要来源，是施工进度调整和分析的依据，也是控制进度的关键步骤。进度计划检查的方法主要是对比法，即实际进度与计划进度进行对比，从而发现偏差，以便调整或修改计划。进度偏差不外乎有三种可能：实际进度与计划进度相比为提前按时（正常）或拖延（延误）。在进度检查时所谈及的偏离往往是针对正在检查的内容（工作或分项工程）。因此还应分析这些偏差对工程项目或合同段工期的影响，即工程总体进度状况发展的趋势。在整个施工进度监理过程中，专业监理工程师应做好以下工作：

1. 在工程项目的施工中，专业监理工程师应要求承包人每日按单位工程、分项工程或工点对实际进度进行记录，并予以检查，以作为掌握工程进度和进行决策的依据。每日进度检查记录应包括以下基本内容：当日实际完成及累计完成的工程量；实际参加施工的人力、机械数量及生产效率；施工停滞的人力、机械数量及其原因；承包人的主管及技术人员到达现场时的情况；当日发生的影响工程进度的特殊原因和时间；当日的天气情况等。

2. 高级驻地监理工程师应要求承包人根据现场提供的每日施工进度记录，及时进行统计和标记，并通过分析和整理，每月向总监工程师及其他代表、业主提交一份月工程进度报告。该报告应包括以下主要内容：工程进度概况或说明，应以记事方式或对计划进度执行情况提出分析；编制出工程进度累计曲线和完成投资的进度累计曲线；显示关键线路（或主要工程项目）上一些施工活动及进展情况的工程图片；反映承包人的现金流动、工程变更、价格调整、索赔、工程支付及其他财务支出情况的财务状况；影响工程进度或造成延误的其他特殊事项、因素及解决措施等。

3. 监理工程师应编制和建立各种用于记录统计、反映实际工程进度与计划工程进度差距的进度控制图及进度统计表，以便随时对工程进度进行分析和评价，并作为要求承包人加快工程进度、调整进度计划或采取其他合同措施的依据。在工程实施过程中，如果实际进度（尤其是关键线路上的实际进度）与计划进度基本相符，监理工程师不应干预承包人对进度计划的执行，但应及时掌握影响和妨碍工程进度的不利因素，督促工程按计划进行。

监理工程师在批准工程进度计划后，应立即着手制定有关进度控制的整套报表记录和有关规定。为保证工程进度计划的正常实施，监理工程师应配备专门人员对承包人的工程进度进行监理，并要求所有监理人员随时收集和记录影响工程进度的有关资料和事项，随时掌握承包人工程施工过程中存在的问题，并及时向监理工程师汇报，以便及时协调和解决影响进度的各种矛盾和不利因素。

第三节 公路工程施工质量监理

一、工程质量与质量管理的概念

在公路工程建设中，质量是工程建设的关键，任何一个工程环节、工程部位出现问题，都会给工程质量带来严重的后果，直接影响到公路的实际效益，甚至返工重建，造成巨大的经济损失。因此，工程质量是公路工程建设的生命，质量监理是施工监理的核心。监理工程师应按照合同文件的要求与规定，对整个工程实施全过程的质量控制，使工程各部分质量在保证安全生产和预定的施工期限内以及在批准的投资条件下，达到合同规定的质量要求，保证工程安全、耐久和适用。

（一）工程质量与质量管理的概念

1. 工程质量的概念

工程质量包括建设工程实体和服务这两类特殊产品的质量。工程质量是指建设工程产品适合于某种规定的用途，满足人们要求其所具备的质量特性的程度。服务质量是指企业在销售前、销售时、销售后的服务过程中满足用户要求的程度。其质量特性依据服务业内不同行业而异，但一般均包括服务时间、服务能力和服务态度。建设工程具有投资额大、生产周期长等特点，因而服务质量显得尤为重要。建设工程的服务质量既可以是定量的，也可以是定性的。

2. 质量管理的概念

所谓质量管理，广义上说，是为了生产出满足使用者要求的高质量产品所采用的各种方法体系。随着科学技术的发展和市场竞争的日益激烈，质量管理越来越被人们所重视，并逐渐发展成为一门新兴学科。

（二）工程质量管理的重要性

随着改革开放的不断深入，我国的建设工程质量和服务质量的总体水平不断提高。我国一直强调必须贯彻"百年大计，质量第一"的方针，这对建立和发展社会主义市场经济和扩大对外开放发挥了重大作用。质量管理工作已经越来越被人们所重视，企业领导清晰地认识到了高质量的产品和服务是市场竞争的有效手段，是争取用户、占领市场和发展企业的根本保证。

生产建设工程产品，投资和消耗的人工、材料、能源都相当大，投资者（建设单位）付出巨大投资，要求获得理想的、满足使用要求的产品，以期在额定时间内发挥作用，为社会经济建设和物质文化生活需要做出贡献。如果工程质量差，不但不能发挥应有的效用，而且会因质量、安全等问题影响到国计民生和社会环境的安全。

二、工程质量监理的依据特点及其任务

为加强公路工程质量管理，控制工期和工程费用，进行安全生产，提高投资效益及工程管理水平，凡列入基本建设计划的公路工程项目，都应实行政府监督、社会监理、企业自检的质量保证体系。而在实行施工监理的过程中，监理单位应由建设单位通过招标、聘请、委托等方式确定。建设单位应在工程开工之前确定监理单位，签订服务合同。

（一）质量监理的依据

1. 合同条件

各项工程质量的保障、责任、费用支出等均应符合合同条件的规定。例如建设单位与施工单位签订的"工程承包合同""补遗书"及"特殊合同条款"，监理单位与建设单位签订的"监理服务协议书"及"澄清书"。

2. 合同图样

全部工程应与合同图样相符，并符合监理工程师批准的变更与修改要求。例如，建设单位提供的各种设计图；建设单位和监理单位下达的各项通知与规定，相关的变更设计图及通知、指令等；与本工程设计有关的设计联系单；被批准的分项工程的开工报告（含施工组织设计）。

3. 技术规范

所有用于工程的材料、设施、设备及施工工艺，应符合合同文件所列技术规范或监理工程师同意使用的其他技术规范及监理工程师批准的工程技术要求。

4. 质量标准

所有工程质量均应符合合同文件中列明的质量标准和监理工程师同意使用的其他标准。

（二）质量监理的特点

实行公路工程施工监理是公路建设管理体制改革的重要内容，是强化质量管理、控制工程造价、提高投资效益及施工管理水平的有效方法。与以往的内部管理体制相比，实行质量监理有以下特点：

1. 监理工程师对工程质量的监理受法律保护，这与过去的内部质量管理和行政监督是根本不同的。在施工单位和建设单位签订的承包合同中详细、明确地规定了监理工程师在质量控制中的作用，同时以合同形式赋予了监理工程师采取各种手段进行工程质量控制的权力，使质量管理变得有法可依，减少了过去内部管理中的推诿现象。

2. 工程质量监理是监理工程师对一项工程实行全过程、全方位和全天候的质量管理。这与内部管理和质量监督部门的抽查是完全不同的，这样能使工程各个部分的质量得到有效、全面的控制。

3. 工程质量管理强调事先监理和主动监理。监理的重点放在施工前的准备阶段和施工阶段，即对原材料、施工机械和施工技术方案的检查和审查以及施工过程中各环节的质量监理，以便及早发现问题、防患于未然，这与过去等待工程结束后再进行检查验收的事后监督办法是完全不同的。

4. 质量监理与工程支付挂钩，质量好坏直接关系施工单位的经济效益。这是工程监理制度的最大特点。按合同条件规定，未经监理工程师签收的工程项目一律不支付费用，监理工程师有了这个权力，就能运用经济杠杆有效地保证工程质量。

（三）质量监理的任务

监理单位承担监理任务，应根据工程规模、难易程度、合同工期、环境保护和现场条件等因素，建立现场监理机构。现场监理机构一般按工程招标合同段设置基层监理单位。监理单位为确保合同规定任务的完成，应建立完整的质量监理保障体系，以保证对所有的施工环节进行有效的控制。其体系中应根据工程规模的大小和复杂程度设置试验、材料、测量、计量及各工程项目的专项技术岗位，并应明确其名称和职责。

三、工程质量监理程序与方法

（一）公路工程施工质量监理的程序

1. 开工报告的审批

在各单位工程、分部工程或分项工程开工之前，驻地监理工程师应要求施工单位提交开工报告并审批。工程开工报告应提出工程施工计划和施工方案；依据技术规范列明本项目工程的质量控制指标及检验频率和方法；说明材料、设备、劳动力及现场管理等事项的准备情况，提出放样测量标准试验、施工图等必要的基础资料。监理工程师在确定施工单位开工报告真实可靠、相关规定的各项开工准备工作均达到要求后，方可签发批准开工报告，签发开工令。

2. 工序自检报告的审校

施工单位的自检人员按照专业监理工程师批准的工艺流程和提出的工序检查程序，在每道工序完工后首先进行自检，自检合格后，申报专业监理工程师进行检查认可。

3. 工序检查认可

专业监理工程师应紧接施工单位的自检，对每道工序完工后进行检查验收并签字，对不合格的工序应指示施工单位进行缺陷修复或返工。前道工序未经检查认可，后道工序不得进行。

4. 中间交工报告

当工程的单位、分部或分项工程完工后，施工单位的自检人员应再进行一次系统的自检，汇总各道工序的检查记录以及测量和抽样试验结果，提出交工报告。自检资料不全的交工报告，专业监理工程师应拒绝签收。

5. 中间交工证书

专业监理工程师应对按工程量清单分项完工的单项工程进行一次系统的检查验收，必要时应做测量或抽样试验。检查合格后，提请高级驻地监理工程师签发《中间交工证书》，未经中间交工验收或检验不合格的工程，不得进行下项工程项目的施工。

6. 中间计量

对填发了《中间交工证书》的工程，方可进行计量并由高级驻地监理工程师签发《中间计量表》。若完工项目的竣工资料不全，可暂时不计量支付。

（二）公路工程施工工序检查程序

各专业（结构、路基、路面、隧道等项目）监理工程师应在组成工程的各个单位、分部或分项工程开工之前，提出工序检查程序说明，以供现场旁站监理人员、施工单位的自检人员及施工人员共同遵循。工序检查应按以下原则提出：

1. 应与合同图样和工程量清单的分项所含内容相一致。

2. 应与技术规范及监理工程师批准采用的施工方法和工艺流程相协调。

3. 应与国家或合同规定的验收标准、检验频率和检验方法相配合。

4. 供需检查程序宜采用框图的形式表示，框图比较直观，并应与相应的检查记录、报表、证书等相配合。

（三）公路工程施工监理方法

1. 巡视

监理人员应重点巡视：正在施工的分项、分部工程是否已批准开工；现场检测、安全管理人员是否按规定到岗；现场使用的原材料或混合料、外购产品、施工机械设备及采用的施工方法与工艺是否与批准的一致；质量、安全及环保措施是否实施到位；试验检测仪器、设备是否按规定进行了校准；是否按规定进行了施工自检和工序交接。监理人员对每道工序的巡视不得少于 1 次，并按要求做好巡视记录。

2. 旁站

监理人员应对试验工程、重要隐蔽工程和完工后无法检测其质量或返工会造成较大损失的工程进行旁站。旁站的监理人员应重点对旁站项目的工艺过程进行监督，并按规范规定的内容进行检查，对发现的问题应责令施工单位立即改正；当可能危及工程质量、安全和环境时，应予以制止，并及时向驻地监理工程师或总监理工程师报告。旁站监理人员应按相关规范附录格式如实、准确、详细地做好旁站记录。旁站项目完工后，监理工程师应组织检查验收，验收合格的方可进行下道工序。

3. 抽检

监理工程师应按规定重点对施工过程中使用的水泥、钢材、沥青、石灰、粉煤灰、砂砾和碎石等主要原材料及各种混合料进行抽检，抽检频率应不低于施工单位自检频率的 20%，其余材料应不低于 10%；对已完工程实体质量的抽检频率应不低于施工单位自检频率的 20%。监理工程师对材料或工程的质量有怀疑时，应进行进一步的判定。

第四节 公路工程施工安全监理

一、安全监理的概念与意义

（一）安全监理的概念

安全监理是社会化、专业化的工程监理单位，受建设单位（或业主）的委托和授权，依据法律法规、已批准的工程项目建设文件、监理合同及其他建设工程合同，对工程建设实施阶段安全生产进行监督管理。安全监理包括对工程建设中的人、物、环境及施工全过程的安全生产进行监督管理，并采取组织、技术、经济和合同措施，保证建设行为符合国家安全生产、劳动保护法律法规和有关政策，有效地将建设工程安全风险控制在允许的范围内，以确保施工的安全性。安全监理属于委托性的安全服务。

（二）安全监理的意义

安全生产涉及施工现场所有的人、物和环境，安全监理工作贯穿于施工现场生产的全过程。监理单位只有在质量控制、进度控制、投资控制的基础上，引入安全控制环节，把公路工程监理的"三控制"发展成为"四控制"，把加强安全监理作为政府行为的延伸，把原来政府行业主管部门的安全监督扩大到全社会，才能使公路建设行业的安全生产意识、安全管理水平有根本性的提高。公路工程建设安全监理的目的是，对公路工程建设中人的不安全行为、物的不安全状态、作业环境的防护和施工全过程，进行安全评价、动态监督管理和督查，并采取法律、经济、行政和技术手段，保证建设行为符合国家安全生产、劳动保护法律、法规和有关政策，消除建设行为中的冒险性、盲目性和随意性，督促落实各级安全生产责任制和各项安全技术措施，有效地消除各类事故隐患，实现安全生产。安全是质量的基础，只有在良好的安全措施的保证下，施工人员才能较好地发挥技术水平，保证施工的质量。同样，工程施工质量越好，其生产的安全效率就越高；质量是"本"，安全是"标"，两者密不可分；只有标本兼治，才能使建设项目达到设计标准。

安全是进度的前提。建设项目的最大特点是施工工期较长，建设单位总是希望其投入的资金能尽快产生效益，对工期提出不合理的要求。长时间的加班加点，造成的后果往往是人员和设备的疲劳以及安全施工条件无法保证，最终导致安全事故发生。工期过短是安全隐患的原因之一。国家规范和标准中的工期是可以适当压缩的，但应提出一个有利于安全的合理工期，即约定工期应当在施工合同中明确规定安全与进度互保。进度应以安全作为保障，安全就是进度。在项目实施过程中，应追求安全加进度；当进度与安全发生矛盾时，应暂时减缓进度，保证安全。安全与效益兼顾。安全技术措施的实施，会改善作业条件，带来经济效益。所以安全与效益是完全一致的，安全可以促进效益的增长。当然，在安全管理中，投入应适当，既要保证安全，又要经济合理。

安全监理是工程建设监理的重要组成部分，也是建设工程安全生产管理的重要保障。安全监理是提高施工现场安全生产管理水平的有效方法，也是建设工程项目管理体制改革中健全安全管理、控制重大伤亡事故的一种新模式。投标人（中标后为施工单位）与建设单位在签订工程施工承包合同的同时，还必须签订工程施工安全生产合同。监理工程师必须加强对安全生产的监理工作。

工程监理单位和监理工程师应当按照法律、法规和工程建设强制性标准实施监理，并对建设工程安全生产承担监理责任。监理单位应当依据法律、法规和工程建设强制性标准进行监理，对工程安全生产承担安全监理责任。

二、安全施工的内容

安全生产贯穿于自开工到竣工施工生产的全过程，因此，安全工作存在于每个分部分项工程、每道工序中。也就是说，哪里的安全防护措施不落实，哪里就有可能发生伤亡事故。安全监理不仅要监督检查各部位安全防护措施的贯彻落实，还应该了解公路施工中的主要安全技术，这样才能采取有效的措施，预防各类伤亡事故的发生，确保安全生产。安全施工的内容包括以下三个方面。

1. 控制"人"的不安全行为

人是施工生产中的主体，也是安全生产的关键，搞好安全生产，必须首先控制人的不安全行为。人的不安全行为分为生理上的、心理上的、行为上的三种。生理上的不安全行为，即身体上的缺陷，使其不能适应某些生产的速度、工作条件和环境；心理上的不安全行为，即受到了某些因素的刺激和影响，产生了思想和情绪上的波动，身心不支、注意力转移，发生了误操作和误判断；行为上的不安全行为，即为了某种目的和动机有意采取错误的行为。必须根据人的生理和心理特点，合理安排和调配工作，预防不安全行为；通过培训教育，增强安全意识，做到不伤害自己，不伤害他人，也不被他人伤害。

2. 控制"物"的不安全状态

施工人员在公路施工过程中，要使用多种工具、机械、设备和材料等，也要接触各类设施设备等，这些材料、工具、设施和设备等统称为"物"。不仅要使这些"物"保持良好的状态和技术性能，还应该使其操作简便、灵敏可靠，并且要具有保护工作者免受伤害的各类防护和保险装置。

3. 作业环境的防护

在任何时间、季节和条件下施工，对于任何作业都必须给施工人员创造良好的、没有危险的环境和作业场所。如果以上三个方面都能做到，安全生产就有了保障。缺少了一个方面，都会留下安全隐患，给发生伤亡事故创造条件。

三、安全监理的任务

监理工作是受建设单位的委托，按照合同规定的要求，完成授权范围内的工作，安全监理同样也是受委托要完成的任务。因此，监理工程师应认真地研究安全施工所包括的范围，并依据相关的施工安全生产法规和标准进行监督和管理。安全生产涉及施工现场所有的人、物和环境。凡是与生产有关的人、单位机械、设备、设施、工具等，都与安全生产有关，安全工作贯穿了施工生产的全过程。所以，实施安全监理工作时，必须对施工全过程进行安全监理。如监理工程师在施工现场，往往要对脚手架的搭设和模板的安装、拆除进行检查验收，这就是安全工作的内容。

安全监理的任务主要是贯彻落实国家安全生产的方针、政策，督促施工单位按照公路施工安全生产法规和标准组织施工，消除施工中的冒险性、盲目性和随意性，落实各项安全技术措施，有效杜绝各类安全隐患，杜绝、控制和减少各类伤亡事故，实现安全生产，安全监理的具体任务主要有以下几个方面：

1. 贯彻执行"安全第一、预防为主"的方针，遵守国家现行的安全生产法律、法规，有关行政主管部门的安全生产规章和标准。

2. 督促施工单位落实安全生产的组织保证体系，建立健全安全生产责任制。

3. 督促施工单位对工人进行安全生产教育及分部、分项工程的安全技术交底。

4. 审查施工方案及安全技术措施。

5. 检查并督促施工单位按照公路工程施工安全技术规程要求，落实分部、分项工程或各工序、关键部位的安全防护措施。

6. 监督检查施工生产的消防、冬季防寒、夏季防暑、文明施工、卫生防疫等工作。

7. 不定期地组织安全综合检查，可按《公路工程施工安全技术规程》进行评价，提出处理意见并限期整改。

8. 发现违章冒险作业的要责令其停止作业，发现隐患的要责令其停工整改。

四、安全监理的工作内容

（一）施工准备阶段安全监理的主要工作

工程开工前，监理工程师应严格审查承包人的各项安全保证方案，审查重点是：

1. 督促业主与承包人签订工程项目安全施工责任书，督促总包单位与分包单位签订工程项目安全施工责任书。

2. 审查总包、分包单位的安全生产许可证或专业主管部门颁发的安全生产资质证书。

3. 督促承包人建立健全施工现场安保体系。

4. 督促施工总承包单位对分包单位的安全生产工作进行统一领导、统一管理，提出明确的安全生产制度和管理措施，并认真实施监督检查。

5. 审查施工承包单位编制的施工组织设计中的安全技术措施或专项安全施工方案是否符合工程建设强制性标准。审核应包括以下内容：

（1）安全管理、质量管理和安全保证体系的组织机构，包括项目经理项目总工、专职安全管理人员、特种作业人员配备的数量以及安全资格培训持证上岗情况。

（2）施工安全生产责任制、安全管理规章制度和安全操作规程的制定情况。

（3）起重机械设备、施工机具、电器设备及其他特种设备等的设置是否符合规范要求，各种保险、限位等安全装置是否齐全有效，并具备相应的生产（制造）许可证、产品合格证明及检定结果。

（4）施工中采用新技术、新工艺、新设备、新材料的，是否都制定了相应的安全技术措施。

（5）基坑支护、模板、脚手架工程、起重吊装工程和整体提升脚手架拆装等专项方案是否符合法律法规及强制性标准，是否按规定进行了论证和办理了批准手续。

（6）施工现场临时用电方案的安全用电技术措施和电气防火措施。

（7）施工企业安全事故应急救援预案的制定情况以及项目针对重点部位和重点环节制定的监控措施和应急预案。

（8）根据施工的不同阶段、环境、季节和气候的变化制定安全措施的情况。

（9）施工总平面图是否合理，办公、宿舍、食堂等临时设施的设置以及施工现场的场地、道路、排污、排水、防火措施是否符合有关安全技术标准规范和文明施工的要求。

（10）制定的安全管理目标。

6. 督促承包人做好逐级安全技术交底工作和开展经常性的安全教育培训活动。

7. 复查承包人的大型施工机械、安全设施验收手续，并签署意见。

（二）施工阶段安全监理的主要工作

1.监督承包人按照工程建设强制性标准和经审批的安全施工方案组织施工，制止违规施工作业。

2.在施工阶段实施监理过程中，发现有违规施工的，责令其改正；存在安全事故隐患的，应当要求承包人整改并检查整改结果，签署复查意见；情况严重的，应当要求承包人停止施工，并及时报告业主；承包人拒不整改或不停止施工的，应及时向安全监督部门报告。

3.督促承包人做好洞口、临边、高处作业等危险部位的安全防护工作，并设置明确的安全警示标志，督促承包人有效控制现场的废水、扬尘、噪声、振动、坠落物等，建立良好的工作环境；审查承包人使用的建筑起重机械，必须具有建设行政主管部门安全监督机构发放的"建筑起重机械设备备案牌"和法定检测机构发给的"检测合格标志"。

4.督促承包人定期组织施工安全自查工作。

5.在定期召开的工地例会上，评述安全生产管理现状及存在的薄弱环节和问题，并提出意见和建议，把安全作为工地例会的主要内容之一，使预防落到实处。

6.对高危作业、易发生安全事故的危险源和薄弱环节等安全监控的重点，可采取旁站、巡视和平行检查等形式，加大检查监控力度。

7.对危险性较大的分部、分项工程进行安全巡查检查，每天不少于一次，发现违规和存在安全事故隐患的，及时要求承包人整改，并检查整改结果，签署复查意见；承包人拒不整改或者不停止施工的，现场监理工程师应及时向当地建设行政主管部门报告。分部、分项工程交工验收时，如安全事故的现场处理未完成，不得签发"中间交工证书"。

五、安全监理的程序与要点

（一）招标阶段的安全监理

1.审查施工单位的安全资质

审查内容包括：营业执照；施工许可证；安全资质证书；安全生产管理机械的设置及安全专业人员的配备等;安全生产责任制及安全工作保证体系;安全生产规章制度;各工种的安全生产操作规程；特种作业人员的管理情况；主要的施工机械、设备等的技术性能及安全条件；交通部门安全监督机构对企业的安全业绩测评情况。

2.协助拟定安全生产协议书

其主要内容为：一是建设单位和施工单位之间的安全协议；二是总承包单位和分包单位的安全生产协议。建设单位和施工单位的安全协议，在招标阶段就要明确双方在施工过程中各自的安全生产责任。建设单位有责任为施工单位提供施工过程中的安全措施及管理所需要的足够资金，为保证施工人员在施工生产过程中的安全、健康创造条件。

施工单位的安全生产责任如下：

（1）按照公路工程施工安全法规和标准的要求，结合工程特点，编制安全技术措施，遇有特殊作业（如深基础、起重吊装、模板支撑、人工挖孔桩、临时用电等），还要编制单项安全施工组织设计或方案。

（2）贯彻落实公路工程施工安全技术规范和标准，实行科学管理和标准化管理，提高安全防护水平，消除安全隐患。

（3）建立健全并认真实施安全生产责任制及各项规章制度，做到预防为主，杜绝和减少伤亡事故。

（4）对职工进行入场前及施工中的安全教育，并进行分部、分项工程的安全技术交底。

（5）施工中必须使用合格且具有各类安全保险装置的机械、设备和设施等。

（6）对于发生的伤亡事故要及时报告、认真查处。

总承包人和分包人的安全协议要明确。总承包人要统一管理分包人的安全生产工作，对分包人的安全生产工作进行监督检查，为分包人提供符合安全和卫生要求的机械、设备和设施，制止违章指挥和违章作业。分包人要服从总承包人的领导和管理，遵守总承包人的规章制度和安全操作规程，分包人要对本单位职工的安全、健康负责。

（二）施工准备阶段的安全监理

1. 制定安全监理程序

任何一个工程的工序或一个构件的生产都有相应的工艺流程，如果其中一个工艺流程未进行严格操作，就可能出现工伤事故。因此，安全监理人员在对工程安全进行严格控制时，就要按照工程施工的工艺流程制定出一套相应的科学的安全监理程序，对不同结构的施工工序制定出相应的检测验收方法，只有这样才能达到对安全严格控制的目的。在监理过程中，安全监理人员应对监理项目做详尽的记录并填写表格。

2. 调查可能导致意外伤害事故的其他原因

在施工开始之前，了解现场的环境、人为障碍等因素，以便掌握障碍所在和不利环境的有关资料，及时提出防范措施。这里所指的障碍和不利环境着重是图样中未标示出来的地下结构，如暗管、电缆及其他构造物，或者是建设单位需解决的用地范围内地表以上的电杆、树木、房屋及其他影响安全施工的构造物。掌握这些可能导致工作事故的因素以后，就可以合理地制订监理方案和细则。

3. 掌握新技术、新材料的工艺和标准

施工中采用的新技术、新材料，应有相应的技术标准和使用规范。安全监理人员根据工作需要与可能，可以对新材料、新技术的应用进行必要的了解和调查来及时发现施工中存在的事故隐患，并发出正确的指令。

4. 审查安全技术措施

要对施工单位编制的安全技术措施和单项工程安全施工组织设计进行审查。施工单位对批准的安全技术措施应立即组织实施，做好财力、物力、人力方面的准备，做到准时、准确、到位。对需要修改的安全技术措施计划，施工单位修改后再报安全监理人员审查，合格后才能实施。施工单位开工时所必需的施工机械、材料和主要人员已到达现场，并处于安全状态，施工现场的安全设施已经到位，方可开工。

5. 审查施工单位的自检系统

虽然安全监理是对施工的全过程进行安全监督和管理的，但作为安全监理人员，不可能对每一工程或分项工程的每一部分进行全面监控，只能进行部分抽检。因此工程开工前应尽早督促施工单位进行安全教育，成立施工单位的安全自检系统，要求施工中的每一道工序必须由施工单位按安全监理规定的程序提供自检报告和报表。施工单位的自检人员对保证安全施工起着重要的作用，因此要求施工单位的自检人员有良好的、全面的安全知识和职业道德。安全监理人员必须在工程实施过程中随时对施工单位自检人员的工作进行抽查，掌握安全情况，检查自检人员的工作质量。

6. 施工单位的安全设施和设备在进入现场前的检验

安全监理人员应详细了解承包单位的安全设施供应情况，避免不符合要求的安全设施进入施工现场后造成工伤事故。在安全设施未进入工地前，可按下列步骤进行监督：

（1）施工单位应提供拟使用的安全设施的产地、厂址和出厂合格证书，供安全监理人员审查。

（2）安全监理人员可在施工初期，根据需要对这些厂家的生产工艺、设备等进行调查了解。

（3）必要时对安全设施取样试验，要求有关单位提供安全设施的有关图样和设计计算书资料、成品的技术性能等技术参数。经审查后，确定该安全设施能否使用。

（三）施工阶段的安全监理

在工程项目施工阶段，安全监理人员要对施工过程中的安全生产工作进行全面的监理。

1. 工程项目安全监理的依据

其包括：设计的施工说明书；本工程委托安全监理的合同书；经过审定的施工组

织中安全技术措施及单项安全施工组织设计；公路工程施工安全技术规程；企业或项目的安全生产规章制度；安全生产责任制；关于加强施工现场安全生产管理的若干规定；施工现场防火规定；有关安全生产的法令、法规、政策和规定。

2. 工程项目安全监理的职责

（1）安全监理与建设单位的关系：在建设项目实施阶段，安全监理受建设单位委托，代表建设单位的利益，按安全监理合同规定的范围，全权处理关于施工中与安全有关的一切事宜。

（2）安全监理与施工单位的关系：安全监理与施工单位的关系是监理与被监理的关系，但安全监理与施工单位应本着尊重、协助、督促、检查的精神，基于与施工单位目标一致的共识，协助施工单位完善施工过程中的各项制度，并按规定进行必要的抽查和验证。

3. 安全监理的任务

其任务包括：审查各类有关安全生产的文件；审核进入施工现场各分包单位的安全资质和证明文件；审核施工单位提交的施工方案和施工组织设计中的安全技术措施；审核工地的安全组织体系和安全人员的配备；审核新工艺、新技术、新材料、新结构使用的安全技术方案及安全措施；审核施工单位提交的关于工序交接检查，分部、分项工程安全检查的报告；审核并签署现场有关安全技术签证的文件；现场监督与检查。

如遇到下列情况，安全监理工程师应及时报告，由监理工程师下达工程暂停令：施工中出现安全异常，经监理人员提出后，施工单位未采取改进措施或改进措施不合乎要求；对已发生的工程事故未进行有效处理仍继续作业；安全措施未经自检而擅自施工；擅自变更设计进行施工；使用没有合格证明的材料或擅自替换、变更工程材料；未经安全资质审查的分包单位的施工人员进行现场施工。

4. 交工验收及缺陷责任期阶段的安全监理

公路工程项目在交工验收及缺陷责任期阶段，安全监理人员要针对剩余工程和缺陷工程，按《建设工程安全生产管理条例》的规定，对施工现场的安全生产工作进行全面的监理。

第五章　公路工程进度管理

公路工程进度是工程管理的重点管理项目，在工程管理中，对于进度的管理有很多要求，主要是进度计划的编制、执行和管理。本章主要从这三方面详细讲述公路进度管理。

第一节　公路工程进度计划的编制特点

一、公路工程进度计划的主要形式

1.横道图

公路工程的进度横道图是以时间为横坐标，以各分部（项）工程或工作内容为纵坐标，按一定的先后施工顺序，用带时间比例的水平横线表示对应工作内容持续时间的进度计划图表。公路工程中常常在横道图对应分项的横线下方表示当月计划应完成的累计工程量或工作量百分数，横线上方表示当月实际完成的累计工程量或工作量百分数。

2.S曲线

S曲线是以时间为横轴，以累计完成的工程费用的百分数为纵轴的图表化曲线。一般在图上标注一条计划曲线和实际支付曲线，实际线高于计划线则实际进度快于计划，否则就慢；曲线本身的斜率也反映进度推进的快慢。有时，为反映实际进度另增加一条实际完成线（支付滞后于完成）。在公路工程中，常常将S曲线和横道图合并于同一张图表中，称其为"公路工程进度表"，它既能反映各分部（项）工程的进度，又能反映工程总体的进度。

3.垂直图（也称斜条图、时间里程图）

垂直图是以公路里程或工程位置为横轴，以时间为纵轴，而各分部（项）工程的施工进度则相应地以不同的斜线表示。在图中可以辅助表示平面布置图和工程量的分布。垂直图很适合表示公路、隧道等线形工程的总体施工进度。斜线越陡进度越慢，斜线越平进度越快。

4.斜率图

斜率图是以时间（月份）为横轴，以累计完成的工程量的百分数为纵轴，将分项工程的施工进度相应地用不同斜率表示图表化曲（折）线。事实上就是分项工程的 S 曲（折）线，主要是作为公路工程投标文件中施工组织设计的附表，以反映公路工程的施工进度。

二、公路施工过程中的组织方法和特点

公路施工过程中的基本组织方法有顺序作业法、平行作业法、流水作业法。

1.顺序作业法（也称为依次作业法）的主要特点

（1）没有充分利用工作面进行施工，（总）工期较长。

（2）每天投入施工的劳动力、材料和机具的种类比较少，有利于资源供应的组织工作。

（3）施工现场的组织、管理比较简单。

（4）不强调分工协作，若由一个作业队完成全部施工任务，不能实现专业化生产，不利于提高劳动生产率；若按工艺专业化原则成立专业作业队（班组），各专业队是间歇作业，不能连续作业，材料供应也是间歇供应，劳动力和材料的使用可能会不均衡。

2.平行作业法的主要特点

（1）充分利用了工作面进行施工，（总）工期较短。

（2）每天同时投入施工的劳动力、材料和机具数量较大，材料供应特别集中，所需作业班组很多，影响资源供应的组织工作。

（3）如果各工作面之间需共用某种资源时，施工现场的组织管理比较复杂，协调工作量大。

（4）不强调分工协作，各作业单位都是间歇作业，此点与顺序作业法相同。

这种方法的实质是用增加资源的方法来达到缩短（总）工期的目的，一般适用于需要突击性施工时施工作业的组织。

3.流水作业法的主要特点

（1）必须按工艺专业化原则成立专业作业队（班组），实现了专业化生产，有利于提高劳动生产率，保证了工程质量。

（2）专业化作业队能够连续作业，相邻作业队的施工时间能最大限度地搭接。

（3）尽可能地利用了工作面进行施工，工期比较短。

（4）每天投入的资源量较为均衡，有利于资源供应的组织工作。

（5）需要较强的组织管理能力。

这种方法可以充分利用工作面，有效地缩短了工期，一般适用于工序繁多、工程

量大而又集中的大型构筑物的施工，如大型桥梁工程、立交桥、隧道工程、路面等施工的组织。

三、公路工程常用的流水施工组织

1. 公路工程常用的流水参数

（1）工艺参数：施工过程数 n（工序个数），流水强度 V。

（2）空间参数：工作面 A、施工段 m、施工层。

（3）时间参数：流水节拍 t、流水步距 K、技术间歇 Z、组织间歇、搭接时间。

2. 公路工程流水施工分类

（1）按节拍的流水施工分类。

1）有节拍（有节奏）流水。其可分为等节拍流水和异节拍流水两种。

等节拍（等节奏）流水，所有的流水节拍相同且流水步距＝流水节拍，其是理想的流水施工。

异节拍（异节奏）流水，可进一步分为成倍流水（等步距异节拍）和分别流水（异步距异节拍）。

2）无节拍（无节奏）流水：流水节拍一般不相同，用累加数列错位相减取大差的方法求流水步距。

（2）按施工段在空间分布形式的流水施工分类：流水段法流水施工；流水线法流水施工。

3. 路面工程的线性流水施工组织

一般路面各结构层施工的速度不同，从而持续时间往往也不相同。组织路面流水施工时应注意的要点有：

（1）各结构层的施工速度和持续时间。要考虑影响每个施工段的因素，如水泥稳定碎石的延迟时间、沥青拌和能力、温度要求、摊铺速度、养护时间、最小工作面的要求等。

（2）相邻结构层之间的速度决定了相邻结构层之间的搭接类型，前道工序的速度快于后道工序时选用开始到开始搭接类型；否则选用完成到完成搭接类型。

（3）相邻结构层工序之间搭接时距的计算。时距＝最小工作面长度/两工序中快的速度。

4. 通道和涵洞的流水段施工组织

在实际的公路通道和涵洞施工中，全等节拍流水较少见，更多的是异节拍流水和无节拍流水。对于通道和涵洞的流水组织主要是以流水段方式组织流水施工，而流水段方式的流水施工往往会存在窝工（资源的闲置）或间歇（工作面的闲置）的现象。

根据流水施工的组织原理，异步距异节拍流水实质上是按无节拍流水组织的，引入流水步距概念目的就是为了消除流水施工中存在的窝工现象。

消除窝工和消除间歇的方法都采用累加数列错位相减取大差的方法，构成累加数列的方法，当不窝工的流水组织时，其流水步距计算是同工序各节拍值累加构成数列；当不间歇（无多余间歇）的流水组织时，其施工段的段间间隔计算是同段各节拍值的累加构成数列；错位相减取大差的计算方法，两种计算方法相同。

（1）不窝工的无节拍流水工期＝流水步距和＋最后一道工序流水节拍的和＋技术间歇和。

（2）无多余间歇的无节拍流水工期＝施工段间间隔和＋最后一个施工段流水节拍的和＋技术间歇和。

（3）有窝工并且有多余间歇的无节拍流水工期，一般通过绘制横道图来确定。如果是异节拍流水时往往是不窝工或者无多余间歇流水施工中的最小值，此时一般是无多余间歇流水工期最小。

5.桥梁工程流水施工组织

多跨桥梁的桥梁基础或桥梁下部结构施工由于受专业设备数量的限制，不宜配备多台，因此只能采取流水施工。桥梁的流水施工也是属于流水段法流水施工，应注意尽可能组织成有节拍的形式。工期计算与通道涵洞相同。

第二节　公路工程进度控制管理

公路工程项目进度管理是以现代科学管理原理作为其理论基础的，主要有动态控制原理、系统控制原理、信息反馈原理、弹性原理、封闭循环原理、网络计划技术原理。

1.进度计划的提交

（1）总体性进度计划

在中标通知书发出后合同规定的时间内，承包人应向监理工程师书面提交以下文件：一份详细和格式符合要求的工程总体进度计划及必要的各项关键工程的进度计划；一份有关全部支付的现金流动估算；一份有关施工方案和施工方法的总说明（通过施工组织设计提出）。

（2）阶段性进度计划

在将要开工以前或在开工以后合理的时间内，承包人应向监理工程师提交以下文件：年、月（季）度进度计划及现金流动估算和分项（或分部）工程的进度计划。

2.进度计划的审查要点

施工单位编制完进度计划后，应重点从以下几方面对进度计划进行审查：

（1）工期和时间安排的合理性

1）施工总工期的安排应符合合同工期。

2）各施工阶段或单位工程（包括分部、分项工程）的施工顺序和时间安排与材料和设备的进场计划应相协调。

3）易受冰冻、低温、炎热、雨季等气候影响的工程应安排在适宜的时间，并应采取有效的预防和保护措施。

4）对动员、清场、假日及天气影响的时间，应充分考虑并留有余地。

（2）施工准备的可靠性

1）所需主要材料和设备的运送日期已有保证。

2）主要骨干人员及施工队伍的进场日期已经落实。

3）施工测量、材料检查及标准试验的工作已经安排。

4）驻地建设、进场道路及供电、供水等已经解决或已有可靠的解决方案。

（3）计划目标与施工能力的适应性

1）各阶段或单位工程计划完成的工程量及投资额应与设备和人力实际状况相适应。

2）各项施工方案和施工方法应与施工经验和技术水平相适应。

3）关键线路上的施工力量安排应与非关键线路上的施工力量安排相适应。

3.进度计划的检查

（1）公路工程项目进度的检查内容

1）工作量的完成情况。

2）工作时间的执行情况。

3）资源使用及进度的互配情况。

4）上次检查提出问题的处理情况。

（2）进度计划检查的方式

1）项目部定期收集由承包单位提交的有关进度报表资料。

2）由驻地监理人员现场跟踪检查公路工程的实际进展情况。

3）由监理工程师定期组织现场施工负责人召开现场会议。

4）上次检查提出问题的处理情况。

（3）进度计划检查的方法

1）横道图比较法。横道图比较法是指将在项目实施中检查实际进度收集的信息，经整理后直接用横道线并列标于原计划的横道线处，进行直观比较的方法。

2）S曲线比较法。S曲线比较法与横道图比较法不同，它不是在编制的横道图进度计划上进行实际进度与计划进度的比较。它是以横坐标表示进度时间，纵坐标表示累计完成任务量，然后绘制出一条按计划时间累计完成任务量的S曲线，将施工项目的各检查时间实际完成的任务量与 S 曲线进行实际进度与计划进度相比较的一种方法。

3）香蕉曲线比较法。香蕉曲线是由两条以同一开始时间、同一结束时间的 S 曲线组合而成的，而且时间最好采用工期的百分数表示。其中，一条 S 曲线是工程按最早完成时间安排进度所绘制的 S 曲线，简称 ES 曲线；另一条 S 曲线是工程按最迟完成安排进度所绘制的 S 曲线，简称 LS 曲线。除了项目的开始和结束点外，ES 曲线在 LS 曲线的上方，同一时刻两条曲线所对应完成的工作量是不同的。在项目实施过程中，理想的状况是任一时刻的实际进度在这两条曲线所包括区域内的曲线 R 上。

4）前锋线比较法。前锋线比较法是通过绘制某检查时刻工程项目实际进度前锋线，进行工程实际进度与计划进度比较的方法，它主要适用于时标网络计划。所谓前锋线，是指在原时标网络计划上，从检查时刻的时标点出发，用点画线依此将各项工作实际进展位置点连接而成的折线。前锋线比较法，是通过实际进度前锋线与原进度计划中各工作箭线交点的位置来判断工作实际进度与计划进度的偏差，进而判定该偏差对后续工作及总工期影响程度的一种方法。

通过检查，能反映出目前工作的进展情况，工作是否正常（按时）、延误或提前，是否对整个工期有影响。如果有工作延误或可能会造成延期，则需关注或采取措施进行处理。

4. 进度计划的调整

当公路工程项目施工实际进度影响到后续工作，总工期需要对进度计划进行调整时，通常采用以下两种方法。

（1）改变某些工作间的逻辑关系。

当工程项目实施中产生的进度偏差影响到总工期，且有关工作的逻辑关系允许改变时，可以改变关键工作或超过计划工期的原非关键工作（新关键工作）之间的逻辑关系，以达到缩短工期的目的。例如，将顺序进行的工作改为平行作业、搭接作业以及分段组织流水作业等，都可以有效地缩短工期。

但要注意压缩过程中关键线路会随着压缩关键工作而改变或增加条数。

（2）缩短某些工作的持续时间。

这种方法是不改变工程项目中各项工作之间的逻辑关系，而通过采取增加资源投入、提高劳动效率等措施来缩短某些工作的持续时间，使工程进度加快，以保证按计划工期完成该工程项目。这些被压缩持续时间的工作是位于关键线路上的（关键工作，还包括原来是非关键工作但是现在已经超过计划工期的新关键工作）。同时，这些工作又是其持续时间可被压缩的工作。这种调整方法通常可以在网络图上直接进行。

第三节 工程施工进度计划实施

一、进度监测的系统过程

1. 进度计划执行中的跟踪检查

对进度计划的执行情况进行跟踪检查是计划执行信息的主要来源，是进度分析和调整的依据，也是进度控制的关键步骤。

跟踪检查的主要工作是定期收集反映工程实际进度的有关数据，收集的数据应当全面、真实、可靠，不完整或不正确的进度数据将导致判断不准确或决策失误。为了全面、准确地掌握进度计划的执行情况，监理工程师应该认真做好以下三方面的工作。

（1）定期收集进度报表资料。进度报表是反映工程实际进度的主要方式之一。进度计划执行单位应按照进度监理制度规定的时间和报表内容，定期填写进度报表。监理工程师可以通过收集进度报表资料掌握工程实际进展情况。

（2）现场实地检查工程进展情况。派监理人员常驻现场，随时检查进度计划的实际执行情况，这样可以加强进度监测工作，掌握工程实际进度的第一手资料，以便使获取的数据更加及时、准确。

（3）定期召开现场会议。定期召开现场会议，既可以了解工程实际进度状况，又可以协调有关方面的进度关系。

一般情况下，进度控制的效果与收集数据资料的时间间隔有关。如果不经常地、定期地收集实际进度数据，就难以有效地控制实际进度。

进度检查的时间间隔与工程项目的类型、规模、监理对象及有关条件等多方面因素相关，可视工程的具体情况，每月、每半月或每周进行一次检查。在特殊情况下，甚至需要每日进行一次进度检查。

2. 实际进度数据的加工处理

为了进行实际进度与计划进度的比较，必须对收集到的实际进度数据进行加工处理，形成与计划进度具有可比性的数据。

3. 实际进度与计划进度的对比分析

将实际进度数据与计划进度数据进行比较，可以确定建设工程实际执行状况与计划目标之间的差距。为了直观反映实际进度偏差，通常采用表格或图形进行实际进度与计划进度的对比分析，从而得出实际进度比计划进度超前、滞后还是一致的结论。

二、进度调整的系统过程

1.分析进度偏差产生的原因

通过实际进度与计划进度的比较，发现进度偏差时，为了采取有效措施调整进度计划，必须深入现场进行调查，分析产生进度偏差的原因。

2.分析进度偏差对后续工作和总工期的影响

当查明进度偏差产生的原因之后，要分析进度偏差对后续工作和总工期的影响程度，以确定是否应采取措施调整进度计划。

3.确定后续工作和总工期的限制条件

当出现的进度偏差影响到后续工作或总工期而需要采取进度调整措施时，应当首先确定可调整进度的范围，主要包括关键节点、后续工作的限制条件以及总工期允许变化的范围。这些限制条件往往与合同条件有关，需要认真分析后确定。

4.采取措施调整进度计划

采取进度调整措施，应该以后续工作和总工期的限制条件为依据，以确保要求的进度目标得到实现。

5.实施调整后的进度计划

进度计划调整之后，应该采取相应的组织、经济、技术措施执行它，并继续监测其执行情况。

三、横道图比较法

横道图比较法是指将项目实施过程中检查实际进度收集到的数据，经加工整理后直接用横道线平行绘于原计划的横道线处，进行实际进度与计划进度的比较方法。

采用横道图比较法，可以形象、直观地反映实际进度与计划进度的比较情况。根据工程项目中各项工作的进展是否匀速，可分别采用匀速进展和非匀速进展比较法进行实际进度与计划进度的比较。

1.匀速进展横道图比较法

在工程项目中，每项工作在单位时间内完成的任务量都是相等的，即工作的进展速度是均匀的，这称为匀速进展。此时，每项工作累计完成的任务量与时间呈线性关系。完成的任务量可以用实物工程量、劳动消耗量或费用支出表示。为了便于比较，通常用上述物理量的百分比表示。

采用匀速进展横道图比较法的步骤如下。

（1）编制横道图进度计划。

（2）在进度计划上标出检查日期。

（3）将检查收集到的实际进度数据经加工整理后按比例用涂黑的粗线标于计划进度的下方。

（4）对比分析实际进度与计划进度：如果涂黑的粗线右端落在检查日期左侧，表明实际进度拖后；如果涂黑的粗线右端落在检查日期右侧，表明实际进度超前；如果涂黑的粗线右端与检查日期重合，表明实际进度与计划进度一致。

该方法仅适用于工作从开始到结束的整个过程中，其进展速度均为固定不变的情况。如果工作的进展速度是变化的，则不能采用这种方法进行实际进度与计划进度的比较，否则，会得出错误的结论。

2. 非匀速进展横道图比较法

当工作在不同单位时间里的进展速度不相等时，累计完成的任务量与时间的关系就不可能是线性关系。此时，应采用非匀速进展横道图比较法进行工作实际进度与计划进度的比较。非匀速进展横道图比较法在用涂黑粗线表示工作实际进度的同时，还要标出其对应时刻完成任务量的累计百分比，并将该百分比与其同时刻计划完成任务量的累计百分比相比较，判断工作实际进度与计划进度之间的关系。

采用非匀速进展横道图比较法的步骤如下：

（1）编制横道图进度计划。

（2）在横道线上方标出各主要时间工作的计划完成任务量累计百分比。

（3）在横道线下方标出相应时间工作的实际完成任务量累计百分比。

（4）用涂黑粗线标出工作的实际进度，从开始之日标起，同时反映出该工作在实施过程中的连续与间断情况。

（5）通过比较同一时刻实际完成任务量累计百分比和计划完成任务量累计百分比，判断工作实际进度与计划进度之间的关系：如果同一时刻横道线上方累计百分比大于横道线下方累计百分比，表明实际进度拖后，拖欠的任务量为二者之差；如果同一时刻横道线上方累计百分比小于横道线下方累计百分比，表明实际进度超前，超额完成的任务量为二者之差；如果同一时刻横道线上方、下方两个累计百分比相等，则表明实际进度与计划进度一致。

由于工作进展速度是变化的，因此，在图中的横道线，无论是计划的还是实际的，只能表示工作的开始时间、完成时间和持续时间，并不能表示计划完成的任务量和实际完成的任务量。此外，采用非匀速进展横道图比较法，不仅可以进行某一时刻（如检查日期）实际进度与计划进度的比较，而且能进行某一时间段实际进度与计划进度的比较。当然，这需要实施部门按规定的时间记录当时的任务完成情况。

横道图比较法虽然有记录和比较简单、形象直观、易于掌握、使用方便等优点，但是由于其以横道计划为基础，因而带有不可克服的局限性。在横道计划中，各项工作之间的逻辑关系表达不明确，关键工作和关键线路无法确定。一旦某些工作的实际进度出现偏差时，难以预测其对后续工作和工程总工期的影响，也就难以确定相应的进度计划调整方法。因此，横道图比较法主要用于工程项目中某些工作实际进度与计划进度的局部比较。

四、前锋线比较法

前锋线比较法是通过绘制某检查时刻工程项目的实际进度前锋线，进行工程实际进度与计划进度比较的方法，它主要适用于时标网络计划。

前锋线是指在原时标网络计划上，从检查时刻的时标点出发，用点画线依次将各项工作实际进展位置点连接而成的折线。

前锋线比较法就是通过实际进度前锋线与原进度计划中各工作箭线交点的位置来判断工作实际进度与计划进度的偏差，进而判定该偏差对后续工作及总工期影响程度的一种方法。

采用前锋线比较法进行实际进度与计划进度的比较，其步骤如下：绘制时标网络计划图。工程项目实际进度前锋线是在时标网络计划图上标示的，为清楚起见，可在时标网络计划图的上方和下方各设一时间坐标。绘制实际进度前锋线。一般从时标网络计划图上方时间坐标的检查日期开始绘制，依次连接相邻工作的实际进展位置点，最后与时标网络计划图下方坐标的检查日期相连接。

工作实际进展位置点的标定方法有两种：按该工作已完成任务量比例进行标定，假设工程项目中各项工作均为匀速进展，根据实际进度，到检查时刻为止该工作已完成任务量占其计划完成总任务量的比例，在工作箭线上从左至右按相同的比例标定其实际进展位置点；按尚需作业时间进行标定，当某些工作的持续时间难以按实物工程量来计算而只能凭经验估算时，可以先估算出从检查时刻到该工作全部完成尚需作业的时间，然后在该工作箭线上从右向左逆向标定其实际进展位置点。

进行实际进度与计划进度的比较。前锋线可以直观地反映出与检查日期有关的工作实际进度与计划进度之间的关系。对某项工作来说，其实际进度与计划进度之间的关系可能存在以下三种情况：工作实际进展位置点落在检查日期的左侧，表明该工作实际进度拖后，拖后的时间为二者之差；工作实际进展位置点落在检查日期的右侧，表明该工作实际进度超前，超前的时间为二者之差；工作实际进展位置点与检查日期重合，表明该工作实际进度与计划进度一致。

预测进度偏差对后续工作及总工期的影响。通过实际进度与计划进度的比较确定进度偏差后，还可根据工作的自由时差和总时差预测该进度偏差对后续工作及项目总工期的影响。由此可见，前锋线比较法既适用于工作实际进度与计划进度之间的局部比较，又可用来分析和预测工程项目整体进度的状况。

五、列表比较法

当工程进度计划用非时标网络图表示时，可以采用列表比较法进行实际进度与计划进度的比较。这种方法是记录检查日期应该进行的工作名称及其已经作业的时间，然后列表计算有关时间参数，并根据工作总时差进行实际进度与计划进度比较的方法。

采用列表比较法进行实际进度与计划进度的比较，其步骤如下：

1. 对于实际进度检查日期应该进行的工作，根据已经作业的时间确定其尚需作业的时间。

2. 根据原进度计划计算检查日期应该进行的工作，其值等于从检查日期到原计划最迟完成时的尚余时间。

3. 计算工作尚有总时差，其值等于工作从检查日期到原计划最迟完成时间的尚余时间与该工作尚需作业时间之差。

4. 比较实际进度与计划进度时可能会遇到的情况：如果工作尚有总时差与原有总时差相等，说明该工作实际进度与计划进度一致；如果工作尚有总时差大于原有总时差，说明该工作实际进度超前，超前的时间为二者之差；如果工作尚有总时差小于原有总时差，且仍为非负值，说明该工作实际进度拖后，拖后的时间为二者之差，但不影响总工期；如果工作尚有总时差小于原有总时差，且为负值，说明该工作实际进度拖后，拖后的时间为二者之差，此时工作实际进度偏差将影响总工期。

六、分析进度偏差对后续工作及总工期的影响

在工程项目实施过程中，通过实际进度与计划进度的比较发现有进度偏差时，需要分析该偏差对后续工作及总工期的影响，从而采取相应的调整措施对原进度计划进行调整，以确保工期目标的顺利实现。

进度偏差的大小及其所处的位置不同，对后续工作和总工期的影响程度是不同的，分析时需要利用网络计划中工作总时差和自由时差的概念进行判断。分析步骤如下：

1. 分析出现进度偏差的工作是否为关键工作。如果出现进度偏差的工作位于关键线路上，即该工作为关键工作，则无论其偏差有多大，都将对后续工作和总工期产生影响，必须采取相应的调整措施。如果出现偏差的工作是非关键工作，则需要根据进度偏差值与总时差和自由时差的关系做进一步分析。

2. 分析进度偏差是否超过总时差。如果工作的进度偏差超过该工作的总时差，则此进度偏差必将影响其后续工作和总工期，必须采取相应的调整措施。如果工作的进度偏差未超过该工作的总时差，则此进度偏差不影响总工期。至于对后续工作的影响程度，还需要根据偏差值与其自由时差的关系做进一步分析。

3.分析进度偏差是否超过自由时差。如果工作的进度偏差大于该工作的自由时差，则此进度偏差将对其后续工作产生影响，此时应根据后续工作的限制条件确定调整方法。如果工作的进度偏差未超过该工作的自由时差，则此进度偏差不影响后续工作，因此，原进度计划可以不进行调整。

七、进度计划的调整方法

1.改变某些工作间的逻辑关系

当工程项目实施中产生的进度偏差影响到总工期，且有关工作的逻辑关系允许改变时，可以改变关键线路和超过计划工期的非关键线路上的有关工作之间的逻辑关系，以达到缩短工期的目的。

2.缩短某些工作的持续时间

这种方法是不改变工程项目中各项工作之间的逻辑关系，而通过采取增加资源投入、提高劳动效率等措施来缩短某些工作的持续时间，使工程进度加快，以保证按计划工期完成该工程项目。这些被压缩持续时间的工作是位于关键线路和超过计划工期的非关键线路上的工作。同时，这些工作又是其持续时间可被压缩的工作。

这种调整方法通常可以在网络图上直接进行。其调整方法根据限制条件及对其后续工作的影响程度不同而有所不同，一般有以下三种情况。

（1）网络计划中某项工作进度拖延的时间已超过其自由时差但未超过其总时差。此时该工作的实际进度不会影响总工期，而只对其后续工作产生影响。因此，在进行调整前，需要确定其后续工作允许拖延的时间限制，并以此作为进度调整的限制条件。该限制条件的确定常常较复杂，尤其是当后续工作由多个平行的承包单位负责实施时更是如此。后续工作如果不能按原计划进行，在时间上产生的任何变化都可能使合同不能正常履行，从而导致蒙受损失的一方提出索赔。

因此，寻求合理的调整方案，把进度拖延对后续工作的影响减少到最低程度是监理工程师的一项重要工作。

（2）网络计划中某项工作进度拖延的时间超过其总时差。如果网络计划中某项工作进度拖延的时间超过其总时差，则无论该工作是否为关键工作，其实际进度都将对后续工作和总工期产生影响。此时，进度计划的调整方法又可分为以下三种情况：

1）项目总工期不允许拖延。如果工程项目必须按照原计划工期完成，则只能采取缩短关键线路上后续工作持续时间的方法来达到调整计划的目的。

2）项目总工期允许拖延。如果项目总工期允许拖延，则只需要以实际数据代替原计划数据，并重新编制实际进度检查日期之后的简化网络计划即可。

3）项目总工期允许拖延的时间有限。如果项目总工期允许拖延，但允许拖延的时间有限。则当实际进度拖延的时间超过此限制时，也需要对网络计划进行调整，以便满足要求。具体的调整方法是以总工期的限制时间作为规定工期，对检查日期之后尚未实施的网络计划进行工期优化，即通过缩短关键线路上后续工作持续时间的方法来使总工期满足规定工期的要求。

以上三种情况都是以总工期为限制条件调整进度计划的。

需要注意的是，当某项工作实际进度拖延的时间超过其总时差而需要对进度计划进行调整时，除需考虑总工期的限制条件外，还应考虑网络计划中后续工作的限制条件，特别是对总进度计划的控制更应注意这一点。因为在这类网络计划中，后续工作也许就是一些独立的合同段。时间上的任何变化，都会带来协调上的麻烦或者引起索赔。因此，当网络计划中某些后续工作对时间的拖延有限制时，同样需要以此为条件，按前述方法进行调整。

（3）网络计划中某项工作进度超前。监理工程师对建设工程实施进度控制的任务就是在工程进度计划的执行过程中，采取必要的组织协调和控制措施，以保证建设工程按期完成。

在建设工程计划阶段所确定的工期目标，往往是综合考虑了各方面因素而确定的合理工期。因此，时间上的任何变化，无论是进度拖延还是超前，都可能造成其他目标的失控。

第六章　公路工程质量管理

公路工程质量是工程的命脉，是工程管理的重点管理项目。在工程管理中，对于质量的管理有很多要求，主要是各类检验达标管理。本章主要从质量控制与检验两方面详细讲述了公路质量管理。

第一节　公路工程质量控制的常用方法

1. 质量控制关键点的设置

应根据不同管理层次和职能分级设置。

（1）施工过程中的重要项目、薄弱环节和关键部位。

（2）影响工期、质量、成本、安全、材料消耗等重要因素的环节。

（3）新材料、新技术、新工艺的施工环节。

（4）质量信息反馈中缺陷频数较多的项目。

关键点应随着施工进度和影响因素的变化而调整。

2. 质量控制关键点的控制

（1）制定质量控制关键点的管理办法。

（2）落实质量控制关键点的质量责任。

（3）开展质量控制关键点 QC 小组活动。

（4）在质量控制关键点上开展一次抽检合格的活动。

（5）认真填写质量控制关键点的质量记录。

（6）落实与经济责任相结合的检查考核制度。

3. 质量控制关键点的文件

（1）质量控制关键点作业流程图。

（2）质量控制关键点明细表。

（3）质量控制关键点（岗位）质量因素分析表。

（4）质量控制关键点作业指导书。

（5）自检、交接检、专业检查记录以及控制图表。

（6）工序质量统计与分析。

（7）质量保证与质量改进的措施与实施记录。

（8）工序质量信息。

4. 质量控制关键点实际效果的考查

质量控制关键点的实际效果表现在施工质量管理水平和各项指标的实现情况上。要运用数理统计方法绘制工程项目总体质量情况分析图表，该图表要反映动态控制过程与施工项目实际质量情况。各阶段质量分析要纳入施工项目方针目标管理中。

5. 公路工程质量控制关键点

（1）土方路基工程施工中常见的质量控制关键点

1）施工放样与断面测量。

2）路基原地面处理，按施工技术合同或规范规定要求处理，并认真整平压实。

3）使用适宜材料，必须采用设计和规范规定的适用材料，并保证原材料合格，正确确定土的最大干密度和最佳含水量。

4）压实设备及压实方案。

5）路基纵、横向排水系统设置。

6）每层的松铺厚度、横坡及填筑速率。

7）分层压实，控制填土的含水量，确保压实度达到设计要求。

土的最佳含水量是土基施工的一个重要控制参数，是土基达到最大干密度所对应的含水量。根据不同土的性质，测定最佳含水量的试验方法通常有：轻型、重型击实试验；振动台法；表面振动击实仪法。

压实度是路基质量控制的重要指标之一，是现场干密度和室内最大干密度的比值。压实度越高，路基密实度越大，材料整体性能越好。现场密度的测定方法有：灌砂法；环刀法；核子密度湿度仪法。

（2）路面基层（底基层）施工中常见的质量控制关键点

1）基层施工所采用设备组合及拌和设备计量装置的校验。

2）路面基层（底基层）所用结合料（如水泥、石灰）的剂量。

3）路面基层（底基层）材料的含水量、拌和均匀性、配合比。

4）路面基层（底基层）的压实度、弯沉值、平整度及横坡等。

5）如采用级配碎（砾）石还需要注意集料的级配和石料的压碎值。

6）及时有效地养护。

（3）水泥混凝土路面施工中常见的质量控制关键点

1）基层强度、平整度、高程的检查与控制。

2）混凝土材料的检查与试验，水泥品种及用量的确定。

3）混凝土拌和、摊铺设备及计量装置的校验。

4）混凝土配合比设计和试件的试验。混凝土的水灰比、外加剂掺加量、坍落度应控制。

5）混凝土的摊铺、振捣、成型及避免离析。

6）切缝时间和养护技术的采用。

水泥混凝土抗折强度与抗压强度的测定是混凝土材料质量检验的两个重要试验。

水泥混凝土抗折（抗弯拉）强度试验是以 150mm × 150mm × 550mm 的梁形试件在标准养护条件下达到规定龄期后，在净跨径 450mm 的双支点荷载作用下进行弯拉破坏，并按规定的计算方法得到强度值。水泥混凝土抗折强度是混凝土的主要力学指标之一，通过试验取得的检测结果是路面混凝土组成设计的重要参数。

水泥混凝土抗压强度试验是以边长为 150mm 的正立方体标准试件，标准养护 28d，再在万能试验机上按规定方法进行破坏试验测得抗压强度。当混凝土抗压强度采用非标准试件时应进行换算得到抗压强度值。通过水泥混凝土抗压强度试验，可以确定混凝土强度等级，其可作为评定混凝土品质的重要指标。

（4）沥青混凝土路面施工中常见的质量控制关键点

1）基层强度、平整度、高程的检查与控制。

2）沥青材料的检查与试验。沥青混凝土配合比设计和试验。

3）沥青混凝土拌和设备及计量装置的校验。

4）路面施工机械设备配置与压实方案。

5）沥青混凝土的拌和、运输及摊铺温度控制。

6）沥青混凝土摊铺厚度的控制和摊铺中的离析控制。

7）沥青混凝土的碾压与接缝施工。

沥青混凝土配合比设计采用马歇尔试验配合比设计法。该法首先按配合比设计拌制沥青混合料，然后制成规定尺寸试件，12h 之后测定其物理指标（包括表观密度、空隙率、沥青饱和度、矿料间隙率等），然后测定稳定度和流值。热拌沥青混合料配合比设计应通过目标配合比设计、生产配合比设计及生产配合比验证三个阶段，确定沥青混合料的材料品种及配合比、矿料级配、最佳沥青用量。

马歇尔稳定度试验是对标准击实的试件在规定的温度和速度等条件下受压，测定沥青混合料的稳定度和流值等指示所进行的试验。这种方法适用于马歇尔稳定度试验和浸水马歇尔稳定度试验。马歇尔稳定度试验主要用于沥青混合料的配合比设计及沥青路面施工质量检验。浸水马歇尔稳定度试验主要是检验沥青混合料受水损害时抵抗剥落的能力，通过测试其水稳定性检验配合比设计的可行性。

（5）桥梁基础工程施工中常见的质量控制关键点

1）扩大基础：基底地基承载力的检测确认，应满足设计要求；基底表面松散层的清理；及时浇筑垫层混凝土，减少基底暴露时间；大体积混凝土施工裂缝控制。

2）钻孔桩：桩位坐标与垂直度控制；护筒埋深；泥浆指标控制；护筒内水头高度控制；孔径的控制，防止缩径；桩顶、桩底标高的控制；清孔质量（嵌岩桩与摩擦桩要求不同）；钢筋笼接头质量；导管接头质量检查与水下混凝土的灌注质量。

3）沉井：初始平面位置的控制；刃脚质量；下沉过程中沉井倾斜度与偏位的动态控制；封底混凝土的浇筑工艺确保封底混凝土的质量。

（6）水中承台施工常见的质量控制关键点

水中承台施工一般可采用筑岛围堰、钢板桩围堰、钢吊箱围堰、钢套箱围堰等。

1）钢围堰施工常见的质量控制关键点：钢围堰的设计与加工制造质量控制；钢围堰入水、落床及入土下沉过程中平面位置、高程等的控制；钢围堰下沉到位后的清底及整平；封底混凝土浇筑时的导管布设与封底混凝土厚度控制；承台混凝土配合比设计；抽水后封底混凝土基底的调平；承台混凝土浇筑导管布设及混凝土振捣；大体积混凝土温控设施的设计、施工及大体积混凝土养护；各类预埋件的施工质量控制。

2）钢套箱施工质量控制关键点：钢套箱的设计与加工制造质量控制；钢套箱水平及竖向限位装置的施工质量控制；封底混凝土浇筑时的导管布设与封底混凝土厚度控制；承台混凝土的配合比设计；抽水后封底混凝土的调平；承台混凝土浇筑导管布设及混凝土振捣；大体积混凝土温控设施的设计、施工；各类预埋件的施工质量控制。

（7）桥梁下部结构施工中常见的质量控制关键点

1）实心墩：墩身锚固钢筋预埋质量控制；墩身平面位置控制；墩身垂直度控制；模板接缝错台控制；墩顶支座预埋件位置、数量控制。

2）薄壁墩：墩身锚固钢筋预埋质量控制；墩身平面位置控制；墩身垂直度控制；模板接缝错台控制；墩顶支座预埋件位置、数量控制；墩身与承台连接处混凝土裂缝控制；墩顶实心段混凝土裂缝控制。

（8）桥梁上部结构施工中常见的质量控制关键点

1）简支梁桥：简支梁混凝土的强度控制；预拱度的控制；支座预埋件的位置控制；大梁安装时梁与梁之间的高差控制；支座安装型号、方向的控制；梁板之间现浇带混凝土质量控制；伸缩缝安装质量控制。

2）连续梁桥：

支架施工：支架沉降量的控制。先简支后连续：后浇段工艺控制、体系转换工艺控制、后浇段收缩控制、临时支座安装与拆除控制。挂篮悬臂施工：浇筑过程中的线形控制、边跨及跨中合龙段混凝土的裂缝控制。预应力梁：张拉力及预应力钢筋伸长量的控制。

3）拱桥：

预制拼装：拱肋拱轴线的控制。支架施工：支架基础承载力控制、支架沉降控制、拱架加载控制、卸架工艺控制。钢管拱：钢管混凝土压注质量控制。

4）斜拉桥（斜拉索为专业制索厂制造）：主塔空间位置的控制、斜拉索锚固管或锚箱空间定位控制、斜拉桥线形控制。牵索挂篮悬臂施工：斜拉索索力控制、索力调整。悬臂吊装：梁段外形尺寸控制、斜拉索索力控制、索力调整、合龙段的控制。

5）悬索桥：猫道线形控制、主缆架设线形控制。索股安装：基准索股的定位控制、索股锚固力的控制、索股架设中塔顶位移及索鞍位置的调整。紧缆：空隙率的控制、索夹定位控制、缠丝拉力控制、吊索长度的确定、加劲梁的焊接质量控制。

（9）公路隧道施工中常见的质量控制关键点

1）正确判断围岩级别，及时调整施工方案。

2）认真测量、检查和修正开挖断面，减少超挖。

3）制订切实可行的开挖方案，包括新奥法、矿山法的选择，炮孔布置，装药量，每一循环的掘进深度。

4）喷锚支护，控制在开挖后围岩自稳定时间的 1/2 以内完成。

5）认真观测，收集资料，做好施工质量的信息反馈。

第二节　公路工程质量缺陷处理方法

1. 质量缺陷性质的确定

质量缺陷性质的确定，是最终确定缺陷问题处理办法的首要工作和根本依据。一般通过下列方法来确定缺陷的性质：

（1）观察现场情况和查阅记录资料。其是指对有缺陷的工程的现场情况、施工过程、施工设备和施工操作情况等进行现场观察和检查。主要包括查阅试验检测报告、施工技术资料、施工过程记录、施工日志、施工工艺流程、施工方案、施工机械运转记录等相关记录，同时在特殊季节关注天气情况等。

（2）检验与试验。通过检查和了解可以发现一些表面的问题，得出初步结论，但往往需要进一步的检验与试验来加以验证。

检验与试验，主要是通过检查、测量与该缺陷工程有关的技术指标，以便准确找出产生缺陷的原因。例如，若发现石灰土的强度不足，则在检验强度指标的同时，还应检验石灰剂量、石灰与土的物理化学性质，以便发现石灰土强度不足是因为材料不合格、配比不合格或养护不好，还是因为其他如气候之类的原因造成的。检测和试验的结果将作为确定缺陷性质和制定随后的处理措施的主要依据。

（3）专题调研。有些质量问题，仅仅通过以上两种方法仍不能确定。如某大桥在交工后不到一年的时间里出现了超过规范要求的裂缝，仅通过简单的观察和查阅现有资料很难确定产生裂缝的根本原因，找不到原因也就无从确定进一步的处理措施，在这种情况下就需要采用专题调研，通过对勘测、设计、施工各个环节的调查、分析研究，辅之以辅助的检测手段，确定质量问题的性质，为随后采取的措施提供依据。

在这种情况下，为了查明产生问题的根本原因，有必要组织有关方面的专家或专题调查组提出检测方案，对所得到的一系列参考依据和指标进行综合分析研究，找出产生缺陷的原因，确定缺陷的性质。这种专题调研，对缺陷问题的妥善解决作用重大，因此经常被采用。

2.质量缺陷处理方法

（1）整修与返工。缺陷的整修，主要针对局部性的、轻微的且不会给整体工程质量带来严重影响的缺陷。如水泥混凝土结构的局部蜂窝、麻面，道路结构层的局部压实度不足等。这类缺陷一般可以比较简单地通过修整得到处理，不会影响工程总体的关键性技术指标。由于这类缺陷很容易出现，因而修补处理方法最为常用。

返工的决定应建立在认真调查研究的基础上。是否返工，应视缺陷经过补救后能否达到规范标准而定，对于补救后不能满足标准的工程必须返工。如某承包人为赶工期，曾在雨中铺筑沥青混凝土，监理工程师只得责令承包人将已经铺完的沥青面层全部清除重铺；一些无法补救的低质涵洞也被要求炸掉重建；温度过低或过高的沥青混合料在现场被监理工程师责令报废等。

（2）综合处理办法。综合处理办法主要是针对较大的质量事故而言的。这种处理办法不像返工和整修那样简单具体，它是一种综合的缺陷（事故）补救措施，能够使工程缺陷（事故）以最小的经济代价和工期损失重新满足规范要求。处理的办法因工程缺陷（事故）的性质而异，性质的确定则以大量的调查及丰富的施工经验和技术理论为基础。具体做法可组织联合调查组、召开专家论证会等方式。实践证明，这是一条合理解决这类问题的有效途径。例如，某桥梁上部为4孔20m预制空心板结构，下部为桩基础形式。0号桥台施工放样时发生错误，导致第一孔跨径增加了50cm，发现时桩基础、承台、台身已全部完成，空心板预制了二分之一。经综合论证，采用下部不变、改变上部的方式，第一孔空心板跨径增加了50cm，增加费用约2万元。而采用返工方式，需要大约8万元和2个月工期。

第三节 路基工程质量检验

1.土方路基工程质量检验

（1）在路基用地和取土坑范围内，应清除地表植被、杂物、积水、淤泥和表土，处理坑塘，并按规范和设计要求对基底进行压实。

（2）路基填料应符合规范和设计的规定，经认真调查、试验后合理选用。

（3）填方路基需分层填筑压实，以保证每层表面平整，路拱合适，排水良好。

（4）施工临时排水系统应与设计排水系统结合，避免冲刷边坡，勿使路基附近积水。

（5）在设定取土区内合理取土，不得滥开滥挖。完工后应按要求对取土坑和弃土场进行修整，保持合理的几何外形。

土方路基实测项目有压实度、弯沉值、纵断高程、中线偏位、宽度、平整度、横坡、边坡。

2. 石方路基工程质量检验

（1）石方路堑的开挖宜采用光面爆破法。爆破后应及时清理险石、松石，以确保边坡安全、稳定。

（2）修筑填石路堤时应进行地表清理，逐层水平填筑石块，摆放平稳，码砌边部。填筑层厚度及石块尺寸应符合设计和施工规范规定，填石空隙用石碴、石屑嵌压稳定。上、下路床填料和石料最大尺寸应符合规范规定。采用振动压路机分层碾压，压至填筑层顶面石块稳定，18t 以上压路机振压两遍无明显标高差异。

（3）路基表面应整修平整。

石方路基实测项目有压实、纵断高程、中线偏位、宽度、平整度、横坡、边坡坡度和平顺度。

3. 砌体挡土墙质量检验

（1）石料或混凝土预制块的强度、规格和质量应符合有关规范和设计的要求。

（2）砂浆所用的水泥、砂、水的质量应符合有关规范的要求，按规定的配合比施工。

（3）地基承载力必须满足设计要求，基础埋置深度应满足施工规范要求。

（4）砌筑应分层错缝。浆砌时坐浆挤紧，嵌填饱满密实，不得有空洞；干砌时不得松动、叠砌和浮塞。

（5）沉降缝、泄水孔、反滤层的设置位置、质量和数量应符合设计要求。

砌体挡土墙实测项目有砂浆强度、平面位置、顶面高程、竖直度或坡度、断面尺寸、底面高程、表面平整度。

干砌挡土墙实测项目有平面位置、顶面高程、竖直度或坡度、断面尺寸、底面高程、表面平整度。

第四节 路面工程质量检验

一、路面基层、底基层的检验

1. 基本要求

（1）粒料应符合设计和施工规范要求，并应根据当地料源选择质坚、干净的粒料，矿渣应分解稳定，未分解的渣块应予剔除。

（2）水泥用量和矿料级配按设计控制准确。

（3）路拌深度要达到层底。

（4）摊铺时要注意消除离析现象。

（5）混合料处于最佳含水量状况下，用重型压路机碾压至要求的压实度。从加水拌和到碾压终了的时间不应超过3h，并应短于水泥的终凝时间。

（6）碾压检查合格后立即覆盖或洒水养护，养护期要符合规范要求。

2.实测项目

（1）水泥稳定粒料（碎石、沙砾或矿渣等）基层和底基层主要检验内容包括：压实度、平整度、纵断高程、宽度、厚度、横坡、强度。

（2）级配碎（砾）石或填隙碎石（矿渣）基层和底基层实测项目有：压实度、弯沉值、平整度、纵断高程、宽度、厚度、横坡。

二、水泥混凝土面层的检验

1.基本要求

（1）基层质量必须符合规定要求，并应进行弯沉测定，验算的基层整体模量应满足设计要求。

（2）水泥强度、物理性能和化学成分应符合国家标准及有关规范的规定。

（3）粗细集料、水、外加剂及接缝填缝料应符合设计和施工规范要求。

（4）施工配合比应根据现场测定水泥的实际强度进行计算，并经试验，选择采用最佳配合比。

（5）接缝的位置、规格、尺寸及传力杆、拉力杆的设置应符合设计要求。

（6）路面拉毛或机具压槽等抗滑措施，其构造深度应符合施工规范要求。

（7）面层与其他构造物相接应平顺，检查井盖顶面高程应高于周边路面1~3 mm。雨水口标高按设计比路面低5~8 mm，路面边缘无积水现象。

（8）混凝土路面铺筑后按施工规范要求养护。

2.实测项目

水泥混凝土面层实测项目有：水泥混凝土面板的弯拉强度、平整度、板厚度；水泥混凝土路面的抗滑构造深度、相邻板间的高差、纵横缝顺直度；水泥混凝土路面中线平面偏位、路面宽度、纵断高程和路面横坡。

三、沥青混凝土面层和沥青碎石面层检验

1.基本要求

（1）沥青混合料的矿料质量及矿料级配应符合设计要求和施工规范的规定。

（2）严格控制各种矿料和沥青用量及各种材料和沥青混合料的加热温度，沥青材料及混合料的各项指标应符合设计和施工规范要求。沥青混合料的生产，每日应做抽提试验、马歇尔稳定度试验。矿料级配、沥青含量、马歇尔稳定度等结果的合格率应不小于90%。

（3）拌和后的沥青混合料应均匀一致，无花白、无粗细料分离和结团成块现象。

（4）基层必须碾压密实，表面干燥、清洁、无浮土，其平整度和路拱度应符合要求。

（5）摊铺时应严格控制摊铺厚度和平整度，避免离析，注意控制摊铺和碾压温度，碾压至要求的密实度。

2. 实测项目

沥青混凝土面层和沥青碎（砾）石面层的实测项目有：厚度、平整度、压实度、弯沉值、渗水系数、抗滑（含摩擦系数和构造深度）、中线平面偏位、纵断高程、路面宽度及路面横坡。

第五节　桥梁工程质量检验

1. 桥梁总体质量检验

（1）桥梁施工应严格按照设计图纸、施工技术规范和有关技术操作规程要求进行。

（2）桥下净空不得小于设计要求。

（3）特大跨径桥梁或结构复杂的桥梁，必要时应进行荷载试验。

桥梁实测项目有：桥面中线偏位、桥宽（含车行道和人行道）、桥长、引道中心线与桥梁中心线的衔接以及桥头高程衔接。

2. 钻孔灌注桩施工质量检验

（1）桩身混凝土所用的水泥、砂、石、水、外加剂及混合材料的质量和规格必须符合有关规范的要求，按规定的配合比施工。

（2）成孔后必须清孔，测量孔径、孔深、孔位和沉淀层厚度，确认满足设计或施工技术规范要求后，方可灌注水下混凝土。

（3）水下混凝土应连续灌注，严禁有夹层和断桩。

（4）嵌入承台的锚固钢筋长度不得低于设计规范规定的最小锚固长度要求。

（5）应选择有代表性的桩用无破损法进行检测，重要工程或重要部位的桩宜逐根进行检测。设计有规定或对桩的质量有怀疑时，应采取钻取芯样法对桩进行检测。

（6）凿除桩头预留混凝土后，桩顶应无残余的松散混凝土。

钻孔灌注桩的实测项目有：混凝土强度、桩位、孔深、孔径、钻孔倾斜度、沉淀层厚度、钢筋骨架底面高程。

3. 沉井施工质量检验

（1）混凝土桩所用的水泥、砂、石、水、外加剂及混合材料的质量和规格必须符合有关规范的要求，按规定的配合比施工。

（2）沉井下沉应在井壁混凝土达到规定强度后进行。浮式沉井在下水浮运前，应进行水密性试验。

（3）沉井接高时，各节的竖向中轴线应与第一节竖向中轴线相重合。接高前应纠正沉井的倾斜。

（4）沉井下沉到设计高程时，应检查基底，确认符合设计要求后方可封底。

（5）沉井下沉中出现开裂，必须查明原因，进行处理后才可继续下沉。

（6）下沉应有完整、准确的施工记录。

沉井的实测项目有：各节沉井混凝土强度、沉井平面尺寸、井壁厚度、沉井刃脚高程、中心偏位（纵、横向）、沉井最大倾斜度（纵、横方向）、平面扭转角。

4. 扩大基础质量检验

（1）所用的水泥、砂、石、水、外加剂及混合材料的质量和规格必须符合有关规范的要求，按规定的配合比施工。

（2）不得出现露筋和空洞现象。

（3）基础的地基承载力必须满足设计要求。

（4）严禁超挖回填虚土。

扩大基础的主要实测项目有：混凝土强度、平面尺寸、基础底面高程、基础顶面高程、轴线偏位。

5. 钢筋加工及安装施工质量检验

（1）钢筋、机械连接器、焊条等的品种、规格和技术性能应符合国家现行标准规定和设计要求。

（2）冷拉钢筋的机械性能必须符合规范要求，钢筋平直，表面不应有裂皮和油污。

（3）受力钢筋同一截面的接头数量、搭接长度、焊接和机械接头质量应符合施工技术规范要求。

（4）钢筋安装时，必须保证设计要求的钢筋根数。

（5）受力钢筋应平直，表面不得有裂纹及其他损伤。

钢筋加工及安装施工的实测项目有：受力钢筋间距，箍筋、横向水平钢筋、螺旋筋间距，钢筋骨架尺寸，弯起钢筋位置、保护层厚度。

6. 预应力筋的加工和张拉质量检验

（1）预应力筋的各项技术性能必须符合国家现行标准规定和设计要求。

（2）预应力束中的钢丝、钢绞线应梳理顺直，不得有缠绞、扭麻花现象，表面不应有损伤。

（3）单根钢绞线不允许断丝。单根钢筋不允许断筋或滑移。

（4）同一截面预应力筋接头面积不超过预应力筋总面积的25%，接头质量应满足施工技术规范的要求。

（5）预应力筋张拉或放张时混凝土强度和龄期必须符合设计要求，严格按照设计规定的张拉顺序进行操作。

（6）预应力钢丝采用镦头锚时，镦头应头形圆整，不得有斜歪或破裂现象。

（7）制孔管道应安装牢固、接头密合、弯曲圆顺。锚垫板平面应与孔道轴线垂直。

（8）千斤顶、油表、钢尺等器具应经检验校正。

（9）锚具、夹具和连接器应符合设计要求，按施工技术规范的要求经检验合格后方可使用。

（10）压浆工作在5℃以下进行时，应采取防冻或保温措施。

（11）孔道压浆的水泥浆性能和强度应符合施工技术规范要求，压浆时排气、排水孔应有水泥原浆溢出后方可封闭。

（12）按设计要求浇筑封锚混凝土。

预应力筋的加工和张拉的实测项目有：管道坐标（包含梁长方向和梁高方向）、管道间距（包含同排和上下层）、张拉应力值、张拉伸长率、断丝滑丝数。

7. 承台质量检验

（1）所用的水泥、砂、石、水、外加剂及混合材料的质量和规格必须符合有关规范的要求，按规定的配合比施工。

（2）必须采取措施控制水化热引起的混凝土内最高温度及内外温差在允许范围内，防止出现温度裂缝。

（3）不得出现露筋和空洞现象。

承台实测项目有：混凝土强度、尺寸、顶面高程和轴线偏位。

8. 混凝土墩、台身浇筑质量检验

（1）混凝土所用的水泥、砂、石、水、外加剂及混合材料的质量和规格，必须符合有关技术规范的要求，按规定的配合比施工。

（2）不得出现空洞和露筋现象。

混凝土墩、台身浇筑实测项目有：混凝土强度、断面尺寸、竖直度或斜度、顶面高程、轴线偏位、节段间错台、大面积平整度、预埋件位置。

9. 墩、台帽或盖梁混凝土浇筑质量检验

（1）混凝土所用的水泥、砂、石、水、外加剂及混合材料的质量和规格必须符合有关技术规范的要求，按规定的配合比施工。

（2）不得出现露筋和空洞现象。

墩、台帽或盖梁混凝土浇筑实测项目有：混凝土强度、断面尺寸、轴线偏位、顶面高程、支座垫石预留位置。

10. 预制和安装梁（板）质量检验

（1）所用的水泥、砂、石、水、外加剂及混合材料的质量和规格必须符合有关规范的要求，按规定的配合比施工。

（2）梁（板）不得出现露筋和空洞现象。

（3）空心板采用胶囊施工时，应采取有效措施防止胶囊上浮。

（4）梁（板）在吊移出预制底座时，混凝土的强度不得低于设计所要求的吊装强度；梁（板）在安装时，支承结构（墩台、盖梁、垫石）的强度应符合设计要求。

（5）梁（板）安装前，墩、台支座垫板必须稳固。

（6）梁（板）就位后，梁两端支座应对位，梁（板）底与支座以及支座底与垫石顶须密贴，否则应重新安装。

（7）两梁（板）之间接缝填充材料的规格和强度应符合设计要求。

梁（板）预制实测项目有：混凝土强度、梁（板）长度、宽度、高度、断面尺寸、平整度和横系梁及预埋件位置。

梁（板）安装实测项目有：支座中心偏位、倾斜度、梁（板）顶面纵向高程、相邻梁（板）顶面高差。

11. 就地浇筑梁（板）质量检验

（1）就地浇筑梁（板）所用的水泥、砂、石、水、外加剂及混合材料的质量和规格必须符合有关规范的要求，按规定的配合比施工。

（2）支架和模板的强度、刚度、稳定性应满足施工技术规范的要求。

（3）预计的支架变形及地基的下沉量应满足施工后梁体设计标高的要求，必要时应采取对支架预压的措施。

（4）梁（板）不得出现露筋和空洞现象。

（5）预埋件的设置和固定应满足设计和施工技术规范的规定。

就地浇筑梁（板）的实测项目有：混凝土强度、轴线偏位、梁（板）顶面高程、断面尺寸、长度、横坡、平整度。

12. 悬臂梁施工质量检验

（1）悬臂梁浇筑或合龙段浇筑所用的水泥、砂、石、水、外加剂及混合材料的质量和规格必须符合有关规范的要求，按规定的配合比施工。

（2）悬拼或悬浇块件前，必须对桥墩根部（0 号块件）的高程、桥轴线做详细复核，符合设计要求后，方可进行悬拼或悬浇。

（3）悬臂梁施工必须对称进行，应对轴线和高程进行施工控制。

（4）在施工过程中，梁体不得出现宽度超过设计和规范规定的受力裂缝。一旦出现，必须查明原因，经过处理后方可继续施工。

（5）必须确保悬浇或悬拼的梁接头质量，梁段间胶结材料的性能、质量必须符合设计要求，接缝填充密实。

（6）悬臂梁合龙时，两侧梁体的高差应在设计允许范围内。

悬臂梁浇筑的实测项目有：混凝土强度、轴线偏位、顶面高程、断面尺寸、合龙后同跨对称点高程差、横坡、平整度。

悬臂梁拼装的实测项目有：合龙段混凝土强度、轴线偏位、顶面高程、合龙后同跨对称点高程差。

13. 拱的安装施工质量检验

（1）拱桥安装必须严格按设计规定的程序进行施工。

（2）拱段接头采用现浇混凝土时，必须确保其强度和质量，在达到设计规定强度后，方可进行拱上建筑的施工。

（3）安装过程中，如杆件或节点出现开裂，应查明原因，采取措施后，方可继续进行。

（4）合龙段两侧高差必须在设计规定的允许范围内。

主拱圈安装的实测项目有：轴线偏位、拱圈高程、对称接头点相对高差、同跨各拱肋相对高差、同跨各拱肋间距。

14. 斜拉桥混凝土索塔质量检验

（1）混凝土所用的水泥、砂、石、水、外加剂及混合材料的质量和规格必须符合有关规范的要求，按规定的配合比施工。

（2）索塔的索道孔、锚箱位置及锚箱锚固面与水平面的交角均应控制准确，锚垫板与孔道必须互相垂直。

（3）分段浇筑时，段与段间不得有错台。

（4）不得出现漏筋和空洞现象。

（5）横梁施工中，不得因支架变形、温度或预应力而出现裂缝，横梁与塔柱紧密连成整体。

塔柱的实测项目有：混凝土强度、塔柱底偏位、倾斜度、外轮廓尺寸、壁厚、锚固点高程、孔道位置、预埋件位置。

15. 悬索桥索鞍安装质量检验

（1）索鞍成品必须按设计和有关技术规范要求验收合格，并有产品合格证，方可安装。

（2）必须按要求放置底板或格栅，并与底座混凝土连成整体。底座混凝土应振捣密实，强度符合设计要求。

（3）安装前应进行全面检查，如有损伤，须做处理。索槽内部应清洁，不应沾上减少缆索和索鞍之间摩擦的油或油漆等材料。

（4）索鞍就位后应锁定牢靠。

主索鞍安装的实测项目有：最终偏位、高程、四角高差。

散索鞍安装的实测项目有：底板轴线纵、横向偏位、底板中心高程、底板扭转、安装基线扭转、散索鞍竖向倾斜角。

16. 悬索桥主缆架设质量检验

（1）索股成品应有合格证，必须按设计和有关技术规范要求验收合格方可架设。

（2）索股入鞍、入锚位置必须符合设计要求，架设时严禁索股弯折、扭转和散开。

（3）索股锚固应与锚板正交，锚头锁定装置应牢固。

主缆架设的实测项目有：索股高程、锚跨索股力偏差、主缆空隙率、主缆直径不圆度。

17. 桥面铺装施工质量检验

（1）水泥混凝土桥面的基本要求同水泥混凝土路面，沥青混凝土桥面的基本要求同沥青混凝土路面。

（2）桥面泄水孔、进水口的布置应有利于桥面和渗入水的排除，其数量不得少于设计要求，出水口不得使水直接冲刷桥体。

桥面铺装实测项目有：强度或压实度、厚度、平整度、横坡及抗滑构造深度。

第六节　隧道工程质量检验

一、隧道总体质量检验

1. 基本要求

（1）洞口设置应符合设计要求。

（2）必须按设计设置洞内外的排水系统，不淤积、不堵塞。

（3）隧道防排水施工质量须符合相关规定。

2. 实测项目

隧道总体实测项目有：车行道、净总宽、隧道净高、隧道偏位、路线中心线与隧道中心线的衔接、边坡、仰坡。

二、隧道工程质量检测的目的和意义

1. 隧道质量监控的目的

（1）通过围岩地质状况和支护状况描述，对围岩进行合理的分类及对稳定性进行合理的评价。

（2）对隧道拱顶下沉周边收敛位移进行监测，根据量测数据确认围岩的稳定性，判断支护效果，指导施工工序，预防坍塌，保证施工安全。

（3）对周边收敛位移进行监测，根据变形的速率及量值判断围岩的稳定程度，选择适当的二衬支护时机，指导现场施工。

（4）地表下沉。对隧道埋深较浅段进行地表沉降监测，判定隧道开挖对地表的影响，与拱顶下沉数据相互印证。

（5）通过测定锚杆长度和注浆饱满度，检测锚杆长度和注浆效果。

（6）选测组合。通过对围岩压力、钢支撑应力、衬砌应力等选测项目的监测判断围岩稳定性及支护效果，反馈设计，指导现场施工。

2. 隧道质量监控的意义

隧道监控量测作为新奥法的三大核心之一，对评价隧道施工方法的可行性、设计参数的合理性，了解隧道施工实际围岩级别及其变形特性等能够提供准确、及时的依据，对隧道二次衬砌的施作时间具有决定性意义。因此，它是保障隧道建设成功的重要手段。隧道监控量测的主要任务应做到提高安全性，修正设计、指导施工、积累建设经验，并通过对实测数据的现场分析、处理，及时向施工方、监理方、设计方和业主提供分析资料。

第七节　质量检验评定

一、公路工程质量检验和评定的标准

公路工程质量检验和评定的标准是：交通运输部颁布的《公路工程质量检验评定标准第一册土建工程》及项目专用技术规范。

二、单位工程、分部工程和分项工程的划分

1. 单位工程

单位工程是指在建设项目中，根据签订的合同，具有独立施工条件的工程。

2. 分部工程

在单位工程中，应按结构部位、路段长度及施工特点或施工任务划分为若干个分部工程。

3. 分项工程

在分部工程中，应按不同的施工方法、材料、工序及路段长度等划分为若干个分项工程。

三、工程质量评分方法

1. 工程质量检验评分以分项工程为单元，采用百分制进行。在分项工程评分的基础上，逐级计算各相应分部工程、单位工程、合同段和建设项目评分值。

2. 工程质量评定等级分为合格与不合格，应按分项、分部、单位工程、合同段和建设项目逐级评定。

3. 施工单位应对各分项工程按《公路工程质量检验评定标准第一册土建工程》所列基本要求、实测项目和外观鉴定进行自检，按"工程质量检验评定用表"及相关施工技术规范提交真实、完整的自检资料，对工程质量进行自我评定。

4. 工程监理单位应按规定要求对工程质量进行独立抽检，对施工单位检评资料进行签认，对工程质量进行评定。

5. 建设单位根据对工程质量的检查及平时掌握的情况，对工程监理单位所做的工程质量评分及等级进行审定。

6. 质量监督部门、质量检测机构依据《公路工程质量检验评定标准第一册土建工程》对公路工程质量进行检测评定。

四、分项工程质量评分方法

1. 分项工程质量评分

分项工程质量问题，检验内容包括基本要求、实测项目、外观鉴定和质量保证资料四个部分。只有在其使用的原材料、半成品、成品及施工工艺符合基本要求的规定，且无严重外观缺陷和质量问题，保证资料真实并基本齐全时，才能对分项工程质量进行检验评定。

涉及结构安全和使用功能的重要实测项目为关键项目，其合格率不得低于90%（属于工厂加工制造的交通工程安全设施及桥梁金属构件不低于95%，机电工程为100%），且检测值不得超过规定极值，否则必须进行返工处理。实测项目的规定极值是指任一单个检测值都不能突破的极限值，不符合要求时该实测项目为不合格。

分项工程的评分值满分为100分，按实测项目采用加权平均法计算。存在外观缺陷或资料不全时，须减分。

$$分项工程得分 = \frac{\sum[检查项目得分 \times 权值]}{\sum 检查项目权值}$$

分项工程评分值 = 分项工程得分 − 外观缺陷减分 − 资料不全减分项

（1）基本要求检查

分项工程所列基本要求，对施工质量优劣具有关键作用，应按基本要求对工程进行认真检查。经检查不符合基本要求规定时，不得进行工程质量的检验和评定。

（2）实测项目计分

对规定检查项目采用现场抽样方法，按照规定频率和下列计分方法对分项工程的施工质量直接进行检测计分。

检查项目除按数理统计方法评定的项目以外，均应按单点（组）测定值是否符合标准要求进行评定，并按合格率计分。

检查项目合格率（%）= 检查合格的点（组）数 / 该检查项目的全部检查点（组）数

检查项目得分 = 检查项目合格率 × 100%

（3）外观缺陷减分

对工程外表状况应逐项进行全面检查，如发现外观缺陷，应进行减分。对于较严重的外观缺陷，施工单位须采取措施进行整修处理。

（4）资料不全减分

分项工程的施工资料和图表残缺，缺乏最基本的数据，或有伪造涂改者，不予检验和评定。资料不全者应予减分，减分幅度可按《公路工程质量检验评定标准第一册土建工程》所列各款逐款检查，视资料不全情况，每款减 1~3 分。

2. 分部工程和单位工程质量评分

分项工程和分部工程区分为一般工程和主要（主体）工程，分别给以 1 和 2 的权值。进行分部工程和单位工程评分时，采用加权平均值计算法确定相应的评分值。

$$分部（单位）工程评分值 = \frac{\sum 分项（分部）工程评分值 \times 相应权值}{\sum 分项（分部）工程权值}$$

3. 合同段和建设项目工程质量评分中，施工合同段工程质量评分采用所含各单位工程质量评分的加权平均值。即：

$$施工合同段工程质量评分值 = \frac{\sum（单位工程评分值 \times 该单位工程投资额）}{合同段总投资额}$$

整个工程项目工程质量评分采用加权平均法进行。即：

$$工程质量评分值 = \frac{\sum（合同段工程质量评分值 \times 该合同段投资额）}{\sum 施工合同段投资额}$$

五、质量保证资料

施工单位应有完整的施工原始记录、试验数据、分项工程自查数据等质量保证资料，并进行整理分析，负责提交齐全、真实和系统的施工资料和图表。工程监理单位负责提交齐全、真实和系统的监理资料。质量保证资料应包括以下六个方面：所用原材料、半成品和成品质量检验结果；材料配比、拌和加工控制检验和试验数据；地基处理、隐蔽工程施工记录和大桥、隧道施工监控资料；各项质量控制指标的试验记录和质量检验汇总图表；施工过程中遇到的非正常情况记录及其对工程质量的影响分析；施工过程中如发生质量事故，经处理补救后，达到设计要求的认可证明文件等。

六、工程质量等级评定

1.分项工程质量等级评定

分项工程评分值不小于 75 分者为合格，小于 75 分者为不合格；机电工程、属于工厂加工制造的桥梁金属构件不小于 90 分者为合格，小于 90 分者为不合格。

评定为不合格的分项工程，经加固、补强或返工、调测，满足设计要求后，可以重新评定其质量等级，但计算分部工程评分值时按其复评分值的 90% 计算。

2.分部工程质量等级评定

所属各分项工程全部合格，则该分部工程评为合格；所属任一分项工程不合格，则该分部工程为不合格。

3.单位工程质量等级评定

所属各分部工程全部合格，则该单位工程评为合格；所属任一分部工程不合格，则该单位工程为不合格。

4.合同段和建设项目质量等级评定

合同段和建设项目所含单位工程全部合格，其工程质量等级为合格；所属任一单位工程不合格，则合同段和建设项目为不合格。

第七章 公路工程施工招标投标管理

公路工程招投标是工程前期重点工作，在工程管理中，对招投标的管理有很多要求，主要是招投标的条件与程序管理。本章主要从这两方面详细讲述公路工程的招投标管理。

第一节 公路工程施工招标投标管理要求

一、公路工程施工项目必须进行招标的范围和规模

下列公路工程施工项目必须进行招标，但涉及国家安全、国家秘密、抢险救灾或者利用扶贫资金实行以工代赈等不适宜进行招标的项目除外：

1. 投资总额在 3 000 万元人民币以上的公路工程施工项目。
2. 施工单项合同估算价在 200 万元人民币以上的公路工程施工项目。
3. 法律、行政法规规定应当招标的其他公路工程施工项目。

二、公路工程施工招标投标的监督管理

交通运输部依法负责全国公路工程施工招标投标活动的监督管理。县级以上地方人民政府交通主管部门，按照各自职责依法负责本行政区域内公路工程施工招标投标活动的监督管理。

三、公路工程施工招标的招标人要求

公路工程施工招标的招标人应当是提出公路工程施工招标项目、进行公路工程施工招标的项目法人。

具备下列条件的招标人，可以自行办理招标事宜：

1. 具有与招标项目相适应的工程管理、造价管理、财务管理能力。
2. 具有组织编制公路工程施工招标文件的能力。
3. 具有对投标人进行资格审查和组织评标的能力。

四、公路工程标准施工招标文件的主要内容和相关规定

1. 公路工程标准施工招标文件的使用说明

《公路工程标准施工招标文件》适用于各等级公路和桥梁、隧道建设项目，且设计和施工不是由同一承包人承担的工程施工招标。招标人根据《公路工程标准施工招标文件》编制项目招标文件时不得修改"投标人须知"和"评标办法"正文，但可在前附表中对"投标人须知"和"评标办法"进行补充、细化，补充和细化的内容不得与"投标人须知"和"评标办法"正文内容相抵触。

2. 投标人须知的主要内容

（1）投标人须知前附表

投标人须知前附表的内容对应投标人须知正文相关条款号，主要有：项目概况，资金来源和落实情况，招标范围、计划工期和质量要求，踏勘现场，投标预备会的时间和地点，偏离范围和幅度；构成招标文件的其他材料；投标截止时间，投标有效期，工程量清单的填写方式（固化或书面），投标人须知前附表规定的其他材料；投标人递交投标文件的地点等。

（2）投标人须知正文

投标人须知正文有十点：总则，招标文件，投标文件，投标，开标，评标，合同授予，重新招标和不再招标，纪律和监督，需要补充的其他内容。

3. 公路工程招标文件的主要内容

（1）招标公告（或投标邀请书）。

（2）投标人须知。

（3）评标办法。

（4）合同条款及格式。

（5）工程量清单。

（6）图纸。

（7）技术规范。

（8）投标文件格式。

（9）投标人须知前附表规定的其他材料。

招标文件所做的澄清、修改，构成招标文件的组成部分。当招标文件、招标文件的澄清或修改等在同一内容的表述上不一致时，以最后发出的书面文件为准。

4. 公路工程投标文件的组成

（1）投标函及投标函附录。

（2）法定代表人身份证明或附有法定代表人身份证明的授权委托书。

（3）联合体协议书（如果有）。

（4）投标保证金。

（5）已标价工程量清单。

（6）施工组织设计。

（7）项目管理机构。

（8）拟分包项目情况表。

（9）资格审查资料。

（10）承诺函。

（11）调价函及调价后的工程量清单（如有）。

（12）投标人须知前附表规定的其他材料。

5.投标文件废标的情况

（1）在开标时的两种废标情况

开标过程中，若招标人发现投标文件出现以下任一情况，经监标人确认后当场宣布为废标：

1）未在投标函上填写投标总价；

2）投标报价或调整函中的报价超出招标人公布的投标控制价上限。

（2）在评标时的废标情况

在相应评标办法前附表中约定的各种情况，主要针对重大偏差情况明确了废标规定。

五、招标公告发布和编制招标文件的时间要求

招标人应当按照招标公告或者投标邀请书规定的时间、地点出售资格预审文件和招标文件。资格预审文件和招标文件的发售时间不得少于 5d。招标人应当合理确定资格预审申请文件和投标文件的编制时间。编制资格预审申请文件的时间，自开始发售资格预审文件之日起至潜在投标人提交资格预审申请文件截止时间止，不得少于 14d。编制投标文件的时间，自招标文件开始发售之日起至投标人提交投标文件截止时间止，高速公路、一级公路、技术复杂的特大桥梁、特长隧道不得少于 28d，其他公路工程不得少于 20d。

六、招标文件的批准或备案

国道主干线和国家高速公路网建设项目的工程施工招标文件应当报交通运输部备案，其他公路建设项目的工程施工招标文件应当按照项目管理权限报县级以上地方人民政府交通主管部门备案。

交通主管部门发现招标文件存在不符合法律、法规及规章规定内容的，应当在收到备案文件后的 7d 内，提出处理意见，及时行使监督检查职责。

招标人如需对已出售的招标文件进行必要的澄清或修改，应当在投标截止日期 15d 前以书面形式通知所有招标文件收受人，并应当按照上述规定进行备案。

对招标文件澄清或者修改的内容为招标文件的组成部分。

七、标底的编制要求

招标项目可以不设标底，进行无标底招标。招标人设定标底的，可自行编制标底或者委托具备相应资格的单位编制标底。标底编制应当符合国家有关工程造价管理的规定，并应当控制在批准的概算以内。招标人应当采取措施，在开标前做好标底的保密工作。

八、对投标人的资质要求和资格审查要求的公平性

招标文件中关于投标人的资质要求，应当符合法律、行政法规的规定。招标人不得在招标文件中制定限制性条件阻碍或者排斥投标人，不得规定以获得本地区奖项等要求作为评标加分条件或者中标条件。

招标人审查潜在投标人的资格，应当严格按照资格预审的规定进行，不得采用抽签、摇号等博彩性质的方式进行资格审查。

九、资格审查

1. 投标人的资格要求

（1）投标人应具备承担本标段施工的资质条件、能力和信誉，包括：资质条件、财务要求、业绩要求、信誉要求、项目经理资格和其他要求。

（2）投标人须知前附表规定接受联合体投标的，除应符合投标人应具备承担本标段施工的资质条件、能力和信誉要求和投标人须知前附表的要求外，还应遵守以下规定：联合体各方应按招标文件提供的格式签订联合体协议书，明确联合体牵头人和各方的权利义务；由同一专业的单位组成的联合体，按照资质等级较低的单位确定资质等级；联合体各方不得再以自己名义单独或加入其他联合体在同一标段中参加投标；联合体所有成员数量不得超过投标人须知前附表规定的数量；联合体牵头人所承担的工程量必须超过总工程量的 50%；联合体各方应分别按照本招标文件的要求，填写投标文件中的相应表格，并由联合体牵头人负责对联合体各成员的资料进行统一汇总后一并提交给招标人；联合体牵头人所提交的投标文件应认为已代表了联合体各成员的真实情况。尽管委任了联合体牵头人，但联合体各成员在投标、签约与履行合同过程中，

仍负有连带的和各自的法律责任。

（3）投标人不得存在下列情形之一：为招标人不具有独立法人资格的附属机构（单位）；为本标段前期准备提供设计或咨询服务的，但设计施工总承包的除外；为本标段的监理人；为本标段的代建人；为本标段提供招标代理服务的；与本标段的监理人或代建人或招标代理机构同为一个法定代表人的；与本标段的监理人或代建人或招标代理机构相互控股或参股的；与本标段的监理人或代建人或招标代理机构相互任职或工作的；被责令停业的；被暂停或取消投标资格的；财产被接管或冻结的；在最近3年内有骗取中标或严重违约或重大工程质量问题的；经审查委员会认定会对承担本项目造成重大影响的正在诉讼的案件；被省级及以上交通主管部门取消项目所在地的投标资格或禁止进入该区域公路建设市场且处于有效期内；为投资参股本项目的法人单位。

2. 资格审查的诚信要求和激励以及不诚信的处理

各省级交通主管部门要加快市场信用体系建设，充分利用现有信用信息资源，体现"褒奖诚信，惩戒失信"的政策导向。对诚实守信单位，在招投标、履约保证金、质量保证金等方面给予一定的奖励；对存在不良信用信息的从业单位，在市场准入、招标评标等方面适当惩戒，并加大对其承建项目的监管力度。项目法人应正确使用信用信息，对于省级交通主管部门做出的取消从业单位投标资格或禁止进入区域公路建设市场的行政处罚，要严格按照确定的市场范围和处罚期限执行，不得再以其他任何条件限制潜在投标人参与投标。

加强投标人资质条件的审核工作。严格核实投标人资质条件，防止持伪造的资质证书或不具备资质许可权力部门发放的资质证书的单位通过资格审查。对于招标公告要求投标人具有公路工程施工总承包一级及以上资质、公路路基工程专业承包一级资质、公路路面工程专业承包一级资质或公路交通工程通信、监控、收费综合系统工程分项资质的，招标人出售资格预审文件或招标文件（适用于资格后审）时，应通过交通运输部网站政务公告"公路工程施工一级以上资质企业名录"（以下简称"名录""全国公路建设市场信用信息管理系统"启用后"名录"同时废止，招标人可查阅"全国公路建设市场信用信息管理系统"）进行审核。对于投标人未列入"名录"，或投标人名称与"名录"不符的，应告知投标人及时办理有关更正事宜。对于资格审查时未列入"名录"的投标人，不得通过资格审查。

3. 资格预审的办法

资格预审办法由资格审查办法前附表和资格审查办法正文两部分组成，正文部分不得修改，只能在前附表中补充、细化，且不能与正文内容相抵触。资格预审办法分为合格制和有限数量制。资格预审的程序如下：

（1）初步审查

审查委员会依据初步审查标准，对资格预审申请文件进行初步审查。有一项因素不符合审查标准的，不能通过资格预审。审查委员会可以要求申请人提交"申请人须知"标准规定的有关证明和证件的原件，以便核验（注：申请人资质、财务、业绩等）。

（2）详细审查

审查委员会依据详细审查标准，对通过初步审查的资格预审申请文件进行详细审查。有一项因素不符合审查标准的，不能通过资格预审。通过详细审查的申请人，除应满足初步审查标准和详细审查标准外，还不得存在下列任何一种情形：不按审查委员会要求澄清或说明的；有"申请人须知"标准规定的任何一种情形的；在资格预审过程中弄虚作假、行贿或有其他违法违规行为的。

（3）资格预审申请文件的澄清

在审查过程中，审查委员会可以书面形式，要求申请人对所提交的资格预审申请文件中不明确的内容进行必要的澄清或说明。申请人的澄清或说明采用书面形式，并不得改变资格预审申请文件的实质性内容。申请人的澄清和说明内容属于资格预审申请文件的组成部分。招标人和审查委员会不接受申请人主动提出的澄清或说明。

（4）评分

通过详细审查的申请人不少于 3 个且没有超过资格审查办法前附表中所规定数量的，均通过资格预审，不再进行评分。

通过详细审查的申请人数量超过资格审查办法前附表中所规定数量的，审查委员会依据资格审查办法前附表中评分标准进行评分，按得分由高到低的顺序进行排序。

合格制的资格预审办法只需通过初步审查和详细审查即可，不设人数限制并且不进行评分。

第二节　公路工程施工招标条件与程序

一、公路工程施工招标的条件

1. 公路工程施工招标的项目应具备的条件

（1）初步设计文件已被批准。

（2）建设资金已经落实。

（3）项目法人已经确定，并符合项目法人资格标准要求。

2.初步设计文件的内容和批准

（1）初步设计文件的内容

初步设计文件包括初步设计的概算以及招标所需的设计图纸及技术资料等。

（2）初步设计文件的批准

初步设计文件应当履行审批手续的，已经获得批准。招标范围、招标方式和招标组织形式等应当履行核准手续的，已经核准。

3.建设资金已经落实的具体要求

根据《建筑工程施工许可管理办法》的规定，建设资金已经落实，是指建设工期不足 1 年的，到位资金原则上不得少于工程合同价的 50%；建设工期超过 1 年的，到位资金原则上不得少于工程合同价的 30%。建设单位应当提供银行出具的到位资金证明，有条件的可以实行银行付款保函或者其他第三方担保。

4.项目法人的确定与资格要求

公路建设项目依法实行项目法人责任制。项目法人可自行管理公路建设项目，也可委托具备法人资格的项目建设管理单位进行项目管理。收费公路建设项目法人和项目建设管理单位进入公路建设市场实行备案制度。

5.招标条件的公告格式

本招标项目（项目名称）已由（项目审批、核准或备案机关名称）以（批文名称及编号）批准建设，项目业主为（项目法人），建设资金来自（资金来源），项目出资比例为（填入数字），招标人为（项目法人、代建单位）。项目已具备招标条件，现进行公开招标，特邀请有兴趣的潜在投标人（以下简称申请人）提出资格预审申请。

6.施工招标的法定方式

公路工程施工招标分为公开招标和邀请招标。

二、公路工程施工招标的程序

1.公路工程施工招标的法定程序

公路工程施工招标应当按下列程序进行：确定招标方式，采用邀请招标的，应当按照国家规定报有关主管部门审批；编制投标资格预审文件和招标文件，招标文件按照本办法规定备案（国道主干线和国家高速公路网建设项目的工程施工招标文件应当报交通运输部备案，其他公路建设项目的工程施工招标文件应当按照项目管理权限报县级以上地方人民政府交通主管部门备案）；发布招标公告，发售投标资格预审文件，采用邀请招标的，可直接发出投标邀请书，发售招标文件；对潜在投标人进行资格审查；向资格预审合格的潜在投标人发出投标邀请书和发售招标文件；组织潜在投标人考察（或踏勘）招标项目工程现场，召开标前会（投标预备会）；接受投标人的投标文件，公开开标；组建评标委员会评标，推荐中标候选人；确定中标人，评标报告和评标结果按照本办法规定备案并公示；发出中标通知书；与中标人订立公路工程施工合同。

2. 接受投标人的投标文件并公开开标

招标人对投标人按时送达并符合密封要求的投标文件，应当签收，并妥善保存。招标人不得接受未按照要求密封的投标文件及投标截止时间后送达的投标文件。

3. 评标并推荐中标人

评标办法有三种，分别是综合评估法、合理低标价法、经评审的最低投标价法。公路工程施工招标评标，一般应当使用合理低标价法。使用世界银行、亚洲开发银行等国际金融组织贷款的项目和规模较小、技术含量较低的工程，可使用经评审的最低投标价法。不同的评标方法其分值构成和评分标准不同，但是三种方法都是由评标办法前附表和评标办法正文组成的。

除"投标人须知"前附表授权直接确定中标人外，评标委员会按照得分由高到低的顺序推荐中标候选人。

4. 定标

除"投标人须知"前附表规定评标委员会直接确定中标人外，招标人依据评标委员会推荐的中标候选人确定中标人，评标委员会推荐中标候选人的人数依照"投标人须知"前附表的规定人数一般不超过3人。

第三节　公路工程施工投标条件与程序

一、公路工程施工投标的条件

1. 投标人应具备的条件

（1）投标人资质要求

1）企业资质

投标人基本情况表应附企业法人营业执照副本（全本）的复印件（并加盖单位章）、施工资质证书副本（全本）的复印件（并加盖单位章）、安全生产许可证副本（全本）的复印件（并加盖单位章）、基本账户开户许可证的复印件（并加盖单位章）。

2）人员资质

拟委任的项目经理和项目总工资历表应附项目经理（以及备选人）和项目总工（以及备选人）的身份证、职称资格证书以及资格审查条件所要求的其他相关证书（如建造师注册证书、安全生产考核合格证书等）的复印件，应提供其担任类似项目的项目经理和项目总工的相关业绩证明材料复印件，并应附投标人所属社保机构出具的拟委任的项目经理和项目总工参加社保的有效证明材料（并加盖社保机构单位章）。投标人在投标文件中填报的项目经理（以及备选人）和项目总工（以及备选人）不允许更换。

（2）财务状况要求

近年财务状况表应附经会计师事务所或审计机构审计的财务会计报表，包括资产负债表、现金流量表、利润表和财务情况说明书的复印件，具体年份要求见投标人须知前附表。

（3）工程业绩

近年完成的类似项目情况表应附中标通知书和（或）合同协议书、工程接收证书（工程竣工验收证书）的复印件，具体年份要求见投标人须知前附表。每张表格只填写一个项目，并标明序号。

工程接受证书（工程竣工验收证书）可以是发包人出具的公路工程（标段）交工验收证书或竣工验收委员会出具的公路工程竣工验收鉴定书或质量监督机构对各参建单位签发的工作综合评价等级证书。

正在施工和新承接的项目情况表应附中标通知书和（或）合同协议书复印件。每张表格只填写一个项目，并标明序号。

2.投标的要求

投标人应当按照招标文件的要求，按时参加招标人主持召开的标前会并勘察现场。投标人应当按照招标文件的要求编制投标文件，并对招标文件提出的实质性要求和条件做出响应。

投标文件中投标函及投标函附录、投标报价部分应当由投标人的法定代表人或其授权的代理人签字，并加盖投标人印章，其他部分应当按照招标文件的要求签署。

投标文件按照要求送达后，在招标文件规定的投标截止时间前，投标人如需撤回或者修改投标文件，应当以正式函件提出并做出说明。修改投标文件的函件是投标文件的组成部分，其形式要求、密封方式、送达时间，适用对投标文件的规定。

投标人未按照要求密封的投标文件以及投标截止时间后送达的投标文件，招标人不得接受。

二、公路工程施工投标的程序

1.承诺函的格式

（招标人名称）：

我方参加了（项目名称）标段施工投标，若我方中标，我方在此承诺：

若本项目资格预审文件或招标文件未要求我方在资格预审申请文件或投标文件中

填报派驻本标段的其他主要管理人员和技术人员及主要机械设备和试验检测设备，在招标人向我方发出中标通知书之前，我方将按照合同附件提出的最低要求填报派驻本标段的其他主要管理人员和技术人员及主要机械设备和试验检测设备，在经招标人审批后作为派驻本标段的项目管理机构主要人员和主要设备且不进行更换。

若我方已按本项目资格预审文件或招标文件要求在资格预审申请文件或投标文件中填报派驻本标段的其他主要管理人员和技术人员及主要机械设备和试验检测设备，我方将严格按照在资格预审申请文件或投标文件中填报的其他主要管理人员和技术人员及主要机械设备和试验检测设备组织进场施工，且不进行更换。

如我方违背了上述承诺，本项目招标人有权取消我方的中标资格，并由招标人将我方的违约行为上报省级交通主管部门，作为不良记录纳入公路建设市场信息管理系统。

投标人：（盖单位章）

法定代表人或其委托代理人：（签字）

年 月 日

2. 签订合同

招标人和中标人应当自中标通知书发出之日起 30d 内，根据招标文件和中标人的投标文件订立书面合同。中标人无正当理由拒签合同的，招标人取消其中标资格，其投标保证金不予退还；给招标人造成的损失超过投标保证金额的，中标人还应当对超过部分予以赔偿。

3. 投标人被没收投标保证金的情况

（1）投标人在规定的投标有效期内撤销或修改其投标文件。

（2）中标人在收到中标通知书后，无正当理由拒签合同协议书或未按招标文件规定提交履约担保。

（3）投标人不接受依据评标办法的规定对其投标文件中细微偏差进行澄清和补正。

（4）投标人提交了虚假资料。

第八章　公路工程造价管理

公路工程造价管理是企业盈利的关键程序，在工程造价管理中，对造价的管理有很多要求，主要是计价、计量、预算与核算管理。本章主要从这几个方面详细讲述公路造价管理。

第一节　公路工程工程量清单计价的应用

一、工程量清单的含义

工程量清单，又叫工程数量清单，它是工程招标及实施工程时计量与支付的重要依据，在工程实施期间，对工程费用起控制作用。

工程量清单是招标单位（业主）将要招标的工程按一定的原则（如按工程部位、性质等）进行分解，以明确工程的内容和范围，并将这些内容数量化而得到的一套工程项目表。每个表中既有工程部位和该部位需实施的各个子项目（工程子目），又有每个子项目的工程量和计价要求（单价或包干价）以及总计金额，"单价"与"总价"两个栏目由投标单位填写。可见，工程量清单反映的是每个相对独立的个体项目的主要内容和预算数量以及完成的价格。

招标工程的工程量清单通常由业主提供，也有一些国际招标工程，并没有工程量清单，仅有招标图纸，这就要求投标人按照自己的习惯列出工程细目并计算工程量，或按国际通用的工程量编制方法提交工程量清单。我国的公路工程项目招标，一般均由招标单位提供工程量清单。另外，需要特别指出的是工程量清单中所列的工程数量（也称为清单工程量），是在实际施工生产前根据设计施工图纸和说明及工程量计算规则所得到的一种准确性较高的预算数量，并不是中标者在施工时应予完成的实际的工程量。因为在实际施工过程中，可能会因各种原因与设计条件不一致，从而产生工程量的数量变化，业主应按实际工程量支付工程费用。

二、工程量清单的内容

其内容分为前言（或说明）、工程子目、计日工明细表和工程量清单汇总表四部分。

1. 前言（或说明）

在许多合同文件中前言又被称为清单序言，它主要对工程项目的工作范围和内容、计量方法和方式、费用计算的依据、在工程实施期间如何对工程进行计量和支付进行说明。

当工程发生变更或费用索赔时，监理工程师将根据它来确定单价。概括起来，前言应强调以下几方面内容：

（1）应将工程量清单与投标须知、合同条件、技术规范、图纸和图表、资料等文件结合起来阅读、理解或解释。这一说明的主要目的是要求投标人综合考虑支付条件、技术要点、质量标准、工程施工条件，以及需综合在某一单项中的众多子目后，适当考虑他自身的费用、风险后再填报单价。

（2）除非合同另有规定，工程量清单中有标价的单价或总额价均已包括了为实施和完成合同工程所需的劳务、材料、机械、质检、安装、缺陷修复、管理、保险、税费、利润等费用，以及合同明示或暗示的所有责任、义务和一切风险。本条说明要求投标人认识自己在合同中的报价所包括的范围，强调风险自担的范围。

（3）工程量清单中的每一个子目，不论工程数量是否标出，都须填入单价或总额价。投标时没有填入单价或总额价的子目，其费用应视为已分配在工程量清单的其他单价或总额价之中。这一说明减少了招投标过程中可能发生的争执，规范和加快了招投标工作过程，对投标人提出了计算中要认真、仔细的要求。

2. 工程子目

工程子目又叫分项清单表，是招标工程中按章的顺序排列的各个子目表。表中有子目号、子目名称、工程数量、单位、单价及金额栏目，其中单价或金额栏的数字一般由承包人投标时填写，而其他部分一般由业主或者招标单位在编制工程量清单时确定。

3. 计日工明细表

计日工也称散工或点工，指在工程实施过程中，业主可能有一些临时性的或新增加的项目，而且这种临时的新增项目的工程量在招投标阶段很难估计，希望通过招投标阶段事先定价，避免开工后可能发生时出现的争端，故需要以计日工明细表的方法在工程量清单中予以明确。计日工明细表由总则、计日工劳务、计日工材料、计日工施工机械等方面的内容组成。

4. 工程量清单汇总表

工程量清单汇总表是将各章的工程子目表及计日工明细表进行汇总，再加上一定比例或数量（按招标文件规定）的暂列金额得出该项目的总报价，该报价与投标书中填写的投标总价是一致的。

三、编写工程量清单的注意事项

1. 将开办项目作为独立的工程子目单列出来

开办项目往往是一些一开工就要发生或开工前就要发生的项目，如工程保险、担保、监理设施、承包人的驻地建设、测量放样、临时工程等。如果将这些项目包含在其他项目的单价中，到承包人开工时，上述各种款项将得不到及时支付，这不仅影响合同的公平性和承包人的资金周转，而且会增加招标中预付款的数量。

2. 合理划分工程子目

在工程子目划分时，要注意将不同等级要求的工程区分开。将同一性质但不属于同一部位的工程区分开；将情况不同，可能要进行不同报价的子目区分开。这一做法主要是为了强化工程投标中的竞争性，使投标人报价更加具体，针对不同情况可以采用不同的单价，便于降低造价。

3. 工程子目的划分要大小合适

工程子目的划分可大可小，工程子目大，可减少计算工作量，但太大就难以发挥单价合同的优势，不便于工程变更的处理。另外，工程子目太大也会使支付周期延长，影响承包人的资金周转，最终影响合同的正常履行。例如，在桥梁工程中，若将基础回填工作的计价包含在基础挖方项目中，则承包人必须等到基础回填工作完成以后才能办理该项目的计量支付，支付周期可能要半年或更长的时间，这将直接影响承包人的资金周转，不利于合同的正常履行。但如果将基础开挖和基础回填分成两个工程子目，则可避免上述问题的发生。

4. 工程量的计算整理要细致准确

计算和整理工程量的依据是设计图纸和技术规范，它是一项严谨的技术工作，绝不是简单地罗列设计文件中的工程量。要认真阅读技术规范中的计量和支付方法，仔细核查设计文件中工程量所对应计量方法与技术规范中的计量方法是否一致，如不一致，则需在整理工程量时进行技术处理。此外，在工程量的计算过程中，要做到不重不漏，更不能发生计算错误，否则，会带来一系列问题。

第二节 投标阶段合同价的确定

一、投标报价编制原则

投标报价的编制主要是投标人对承建招标工程所要发生的各种费用的计算。编制报价时：一是要合理，就是要做得来，并留有余地；二是要有竞争力，就是要符合市场的行情，并具有优势，能与强手相匹敌。具体编制时需依据以下原则：

1. 以招标文件中设定的发、承包双方责任划分，作为考虑投标报价费用项目和费用计算的基础；根据工程发、承包模式考虑投标报价的费用内容和计算深度。

2. 以施工方案、技术措施等作为投标报价计算的基本条件。

3. 以反映企业技术和管理水平的企业定额作为计算人工、材料和机械台班消耗量的基本依据。

4. 充分利用现场考察、调研成果、市场价格信息和行情资料，编制基价，确定调价方法。

5. 报价计算方法要科学严谨、简明适用。

二、投标报价编制依据

投标报价编制的依据主要有下列几个方面：

1. 招标单位提供的招标文件。为保证投标的有效性，必须对招标文件给予全面的响应，因此招标文件是必不可少的编制依据。另外，业主在开标前规定的日期内颁发的有关合同、规范、图纸的书面修改书和书面变更通知具有与招标文件同等的效力，也是报价的依据。

2. 招标文件所规定的各种国家标准、部颁标准、技术规范等。

3. 国家、地方颁发的有关收费标准和定额及施工企业的工料机消耗定额。

4. 工程所在地的政治形势和技术经济条件，如交通运输条件等。

5. 本工程的现场情况，包括地形、地质、气象、雨量、劳动力、生活品供应等。

6. 当地工程机械出租的可能性、品种、数量、单价，发电厂供电正常率及提供本项目用电的功率和单价。

7. 当地劳动力的技术水平和供应数量。

8. 业主供应材料情况及交货地点、单价，当地材料供应盈缺情况，建材部门公布的材料单价，并预测当地材料市场涨落情况。

9. 本企业为本项目提供新添施工设备经费可能性，设备投资在标价中分摊费与成本的比率。

10. 施工组织设计和施工方案。

11. 该项目中标后，当地的工程市场信息、有否后续工程的可能性。

12. 参加投标的竞争对手情况，各有多大实力，竞争对手信誉等。

13. 有关报价的参考资料，如当地近几年来同类性质已完工程的造价分析，以及本企业历年来（至少5年）已完工程的成本分析。

三、投标报价计算方式

1. 投标报价的组成

投标报价的组成主要有直接成本费、间接成本费、利润、规费、税金和风险费等。

（1）直接成本费，是指工程施工中直接用于工程上的人工、材料和施工机械使用费用的总和。

（2）间接成本费，是指组织和管理工程施工所需的各项费用，如冬季、雨期施工增加费、临时设施费、工地转移费、企业管理费等。

（3）利润，是指投标时根据企业的利润目标和本项目的具体情况确定的利润。

（4）规费和税金。规费是指法律、法规、规章、规程规定施工企业必须缴纳的费用，包括养老保险费、失业保险费、医疗保险费、住房公积金和工伤保险费等；税金是按规定应向国家缴纳的营业税、城市维护建设税及教育费附加等。

（5）风险费是对风险分析后确定的用于防范风险的费用。

2. 标价的计算

投标报价计算有工料单价计算法和综合单价计算法两种。

（1）工料单价计算法：根据已审定的工程量，按照定额或市场的单价，逐项计算每个项目的价格，分别填入招标人提供的工程量清单内，计算出全部工程量直接成本费，然后按企业自定的各项费率及法定税率，依次计算出间接费、利润及税金。另外，再考虑一项不可预见费，其费用总和即为基础报价。

（2）综合单价计算方法。按综合单价计算报价是所填入工程量清单的单价，应包括人工费、材料费、机械使用费、其他工程费、间接费、利润和税金，以及风险金等全部费用，构成基础单价，即综合单价。此种方法用于单价合同的报价，报价金额等于工程量清单的汇总金额加上暂定金额。

3. 标价分析

初步计算出标价之后，应对标价进行多方面的分析和评估，其目的是探讨标价的经济和理性，从而做出最终报价决策。标价分析包括单价分析与总价分析。单价分析就是对工程量清单中所列分项单价进行分析和计算,确定出每一分项的单价和总价,分析标价计算中使用的劳务、材料、施工机械的基础单价以及选用的工程定额是否合理,是否符合拟投标工程的实际情况。同时,应根据以往企业的投标报价资料进行对比分析,合理确定投标单价和总报价。

标价分析评估可从以下几个方面进行:

(1)标价的宏观审核

标价的宏观审核是依据长期的工程实践中积累的大量经验数据,用类比的方法,从宏观上判断初步计算的合理性。

(2)标价的动态分析

标价的动态分析是假定某些因素发生变化,测算标价的变化幅度,特别是这些变化对计划利润的影响。如工期延误的影响、物价和工资上涨的影响、其他可变因素的影响等。

(3)标价的盈亏分析

初步计算标价经过宏观审核与进一步分析检查,可能对某些分项的单价做必要调整,然后形成基础标价,再经盈亏分析,提出可能的低标价和高标价,供投标决策时选择。

四、报价中的清单复核

由于工程量清单及数量由招标人编制,因此,投标人在购买招标文件后,应根据招标文件的要求,对照图纸,对招标文件提供的工程量清单进行复查或复核。

1.清单项目完整性复核

清单项目完整性复核是以合同条款、施工图和技术规范为依据,认真核对所有清单项目,看其是否全面反映了拟建工程的全部内容。

2.清单项目一致性复核

(1)清单工程项目编码与项目名称是否一致。

(2)清单工程项目名称与施工图的项目名称是否一致。

(3)对技术规范规定多个单位的项目,查清单中选用的单位与工程量计算口径是否一致。

(4)清单工程项目与技术规范及定额计量单位是否一致。

3.清单工程量准确性复核

清单工程量准确性复核是以合同条件、施工图和技术规范和计量规则为依据,对主要分部分项工程数量进行计算,将投标人计算结果与招标文件清单中数量进行比较。

第三节　公路工程计量管理

一、计量的概念

计量是按照技术规范所规定的方法对承包人符合要求的已完工程的实际数量所进行的测量、计算、核查和确认的过程。没有准确和合理的计量，就会破坏工程承包合同中的经济关系，影响承包合同的正常履行。

计量的任务是确定实际工程数量的多少。工程量有预估工程量和实际工程量之分，工程量清单的工程量仅是估算工程量，不能作为承包人应予完成的工程实际和确切的工程量。这是因为工程量清单中的数量是在制定招标文件时，在图纸和规范的基础上估算出来的，与实际工程量相比存在或多或少的误差甚至计算错误。其只能作为投标报价的基础，而不能作为结算的依据。实际工程量的多少只有通过计量才能揭示和确定。按实际完成的工程量付款可以减少工程量的估计误差给双方带来的风险，增强造价结算结果的公平性，这正是单价合同的优点之一。

无论当地的习惯如何（除非合同中另有规定），计量必须以净值为准。

二、工程计量的程序

1. 工程计量的组织类型

（1）监理工程师独立计量：计量工作由监理工程师单独承担，然后将计量的记录报送承包人。承包人对计量有异议，可在7d内以书面形式提出，再由监理工程师对承包商提出的质疑进行复核，并将复议后的结果通知承包人。

（2）承包人进行计量：由承包人对已完成的工程进行计量，然后将计量的记录及有关资料报送监理工程师核实确认。

（3）监理工程师与承包人共同计量：在进行计量前，由监理工程师通知承包人计量的时间与工程部位，然后由承包人派人同监理工程师共同计量，计量后双方签字认可。

2. 现场计量的程序

工程计量由承包人向监理工程师提出并附有必要的中间交工验收资料或质量合格证明。

监理工程师对工程的任何部分进行计量时，应事先通知承包人或承包人的代表。承包人或承包人的代表应立即委派合格人员前往协助监理工程师进行计量工作，还应提供必要的人员、设备和交通工具。计量工作可以由监理工程师和承包人双方委派合格人员在现场进行，也可以采用记录和图纸在室内按计量规则进行计算，其结果都必须经监理工程师和承包人双方同意，签字认可。如果承包人在收到监理工程师的计量通知后，不参加或未派人参加计量工作，根据通用合同条款规定，由监理工程师派出人员单方面进行的工程计量，经监理工程师批准的应认为是正确的工程计量，可以用作支付的依据，承包人不可以对此种计量提出异议。

3.驻地监理工程师对计量结果的审查

驻地监理工程师对计量结果的审查包括两个方面：一是计量的工程质量是否达到合同标准；二是计量的过程是否符合合同条件。

4.总监理工程师代表处对工程计量项目的审定

总监理工程师代表处在审定过程中有权对计量的工程项目的质量进行抽检，抽检不合格的项目不予计量，对计量过程中有错误的项目进行修正或不予计量。只有经总监理工程师审查批准的工程项目，才予以支付工程款项。

三、计量管理

1.落实计量职责

为使计量的责任分明，监理机构中一般设有专门负责计量的工作班子，并在每个驻地办事机构中设一名专门的计量工程师。驻地计量工程师主要负责的是各细目的工程计量。在组织计量工作时，采用按专业分工、分别进行计量的办法，做到计量职责分明。具体工程内容的计量应落实到人，以免重复计量和漏计。因此，一定要注意计量工作由谁负责，并且为了保证计量的准确性，还必须有负责检查、复核的人员以及最终签认的人员，使计量工作按规定的程序进行。

例如，济青线的计量工作由市（地）监理处负责，省监理处审定。具体做法是由驻地的各合同段工程师对其分管合同段进行计量，并签署托付证书，由计量工程师审查托付证书，核查其工程量是否准确。如有疑问，承包人有权要求项目工程师提供资料和有关情况，经计量工程师审查后再交驻地监理工程师，而中外驻地监理工程师则共同对本合同段的计量工作负全面责任。用这样办法的目的就是明确计量职责、清除计量工作的混乱、保证计量工作的准确性。

通过对计量工作的分工，使工程计量责任到人；并通过对计量的复核、审定等程序及制定计量人员的岗位责任制，对计量工作进行有效管理。

2.做好计量记录

计量记录与档案是计量管理中的一个重要内容。对于公路工程这样大型的复杂项目，要进行多次计量，将形成一系列的计量资料，只有在完善计量记录的基础上加强对计量的档案管理，才能使项目的计量工作顺利完成。

为了便于合同管理以及正确评价工程和查询交流计量工作，必须加强工程计量（中间计量）档案管理。

计量应根据合同的要求做好记录。符合要求的记录应能说明哪些已经计量、哪些尚未计量、哪些已经签发支付证书、哪些尚未签发证书。计量时监理工程师还应完成以下工作：

（1）应有一套图纸，用彩笔将所进行的工程的位置在图纸上标示出来，并在适当的位置做详细补充说明，如工程的开始、结束及几何尺寸等数据，这将有助于做好计量记录。

（2）应有一套档案，包括计量证书的号码及所计量的数量。所有计量证书必须是承包人和监理工程师共同签署的，只有这样才能作为支付的凭证。

（3）记录工程量清单中所列出的分类细目的数量与计量后数量的差异及双方同意的任何进度支付证书应付的款额。

（4）对计日工应记录在有号码的计量证书上，并由承包人代表及监理工程师代表共同签名。计日工应详细记录如下内容：

1）记录已指令进行的这项计日工的估计数量和付款额已获同意，记录计日工已完成的数量及付款金额；

2）如果计日工的时间超过1个月，应在暂时计量单上记账，并在计量证书上另立系列号码，这些记录应与累计账册一同归档；记录已同意的计日工单价、付款的金额、付款报表号码。

（5）工程变更应记录已下达的变更指令依据，已同意的单价和价格调整，增加费用的计量证书应另编系列号码分开存档。

（6）对于现场存放的材料应每月计量记录一次，其计量表中应记录已发到现场的材料的种类和数量及这些材料的发票面值；已计量的数量应记录每一次报表中的预付金额及回收金额，材料计量证应另编系列号码，并应与发票及所有材料的累计账册一同归档。

3.计量分析

为了搞好计量的管理工作，除落实职责和加强记录与档案的管理外，还应加强计量分析。一方面及时发现计量工作中的问题；另一方面及时掌握工程进度，为进度监理和费用支付提供基础。

为了便于计量的分析与管理，对计量的表格应统一，使其标准化和规范化。监理工程师应设计好表格让承包人和具体从事计量的人员按此填写，这便于采用计算机辅助计量和进行计量分析。

计量分析时一方面应对照原工程量清单和设计图纸进行分析，将实际工程量与原设计的工程量进行对比，发现偏差并分析偏差产生的原因；另一方面以计量的工程量为依据，计算出实际进度，将实际进度与批准的进度比较，发现进度偏差，并找出原因从而采取措施改进。计量分析也应对计量的方法是否恰当、计量的结果是否准确以及是否有质量不合格的工程等进行分析，通过分析找出是否有多计、错计的部分。

除以上所述三项内容外，计量管理还包括计量争端的协调与处理。计量是费用支付的直接基础，也是承包人工作的一种基本评价。因此，在计量工作中难免发生争端与分歧，监理工程师必须协调各方，尽快解决争端。

第四节　公路工程预算单价分析方法

一、公路工程造价构成

公路工程的造价是指公路工程交通基建、养护项目从筹备到竣工验收交付使用所需的全部费用，由建筑安装工程费，设备、工具（器具）购置费，工程建设其他费用，预备费四部分构成。

1. 建筑安装工程费

建筑安装工程费包括直接费、间接费、利润及税金。

（1）直接费由直接工程费和其他工程费组成。直接工程费是指施工过程中耗费的构成工程实体和有助于工程形成的各项费用，包括人工费、材料费、施工机械使用费。其他工程费指直接工程费以外施工过程中发生的直接用于工程的费用，包括冬期施工增加费、雨期施工增加费、夜间施工增加费、特殊地区施工增加费、行车干扰工程施工增加费、施工标准化与安全措施费、临时设施费、施工辅助费、工地转移费九项。

（2）间接费由规费、企业管理费两项组成。规费是指法律、法规、规章、规程规定施工企业必须缴纳的费用，包括养老保险费、失业保险费、医疗保险费、工伤保险费和住房公积金等。企业管理费由基本费用、主副食运费补贴、职工探亲路费、职工取暖补贴和财务费用五项组成。

（3）利润是指施工企业完成所承包工程应取得的盈利。

（4）税金是指按国家税法规定应计入建筑安装工程造价内的营业税，城市维护建设税及教育费附加等。

2. 设备、工具（器具）购置费

（1）设备购置费是指为满足公路的营运、管理、养护需要，购置的达到固定资产标准的设备和虽低于固定资产标准但属于设计明确列入设备清单的设备的费用，包括渡口设备，隧道照明、消防、通风的动力设备，高等级公路的收费、监控、通信、供电设备，养护用的机械、设备和工具、器具等的购置费用。

（2）工具（器具）购置费是指建设项目交付使用后为满足初期正常营运必须购置的第一套不构成固定资产的设备、仪器、仪表、工卡模具、器具、工作台（框、架、柜）等的费用。该费用不包括构成固定资产的设备、工器具和备品、备件，以及已列入设备购置费中的专用工具和备品、备件。

（3）办公和生活用家具购置费是指为保证新建、改建项目初期正常生产、使用和管理所必须购置的办公和生活用家具、用具的费用。范围包括行政、生产部门的办公室、会议室、资料档案室、阅览室、单身宿舍及生活福利设施等的家具、用具。

3.工程建设其他费用

（1）建设项目管理费包括建设单位（业主）管理费、工程质量监督费、工程监理费、工程定额测定费、设计文件审查费和竣（交）工验收试验检测费。

（2）研究试验费是指为本建设项目提供或验证设计数据、资料进行必要的研究试验和按照设计规定在施工过程中必须进行试验、验证所需的费用，以及支付科技成果、先进技术的一次性技术转让费。不包括应由科技三项费用（新产品试制费、中间试验费和重要科学研究补助费）开支的项目；应由施工辅助费开支的施工企业对建筑材料、构件和建筑物进行一般鉴定、检查所发生的费用及技术革新研究试验费；应由勘察设计费或建筑安装工程费用中开支的项目。

（3）建设项目前期工作费是指委托勘察设计、咨询单位对建设项目进行可行性研究、工程勘察设计，以及设计、监理、施工招标文件及招标标底或造价控制值文件编制时，按规定应支付的费用。该费用包括编制项目建议书（或预可行性研究报告）、可行性研究报告、投资估算，以及相应的勘察、设计、专题研究等所需的费用；初步设计和施工图设计的勘察费（包括测量、水文调查、地质勘探等）、设计费、概（预）算及调整概算编制费等；设计、监理、施工招标文件及招标标底（或造价控制值或清单预算）文件编制费等。

（4）专项评价（估）费是指依据国家法律、法规规定必须进行评价（评估）、咨询，按规定应支付的费用。该费用包括环境影响评价费、水土保持评估费、地震安全性评价费、地质灾害危险性评价费、压覆重要矿床评估费、文物勘察费、通航认证费、行洪论证（评估）费、使用林地可行性研究报告编制费、用地预审报告编制费等费用。

（5）施工机构迁移费是指施工机构根据建设任务的需要，经有关部门（指工程处等）决定成建制地由原驻地迁移到另一地区所发生的一次性搬迁费用。该费用不包括应由施工企业自行负担的，在规定距离范围内调动施工力量及内部平衡施工力量所发生的迁移费用；由于违反基建程序，盲目调迁队伍所发生的迁移费；因中标而引起施工机构迁移所发生的迁移费。

（6）供电贴费

供电贴费是指按照国家规定，建设项目应支付的供电工程贴费、施工临时用电贴费。

（7）联合试运转费是指新建、改（扩）建工程项目，在竣工验收前按照设计规定的工程质量标准，进行动（静）载荷载实验所需的费用，或进行整套设备带负荷联合试运转期间所需的全部费用抵扣试车期间收入的差额。该费用不包括应由设备安装工程项下开支的调试费的费用。费用内容包括联合试动转期间所需的材料、油燃料和动力的消耗，机械和检测设备使用费，工具用具和低值易耗品费，参加联合试运转人员工资及其他费用等。

二、公路工程预算单价分析

公路工程建筑安装工程费由直接费、间接费、利润和税金四部分组成，工程量清单综合报价除涉及以上四部分费用外，还需考虑防范风险的费用，工程项目施工成本仅包括直接费和间接费两部分。直接费中其他工程费和间接费需依据不同的工程类别分别确定计算费率进行计算。

1. 直接费

直接费由直接工程费和其他工程费组成。

（1）直接工程费

1）人工费

人工费指直接从事建筑安装工程施工的生产工人开支的各项费用，内容如下：

基本工资：基本工资指发放给生产工人的基本工资、流动施工津贴和生产工人劳动保护费，以及为职工缴纳的养老、失业、医疗保险费和住房公积金等。生产工人劳动保护费系指按国家有关部门规定标准发放的劳动保护用品的购置费及修理费、徒工服装补贴、防暑降温费、在有碍身体健康环境中施工的保健费用等。

工资性补贴：工资性补贴指按规定标准发放的物价补贴，煤、燃气补贴，交通费补贴，地区津贴等。

生产工人辅助工资：生产工人辅助工资指生产工人年有效施工天数以外非作业天数的工资，包括开会和执行必要的社会义务时间的工资，职工学习、培训期间的工资，调动工作、探亲、休假期间的工资，因气候影响停工期间的工资，女工哺乳期间的工资，病假在6个月以内的工资及产、婚、丧假期的工资。

2）材料费

材料费指施工过程中耗用的构成工程实体的原材料、辅助材料、构（配）件、零件、半成品、成品的用量和周转材料的摊销量，按工程所在地的材料预算价格计算的费用。材料预算价格由材料原价、运杂费、场外运输损耗、采购及保管费组成。

3）施工机械使用费

施工机械使用费指列入概、预算定额的施工机械台班数量，按相应的机械台班费用定额计算的施工机械使用费和小型机具使用费。

（2）其他工程费

其他工程费指直接工程费以外，施工过程中发生的直接用于工程的费用。

1）冬期施工增加费：冬期施工增加费指按照公路工程施工及验收规范所规定的冬期施工要求，为保证工程质量和安全生产所需采用的防寒保温设施、工效降低和机械作业率降低及技术操作过程改变等所增加的有关费用。

2）雨期施工增加费：雨期施工增加费指雨期施工期间，为保证工程质量和安全生产所需采用的防雨、排水、防潮和防护措施、工效降低和机械作业率降低及技术作业过程的改变等所需增加的有关费用。

第五节　公路工程施工成本核算与分析

一、施工成本核算的对象

施工成本核算对象是指在工程成本计算中，确定归集和分配生产费用的具体对象，即生产费用承担的客体。成本计算对象的确定，是设立工程成本明细分类账户，归集和分配生产费用，以及正确计算工程成本的前提。施工单位工程项目成本核算应以具有独立设计文件、造价文件及能独立组织施工的单位工程为核算对象。但施工合同包含两项以上单位工程时，要分别进行不同单位工程的成本核算，以便掌握不同工程类型产品的成本水平和相关资料。对于达不到单位工程整体范围的施工合同，则按合同造价界定范围进行成本核算；承包多个单位工程中同类性质专业工程的施工合同，仍应按各单位工程进行专业工程成本核算。

二、施工成本核算的内容

施工企业在工程施工过程中发生的各项施工费用，凡是能够直接计入有关工程成本核算对象的，直接计入各工程核算对象的成本项目中；不能直接计入的，应先计入"工程施工—间接费用"账户，然后再采用一定的方法分配计入各工程成本核算对象的成本项目，最后计算出各工程的实际成本。

1. 人工费的核算

人工费计入成本的方法，一般应根据企业实行的具体工资制度而定。

（1）在实行计件工资制度下，所支付的工资一般都能分清受益对象，应根据工程任务单和工资结算汇总表，将归集的工资直接计入各成本核算对象的人工费成本项目中。

（2）在实行计时工资制度下，只有一个成本核算对象或者所发生的工资能分清是在哪个成本核算对象的施工中，可将其直接计入该成本核算对象的"人工费"项目中；如果工人同时在为多个成本核算对象施工，就需将所发生的工资在各个成本核算对象之间进行分配。

（3）职工福利费、工会经费、职工教育经费等工资附加费，应根据各个成本核算对象当期实际发生或分配计入的工资总额，按规定计提并计入"人工费"项目。

（4）工资性质的津贴，按规定应计入成本的奖金、劳动保护费等人工费，比照计件和计时工资的归集和分配方法，直接计入或分配计入有关成本核算对象的"人工费"项目。

（5）对于支付给分包单位的人工费，直接计入该分包工程的"人工费"项目。

2. 材料费的核算

由于工程项目耗用的材料品种繁多、数量大、领用次数频繁，因此，企业必须建立、健全材料的收、发、领、退等管理制度，制定统一的定额领料单、大堆材料耗用计算单、集中配料耗用计算单、周转材料摊销分配表、退料单等自制原始凭证，并按不同的情况进行费用的归集和分配。

3. 机械使用费的核算

工程施工中使用的施工机械，分为自有机械和租用机械。因此，机械使用费的核算也可以分以下两种情况：

（1）租入机械费用的核算。从外单位或本企业内部独立核算单位租入施工机械支付的租赁费，一般可以根据机械租赁费结算单所列金额，直接计入成本核算对象的"机械使用费"成本项目中。如果租入的施工机械是为两个或两个以上的工程服务，应以租入机械所服务的各个工程受益对象提供的作业台班数量为基数进行分配。

（2）自有机械费用的核算。工程项目使用自有施工机械和运输设备进行机械作业所发生的各项费用，首先应通过"机械作业"科目，分别归集，月末根据各个成本核算对象实际使用机械的台班数计算各成本核算对象应分摊的施工机械使用费。

4. 其他直接费的核算

项目施工生产过程中实际发生的其他直接费，包括材料二次搬运费、临时设施摊销费、生产工具用具使用费等。凡能分清受益对象的，应直接计入受益对象的成本核算账户"工程施工—其他直接费"，如与若干个成本核算对象有关的，可先归集到项目经理部的"其他直接费"账户科目，再按规定的方法分配计入有关成本核算对象的"工程施工—其他直接费"成本项目内。

5.间接费用的核算

间接费用主要是指现场施工管理费，主要有管理人员的工资、奖金和按比例计提上交企业的职工福利费、工会经费、教育经费、劳保统筹费，以及现场公共生活服务等费用。施工间接费，先在项目"施工间接费"总账归集，再按一定的分配标准计入受益成本核算对象（单位工程）"工程施工—间接成本"。

三、项目施工成本分析的内容

项目施工成本分析包括对施工成本偏差的数量、来源和原因所进行的分析，以及对施工成本变化趋势的分析。成本分析的目的在于揭示影响成本升降的因素，寻求进一步降低成本的途径、手段和措施。

从成本分析应为施工生产服务的角度出发，项目施工成本分析的内容应与成本核算对象的划分同步。总体上来说，项目施工成本分析的内容应该包括以下三个方面：

1.按项目施工的进展进行的成本分析

（1）分部分项工程成本分析。

（2）月（季）度成本分析。

（3）年度成本分析。

（4）竣工成本分析。

2.按项目成本施工的进行分析

（1）人工费分析。

（2）材料费分析。

（3）机械使用费分析。

（4）其他直接费分析。

（5）间接成本分析。

3.针对特定问题和与成本有关事项的分析

（1）施工索赔分析。

（2）成本盈亏异常分析。

（3）工期成本分析。

（4）资金成本分析。

（5）技术组织措施节约效果分析。

（6）其他有利因素和不利因素对成本影响的分析。

另外，项目施工成本分析还可以分为单位成本分析和总成本分析。单位成本分析是针对单位工程的单位成本进行分析；总成本分析是针对一定时期内项目经理部完成的全部工程项目的总成本进行的成本分析。

第九章　公路工程施工成本管理

公路工程在控制成本的同时也应当注重质量与效率，因此在公路工程管理中，对于成本的管理有很多要求，主要是成本计划、目标与核算的管理。本章主要从这三方面详细讲述公路工程的成本管理。

第一节　公路工程施工成本计划的编制

一、施工成本计划的类型

对于施工项目而言，其成本计划的编制是一个不断深化的过程，按照其发挥的作用可以分为以下三类：

1. 竞争性成本计划

竞争性成本计划是施工项目投标及签订合同阶段的估算成本计划。这类成本计划以招标文件中的合同条件、投标者须知、技术规范、设计图纸和工程量清单为依据，以有关价格条件说明为基础，结合调研、现场踏勘、答疑等情况，根据施工企业自身的工料消耗标准、水平、价格资料和费用指标等，对本企业完成投标工作所需要支出的全部费用进行估算。在投标报价过程中，虽也着力考虑降低成本的途径和措施。但总体上比较粗略。

2. 指导性成本计划

指导性成本计划是选派项目经理阶段的预算成本计划，是项目经理的责任成本目标。它是以合同价为依据，按照企业的预算定额标准制定的设计预算成本计划，且一般情况下确定责任总成本目标。

3. 实施性成本计划

实施性成本计划是项目施工准备阶段的施工预算成本计划，它是以项目实施方案为依据，以落实项目经理责任目标为出发点，采用企业的施工定额通过施工预算的编制而形成的实施性施工成本计划。

以上三类成本计划相互衔接、不断深化，构成了整个工程项目施工成本的计划过程。其中，竞争性成本计划带有成本战略的性质，是施工项目投标阶段商务标书的基础，而有竞争力的商务标书又是以其先进合理的技术标书为支撑的。因此，它奠定了施工成本的基本框架和水平。指导性成本计划和实施性成本计划，都是战略性成本计划的进一步开展和深化，是对战略性成本计划的战术安排。

4. 施工预算

施工预算是编制实施性成本计划的主要依据，是施工单位为了加强企业内部的经济核算，在施工图预算的控制下，依据企业内部的施工定额，以建筑安装单位工程为对象，根据施工图纸、施工定额、施工及验收规范、标准图集、施工组织设计（或施工方案）编制的单位工程（或分部分项工程）施工所需的人工、材料和施工机械台班用量的技术经济文件。它是施工企业的内部文件，同时也是施工企业进行劳动调配、物资技术供应、控制成本开支、进行成本分析和班组经济核算的依据。施工预算不仅规定了单位工程（或分部分项工程）所需人工、材料和施工机械台班用量，还规定了工种的类型，工程材料的规格、品种，所需各种机械的规格，以便有计划、有步骤地合理组织施工，从而达到节约人力、物力和财力的目的。

（1）施工预算不同于施工图预算。虽然有一定联系，但区别较大。

1）编制的依据不同。施工预算的编制以施工定额为主要依据，施工图预算的编制以预算定额为主要依据。而施工定额比预算定额划分得更详细、更具体，并对其中所包括的内容，如质量要求、施工方法，以及所需劳动工日、材料品种、规格型号等均有较详细的规定或要求。

2）适用的范围不同。施工预算是施工企业内部管理用的一种文件，与发包人无直接关系；而施工图预算既适用于发包人，又适用于承包人。

3）发挥的作用不同。施工预算是承包人组织生产、编制施工计划，准备现场材料、签发任务书、考核工效、进行经济核算的依据，也是承包人改善经营管理、降低生产成本和推行内部经营承包责任制的重要手段；而施工图预算则是投标报价的主要依据。

（2）在编制实施性计划成本时要进行施工预算和施工图预算的对比分析，通过"两算"对比，分析节约和超支的原因，以便提出解决问题的措施，防止工程亏损，为降低工程成本提供依据。"两算"对比的方法有实物对比法和金额对比法。

1）实物对比法。将施工预算和施工图预算计算出的人工、材料消耗量，分别填入"两算"对比表进行对比分析，算出节约或超支的数量及百分比，并分析其原因。

2）金额对比法。将施工预算和施工图预算计算出的人工费、材料费、机具费分别填入"两算"对比表进行对比分析，算出节约或超支的金额及百分比，并分析其原因。

（3）"两算"对比的内容如下：

1）人工量及人工费的对比分析。施工预算的人工数量及人工费比施工图预算一般要低6%左右。这是由于两者使用不同定额造成的。例如，砌砖墙项目中，砂子、标准砖和砂浆的场内水平运输距离，施工定额按 50m 考虑，而计价定额则包括了材料、半成品的超运距用工。同时，计价定额的人工消耗指标还考虑了在施工定额中未包括，而在一般正常施工条件下又不可避免发生的一些零星用工因素，如土建施工各工种之间的工序搭接所需停歇的时间、因工程质量检查和隐蔽工程验收而影响工人操作的时间、施工中不可避免的其他少数零星用工等。所以，施工定额的用工量一般都比预算定额低。

2）材料消耗量及材料费的对比分析。施工定额的材料损耗率一般都低于计价定额，同时，编制施工预算时还要考虑扣除技术措施的材料节约量。所以，施工预算的材料消耗量及材料费一般低于施工图预算。

有时，由于两种定额之间的水平不一致，个别项目也会出现施工预算的材料消耗量大于施工图预算的情况。不过，总的水平应该是施工预算低于施工图预算。如果出现反常情况，则应进行分析研究，找出原因，制定相应的措施。

3）施工机具费的对比分析。施工预算机具费指施工作业所发生的施工机械、仪器仪表使用费或其租赁费。而施工图预算的施工机具是计价定额综合确定的，与实际情况可能不一致。因此，施工机具部分只能采用两种预算的机具费进行对比分析。如果发生施工预算的机具费大量超支，而又无特殊原因时，则应考虑改变原施工方案，尽量做到不亏损而略有盈余。

4）周转材料使用费的对比分析。周转材料主要指脚手架和模板。施工预算的脚手架是根据施工方案确定的搭设方式和材料计算的，施工图预算则综合了脚手架搭设方式，按不同结构和高度，以建筑面积为基数计算；施工预算模板是按混凝土与模板的接触面积计算，施工图预算的模板则按混凝土体积综合计算。因而，周转材料宜按其发生的费用进行对比分析。

二、施工成本计划的编制原则、依据、程序、要求与内容

（一）施工成本计划编制原则

为了编制出能够发挥积极作用的施工成本计划，在编制施工成本计划时应遵循以下原则：

1. 从实际情况出发

编制成本计划必须根据国家的方针政策，从企业的实际情况出发，充分挖掘企业内部潜力，使降低成本指标既积极可靠，又切实可行。施工项目管理部门降低成本的潜力在于正确选择施工方案，合理组织施工；提高劳动生产率；改善材料供应；降低材料消耗；提高机械利用率；节约施工管理费用等。但必须注意避免以下情况发生：为了降低成本而偷工减料，忽视质量；不顾机械的维护修理而过度、不合理地使用机械；

片面增加劳动强度，加班加点；忽视安全工作，未给职工办理相应的保险等。

2. 与其他计划相结合

施工成本计划必须与施工项目的其他计划，如施工方案、生产进度计划、财务计划、材料供应及消耗计划等密切结合，保持平衡。一方面，成本计划要根据施工项目的生产技术组织措施、劳动工资、材料供应和消耗等计划来编制；另一方面，其他各项计划指标又影响着成本计划，所以其他各项计划在编制时应考虑降低成本的要求，与成本计划密切配合，而不能单纯考虑单一计划本身的要求。

3. 采用先进技术经济定额

施工成本计划必须以各种先进的技术经济定额为依据，并结合工程的具体特点，采取切实可行的技术组织措施。只有这样，才能编制出既有科学依据又切实可行的成本计划，从而发挥施工成本计划的积极作用。

4. 统一领导，分级管理

编制成本计划时应按照统一领导，分级管理的原则，同时应树立全员进行施工成本控制的理念。在项目经理的领导下，以财务部门和计划部门为主体，发动全体职工共同进行，总结降低成本的经验，找出降低成本的正确途径，使成本计划的制订与执行更符合项目的实际情况。

5. 适度弹性

施工成本计划应留有一定的余地，保持计划的弹性。在计划期内，项目经理部的内部或外部环境都有可能发生变化，尤其是材料供应、市场价格等具有很大的不确定性，给拟订计划带来困难。因此在编制计划时应充分考虑到这些情况，使计划具有一定的适应环境变化的能力。

（二）施工成本计划的编制依据

施工成本计划的编制依据如下：

1. 投标报价文件。

2. 企业定额、施工预算。

3. 施工组织设计或施工方案。

4. 人工、材料、机械台班的市场价。

5. 企业颁布的材料指导价、企业内部机械台班价格、劳动力内部挂牌价格。

6. 周转设备内部租赁价格、摊销损耗标准。

7. 已签订的工程合同、分包合同（或估价书）。

8. 结构件外加工计划和合同。

9. 有关财务成本核算制度和财务历史资料。

10. 施工成本预测资料。

11. 拟采取的降低施工成本的措施。

12. 其他相关资料。

（三）施工项目成本计划的编制程序

施工项目的成本计划编制工作，是一项非常重要的工作，它是选定技术上可行、经济上合理的最优降低成本方案的过程。同时，通过成本计划把目标成本层层分解，落实到施工过程的每个环节，以调动全体职工的积极性，有效地进行成本控制。编制成本计划的程序，因项目的规模大小、管理要求不同而不同，大中型项目一般采用分级编制的方式，即先由各部门提出部门成本计划，再由项目经理部汇总编制全项目工程的成本计划；小型项目一般采用集中编制方式，即由项目经理部先编制各部门成本计划，再汇总编制全项目的成本计划。无论采用哪种方式，其编制的基本程序如下：

1. 搜集和整理资料

（1）国家和上级部门有关编制成本计划的规定。

（2）项目经理部与企业签订的承包合同及企业下达的成本降低额、降低率和其他有关技术经济指标。

（3）有关成本预测、决策的资料。

（4）施工项目的施工图预算、施工预算。

（5）施工组织设计。

（6）施工项目使用的机械设备生产能力及其利用情况。

（7）施工项目的材料消耗、物资供应、劳动工资及劳动效率等计划资料。

（8）计划期内的物资消耗定额。劳动工时定额、费用定额等资料。

（9）以往同类项目成本计划的实际执行及有关技术经济指标完成情况的分析资料。

（10）同类项目的成本、定额、技术经济指标资料及增产节约的经验和有效措施。

（11）本企业的历史先进水平和当时的先进经验及采取的措施。

（12）国外同类项目的先进成本水平情况等资料。

此外，还应深入分析当前情况和未来的发展趋势，了解影响成本升降的各种有利和不利因素，研究如何克服不利因素和降低成本的具体措施。为编制成本计划提供丰富、具体和可靠的成本资料。

2. 估算计划成本，即确定目标成本

财务部门掌握了丰富的资料，并加以整理分析，最终确定目标成本，并把总的目标分解落实到各相关部门、班组，大多采用工作分解法。

工作分解法又称工程分解结构，它的特点是以施工图设计为基础，以本企业做出的项目施工组织设计及技术方案为依据，以实际价格和计划的物资、材料、人工、机械等耗量为基准，估算工程项目的实际成本费用，据以确定成本目标。

具体步骤：首先把整个工程项目逐级分解为内容单一、便于进行单位工料成本估算的小项或工序，然后按小项自下而上估算、汇总，从而得到整个工程项目的估算。估算汇总后还要考虑风险系数与物价指数，对估算结果加以修正。

工作划分得越细、越具体，价格的确定和工程量估计越容易，工作分解自上而下逐级展开，成本估算自下而上，将各级成本估算逐级累加，便得到整个工程项目的成本估算。

3. 编制成本计划草案

对大中型项目，经项目经理部批准下达成本计划指标后，各职能部门应充分发动项目成员积极性，在总结上期成本计划完成情况的基础上，结合本期计划指标，找出完成本期计划的有利和不利因素，提出挖掘潜力、克服不利因素的具体措施，以保证计划任务的完成。为了使指标真正落实，各部门应尽可能将指标分解落实下达到各班组及个人，使得目标成本的降低额和降低率得到充分讨论、反馈、再修订，使成本计划既能够切合实际，又能够成为项目成员共同奋斗的目标。

各职能部门亦应认真讨论项目经理部下达的费用控制指标，拟订具体实施的技术经济措施方案，编制各部门的费用预算。

4. 综合平衡，编制正式的成本计划

在各职能部门上报了部门成本计划和费用预算后，项目经理部首先应结合各项技术经济措施，检查各计划和费用预算是否合理可行，并进行综合平衡，使各部门计划和费用预算之间相互协调、衔接；其次，要从全局出发，在保证企业下达的成本降低任务或本项目目标成本实现的情况下，以生产计划为中心，分析研究成本计划与生产计划、劳动工时计划、材料成本与物资供应计划、工资成本与工资基金计划、资金计划等的相互协调平衡。经反复讨论多次综合平衡，最后确定的成本计划指标，即可作为编制成本计划的依据，项目经理部正式编制的成本计划，上报企业有关部门审核后即可正式下达至各职能部门执行。

（四）施工成本计划应满足的要求

1. 合同规定的项目质量和工期要求。

2. 组织对项目成本管理目标的要求。

3. 以经济合理的项目实施方案为基础的要求。

4. 有关定额及市场价格的要求。

5. 类似项目提供的启示。

（五）施工成本计划的具体内容

1. 编制说明

编制说明指对工程的范围、投标竞争过程及合同条件、承包人对项目经理提出的责任成本目标、施工成本计划编制的指导思想和依据等的具体说明。

2.施工成本计划的指标

施工成本计划的指标应经科学的分析预测确定。可以采用对比法、因素分析法等方法。

施工成本计划一般情况下有以下三类指标：

（1）成本计划的数量指标。

（2）成本计划的质量指标，如施工项目总成本降低率。

（3）成本计划的效益指标，如工程项目成本降低额。

3.按成本性质划分的单位工程成本汇总

根据清单项目的造价分析，分别对人工费、材料费、机具费和企业管理费进行汇总，形成单位工程成本计划表。

成本计划应在项目实施方案确定和不断优化的前提下进行编制，因为不同的实施方案将导致人、料、机费和企业管理费的差异。成本计划的编制是施工成本预控的重要手段。因此，应在工程开工前编制完成，以便将计划成本目标分解落实，为各项成本的执行提供明确的目标、控制手段和管理措施。

三、编制施工成本计划的方法

施工成本计划的编制以成本预测为基础，关键是确定目标成本。计划的制订，需结合施工组织设计的编制过程，通过不断地优化施工技术方案和合理配置生产要素，进行工、料、机消耗的分析，制定一系列节约成本的措施，确定施工成本计划。一般情况下，施工成本计划总额应控制在目标成本的范围内，并建立在切实可行的基础上。

施工总成本目标确定之后，还需通过编制详细的实施性施工成本计划把目标成本层层分解，落实到施工过程的每个环节，有效地进行成本控制。施工成本计划的编制方式如下：按施工成本构成编制施工成本计划；按施工项目组成编制施工成本计划；按施工进度编制施工成本计划。

1.按施工成本构成编制施工成本计划的方法

施工成本可以按成本构成分解为人工费、材料费、施工机具使用费和企业管理费等，在此基础上，编制按施工成本构成分解的施工成本计划。

2.按施工项目组成编制施工成本计划的方法

大中型工程项目通常是由若干单项工程构成的，而每个单项工程包括多个单位工程，每个单位工程又是由若干个分部分项工程所构成。因此，首先要把项目总施工成本分解到单项工程和单位工程中，再进一步分解到分部工程和分项工程中。

在编制成本支出计划时，要在项目总体层面考虑总的预备费，也要在主要的分项工程中安排适当的不可预见费，避免在具体编制成本计划时，可能发现个别单位工程或工程量表中某项内容的工程量计算有较大出入，偏离原来的成本预算。因此，应在项目实施过程中对其尽可能地采取一些措施。

3.按施工进度编制施工成本计划的方法

按施工进度编制施工成本计划，通常可在控制项目进度的网络图的基础上，进一步扩充得到。即在建立网络图时，一方面确定完成各项工作所需花费的时间，另一方面确定完成这一工作合适的施工成本支出计划。在实践中，将工程项目分解为既能方便地表示时间，又能方便地表示施工成本支出计划的工作是不容易的，通常如果项目分解程度对时间控制合适的话，则对施工成本支出计划可能分解过细，以至于不可能对每项工作确定其施工成本支出计划；反之亦然。因此在编制网络计划时，在充分考虑进度控制对项目划分要求的同时，还要考虑确定施工成本支出计划对项目划分的要求，做到二者兼顾。

通过对施工成本目标按时间进行分解，在网络计划基础上，可获得项目进度计划的横道图，并在此基础上编制成本计划。其表示方式有两种：一种是在时标网络图上按月编制的成本计划直方图；另一种是用时间—成本累积曲线（S形曲线）表示。

第二节　公路工程施工成本目标的控制

一、施工成本控制的特点、原则、分类

（一）施工成本控制及其特点

施工成本控制是在项目成本的形成过程中，对生产经营所消耗的人力资源、物资资源和费用开支进行指导、监督、检查和调整，及时纠正将要发生和已经发生的偏差，把各项生产费用，控制在计划成本的范围之内，以保证成本目标的实现。

施工成本控制具有主动性、综合性、超前性的特点。

（二）施工成本控制的原则

成本控制的对象是工程项目，其主体则是人的管理活动，目的是合理使用人力、物力、财力，降低成本，增加效益。为此，成本控制的一般原则如下：

1.开源与节流相结合的原则

降低项目成本，需要一面增加收入，一面节约支出。在成本控制中，要求做到每发生一笔金额较大的成本费用，都要查一查有无与其相对应的预算收入，是否支大于收，在经常性的分部分项工程成本核算和月度成本核算中，也要进行实际成本与预算

收入的对比分析，以便从中探索成本节超的原因，纠正项目成本的不利偏差，提高项目成本的降低水平。

2. 全面控制原则

（1）项目成本的全员控制。项目成本涉及项目组织中各个部门、单位和班组的工作业绩，也与每个职工的切身利益有关。施工项目成本管理（控制）需要项目建设者的全员参与。

（2）项目成本的全过程控制，是指在工程项目确定以后，自施工准备开始，经过工程施工，到竣工交付使用后的保修期结束的每一项经济业务，都要纳入成本控制的轨道。既不能疏漏，又不能时紧时松，使施工项目成本自始至终处于有效地控制之下。

（3）中间控制原则，又称动态控制原则，对于具有一次性特点的施工项目成本来说，应该特别强调项目成本的中间控制。因为施工准备阶段的成本控制、重心确定、成本目标、编制成本计划、制订成本控制的方案，是为今后的成本控制做准备。而竣工阶段的成本控制。由于成本盈亏已经基本定局，即使发生了偏差，也已来不及纠正。因此，把成本控制的重心放在主要施工阶段上，则是十分必要的。

（4）目标管理原则，目标管理是贯彻执行计划的一种方法，把计划逐一加以分解，提出进一步的具体要求，并落实到执行计划的部门、单位甚至个人。目标管理的内容包括目标的设定和分解，目标的责任到位和执行，检查目标的执行结果，评价目标和修正目标，形成目标管理的 P（计划）、D（实施）、C（检查）、A（处理）循环。

（5）节约原则。节约人力、物力、财力的消耗，是提高经济效益的核心，也是成本控制的一项最主要的基本原则。

（6）例外管理原则。在工程项目建设过程的诸多活动中，有许多活动是例外的，常伴有一些不经常出现的问题，称为"例外问题"。这些"例外"问题，往往是关键性问题。对成本目标的顺利完成影响很大，必须予以高度重视。例如，在成本管理中常见的成本盈亏异常现象，如由于平时机械维修费的节约，可能会造成未来的停工修理和更大的经济损失等，都应该视为"例外"问题，进行重点检查，深入分析，并采取相应的积极的措施加以纠正。

（7）责、权、利相结合的原则。在项目施工过程中，项目经理、工程技术人员、业务管理人员及各单位和生产班组都负有一定的成本控制责任及享有一定成本控制的权力，从而形成整个项目的成本控制责任网络。项目部要根据各成员在成本控制中的业绩进行定期的检查和考评，并与工资分配紧密挂钩，实行有奖有罚。实践证明，只有责、权、利相结合的成本控制，才是名实相符的项目成本控制，才能收到预期的效果。

（三）施工成本控制的分类

1. 按成本控制的对象分

按成本控制的对象可分为人工成本控制、材料成本控制、机械成本控制、费用成本控制。

2. 按成本发生时间分

（1）事前施工成本控制（基础）。事前施工成本制包含施工项目开工前项目管理规划的评审、施工项目成本制度控制及体系的建立等内容。

（2）事中施工成本控制（重点），即工程成本形成全过程的控制。包括：项目施工中计划成本的分析和控制；项目施工中分部和分层工程的成本控制；项目施工中与计划同步跟踪的费用控制。

（3）事后施工成本控制，即对成本计划的执行情况进行分析，含竣工结算、废旧材料的利用和回收、减少返修费用等。

二、施工成本控制的依据与步骤

（一）施工成本控制的依据

施工成本控制的依据包括以下内容：

1. 工程承包合同

施工成本控制要以工程承包合同为依据，围绕降低工程成本这个目标，从预算收入和实际成本两方面研究节约成本、增加收益的有效途径，以求获得最大的经济效益。

2. 施工成本计划

施工成本计划是根据施工项目的具体情况制订的施工成本控制方案，既包括预定的具体成本控制目标，又包括实现控制目标的措施和规划，是施工成本控制的指导文件。

3. 进度报告

进度报告提供了对应时间节点的工程实际完成量，工程施工成本实际支付情况等重要信息。施工成本控制工作正是通过实际情况与施工成本计划相比较，找出二者之间的差别，分析偏差产生的原因，从而采取措施改进以后的工作。此外，进度报告还有助于管理者及时发现工程实施中存在的隐患，并在可能造成重大损失之前采取有效措施，尽量避免损失。

4. 工程变更

在项目的实施过程中，由于各方面的原因，工程变更是很难避免的。工程变更一般包括设计变更、进度计划变更、施工条件变更、技术规范与标准变更、施工次序变更、工程量变更等。一旦出现变更，工程量、工期、成本都有可能发生变化，从而使得施工成本控制工作变得更加复杂和困难。因此，施工成本管理人员应当通过对变更要求中各类数据的计算、分析，及时掌握变更情况，包括已发生工程量、将要发生工程量、工期是否拖延、支付情况等重要信息，判断变更及变更可能带来的索赔额度等。

5. 施工组织设计

6. 分包合同等有关文件资料

（二）施工成本控制的步伐

要做好施工成本的过程控制，必须制定规范化的过程控制程序。成本的过程控制中，有两类控制程序，一是管理行为控制程序，二是指标控制程序。管理行为控制程序是对成本全过程控制的基础，指标控制程序则是成本进行过程控制的重点。两个程序既相对独立又相互联系，既相互补充又相互制约。

1. 管理行为控制程序

管理行为控制的目的是确保每个岗位人员在成本管理过程中的管理行为符合事先确定的程序和方法的要求。管理行为控制程序就是为规范项目施工成本的管理行为而制定的约束和激励机制，内容如下：

（1）建立项目施工成本管理体系的评审组织和评审程序。

1）建立以项目经理为核心的项目成本控制体系。实行项目经理负责制，就是要求项目经理对项目建设的进度、质量、成本、安全和现场管理标准化等全面负责，特别是要把成本控制放在首位。

2）建立项目成本管理责任制。它包含明确合同预算员的成本管理责任、工程技术人员的成本管理责任、材料人员的成本管理责任、机械管理人员的成本管理责任、行政管理人员的成本管理责任、财务成本管理人员的成本管理责任，以及实行对施工队分包成本的控制和落实生产班组的责任成本的措施。

（2）建立项目施工成本管理体系及运行的评审组织和评审程序。成本管理体系的建立不同于质量管理体系，质量管理体系反映的是企业的质量保证能力，由社会有关组织进行评审和认证；成本管理体系的建立是企业自身生存发展的需要，没有社会组织来评审和认证。因此企业必须建立项目施工成本管理体系的评审组织和评审程序，定期进行评审和总结，持续改进。

项目施工成本管理体系的运行有一个逐步推行的渐进过程。一个企业的各分公司、项目经理部的运行质量往往是不平衡的。因此，必须建立专门的常设组织，依照程序定期进行检查和评审。发现问题，总结经验，以保证成本管理体系的保持和持续改进。

（3）目标考核，定期检查。管理程序文件应明确每个岗位人员在成本管理中的职责，确定每个岗位人员的管理行为，如应提供的报表、提供的时间和原始数据的质量要求等。

要把每个岗位人员是否按要求去履行职责作为一个目标来考核，并设专人定期或不定期地检查。表 9-1 是为规范管理行为而设计的考核表。

表 9-1 项目成本主要岗位责任考核表

序号	岗位名称	职责	检查方法	检查人	检查时间
1	项目经理	建立项目成本管理组织；组织编制项目施工成本管理手册；定期或不定期地检查有关人员管理行为是否符合岗位职责要求	查看有无组织结构图；查看《项目施工成本管理手册》	上级部门或自查	开工初期检查一次，以后每月检查一次
2	项目总工程师	指定采用新技术降低成本的措施；编制总进度计划；编制总的工具及设备使用计划	查看资料；现场实际情况与计划进行对比	项目经理或其委托人	开工初期检查一次，以后每月检查 1~2 次
3	主管材料员	编制材料采购计划；编制材料采购月报表；对材料管理工作每周组织检查一次；编制月材料盘点表及材料收发结存报表	查看资料；对现场实际情况与管理制度中的要求进行对比	项目经理或其委托人	每月或不定期抽查
4	成本核算员	编制月度成本计划；进行成本核算，编制月度成本核算表；每月编制一次材料复核及成本报告；月度成本原始资料台账	查看资料；审核编制依据	项目经理或其委托人	每月检查一次
5	施工员	编制月度用工计划；编制月材料需求计划；编制月度工具及设备计划；开具施工任务单和限额领料单	查看资料；计划与实际对比，考核其准确性及实用性	项目经理或其委托人	每月或不定期抽查
6	机械管理员	编制月度机械使用计划，合理安排和使用机械施工，提高机械利用率，减少机械费成本；建立设备使用台账，充分发挥机械效能，节约机械费用；严格执行机械维修保养制度，保证机械完好率	查看资料；计划与实际对比，考核其准确性及实用性	项目经理或其委托人	每月或不定期抽查

月度成本原始资料的收集和整理应根据检查的内容编制相应的检查表，由项目经理或其委托人检查后填写检查表。检查表要由专人负责整理归档。

（4）制定对策，纠正偏差。对管理工作进行检查的目的是为了保证管理工作按预定的程序和标准进行，从而保证项目施工成本管理能够达到预期的目的。因此，对检查中发现的问题，要及时进行分析，然后根据不同的情况及时采取对策。

2. 指标控制程序

能否达到预期的成本目标，是施工成本控制是否成功的关键。对各岗位人员的成本管理行为进行控制，就是为了保证成本目标的实现。施工项目成本指标控制程序如下：

（1）确定施工项目成本目标及月度成本目标。在工程开工之初，项目经理部应根据公司与项目签订的《项目承包合同》确定项目的成本管理目标，并根据工程进度计划确定月度成本计划目标。

（2）收集成本数据，监测成本形成过程。过程控制的目的就在于不断纠正成本形成过程中的偏差，保证成本项目的发生是在预定范围之内。因此，在施工过程中要定期收集反映施工成本支出情况的数据，并将实际发生情况与目标计划进行对比，从而保证有效控制成本的形成过程。

（3）分析偏差原因，制定对策。施工过程是一个多工种、多方位立体交叉作业的复杂活动，成本的发生和形成是很难按预定的目标进行的，因此，需要对产生的偏差及时分析原因，分清是客观因素（如市场调价）还是人为因素（如管理行为失控），及时制定对策并予以纠正。

（4）用成本指标考核管理行为，用管理行为来保证成本指标。管理行为的控制程序和成本指标的控制程序是对项目施工成本进行过程控制的主要内容，这两个程序在实施过程中，是相互交叉、相互制约又相互联系的。只有把成本指标的控制程序和管理行为的控制程序相结合，才能保证成本管理工作有序地、富有成效地进行。

三、施工成本控制的方法

（一）施工成本的过程控制方法

施工阶段是成本发生的主要阶段，这个阶段的成本控制主要是通过确定成本目标并按计划成本组织施工，合理配置资源，对施工现场发生的各项成本费用进行有效控制，其具体的控制方法如下：

1. 人工费的控制

人工费的控制实行"量价分离"的方法，将作业用工及零星用工按定额工日的一定比例综合确定用工数量与单价，通过劳务合同进行控制。

（1）人工费的影响因素。

1）社会平均工资水平。建筑安装工人的人工单价必须和社会平均工资水平趋同。社会平均工资水平取决于经济发展水平。由于我国改革开放以来经济迅速增长，社会平均工资也有大幅增长，从而导致人工单价的大幅提高。

2）生产消费指数。生产消费指数的提高会导致人工单价的提高，以减少生活水平的下降，维持原来的生活水平。生活消费指数的变动取决于物价的变动，尤其取决于生活消费品物价的变动。

3）劳动力市场供需变化。劳动力市场如果供不应求，人工单价就会提高；供过于求，人工单价就会下降。

4）政府推行的社会保障和福利政策也会影响人工单价的变动。

5）经会审的施工图、施工定额、施工组织设计等决定人工的消耗量。

（2）控制人工费的方法。加强劳动定额管理，提高劳动生产率，降低工程耗用人工工日，是控制人工费支出的主要手段。

1）制定先进合理的企业内部劳动定额，严格执行劳动定额，并将安全生产、文明施工及零星用工下达到作业队进行控制。全面推行全额计件的劳动管理办法和单项工程集体承包的经济管理办法，以不超出施工图预算人工费指标为控制目标，实行工资包干制度。认真执行按劳分配的原则，使职工个人所得与劳动贡献一致，充分调动广大职工的劳动积极性，以提高劳动力效率。把工程项目的进度、安全、质量等指标与定额管理结合起来，提高劳动者的综合能力，实行奖励制度。

2）提高生产工人的技术水平和作业队的组织管理水平，根据施工进度、技术要求，合理搭配各工种工人的数量，减少和避免无效劳动。不断地改善劳动组织，创造良好的工作环境，改善工人的劳动条件，提高劳动效率。合理调节各工序人数安排情况，安排劳动力时，尽量做到技术工不做普通工的工作、高级工不做低级工的工作，避免技术上的浪费，既要加快工程进度，又要节约人工费用。

3）加强职工的技术培训和多种施工作业技能的培训，不断提高职工的业务技术水平和熟练操作程度，培养一专多能的技术工人，提高作业工效。提倡技术革新和推广新技术，提高技术装备水平和工厂化生产水平，提高企业的劳动生产率。

4）实行弹性需求的劳务管理制度。对施工生产各环节的业务骨干和基本的施工力量，要保持相对稳定。对短期需要的施工力量，要做好预测，计划管理，通过企业内部的劳务市场及外部协作队伍进行调剂。严格做到项目部的定员随工程进度要求及时进行调整，进行弹性管理。要打破行业、工种界限，提倡一专多能，提高劳动力的利用效率。

2. 材料费的控制

材料费控制同样按照"量价分离"原则，控制材料用量和材料价格。

（1）材料用量的控制。在保证符合设计要求和质量标准的前提下，合理使用材料，通过定额控制、指标控制、计量控制、包干控制等手段有效控制物资材料的消耗，具体方法如下：

1）指标控制。对于没有消耗定额的材料，则实行计划管理和按指标控制的办法。根据以往项目的实际耗用情况，结合具体施工项目的内容和要求，制定领用材料指标，以控制发料。超过指标的材料，必须经过一定的审批手续方可领用。

2）计量控制。准确做好材料物资的收发计量检查和投料计量检查。

3）包干控制。在材料使用过程中，对部分小型及零星材料（如钢钉、钢丝等）根据工程量计算出所需材料量，将其折算成费用，由作业者包干使用。

（2）材料价格的控制。材料价格主要由材料采购部门控制。控制材料价格，主要是通过掌握市场信息，应用招标和询价等方式控制材料、设备的采购价格。

施工项目的材料物资，包括构成工程实体的主要材料和结构件，以及有助于工程实体形成的周转使用材料和低值易耗品。从价值角度看，材料物资的价值约占建筑安装工程造价的 60% 甚至 70% 以上，因此，对材料价格的控制非常重要。由于材料物资的供应渠道和管理方式各不相同，所以控制的内容和所采取的控制方法也将有所不同。

3. 施工机械使用费的控制

合理使用施工机械设备对成本控制具有十分重要的意义，在道路工程施工中，据某些工程实例统计，机械费用占 10%~30%。由于不同的起重运输机械各有不同的特点，因此在选择起重机械时，首先应根据工程特点和施工条件确定采取的机械设备的组合方式。在确定采用何种组合方式时，首先应满足施工需要，其次要考虑到费用的高低和综合经济效益。

有效控制施工机械使用费支出主要从台班数量和台班单价两个方面进行。

（1）台班数量。

1）根据施工方案和现场实际情况，选择适合项目施工特点的施工机械，制订设备需求计划，合理安排施工生产，充分利用现有机械设备。加强内部调配，提高机械设备的利用率。

2）保证施工机械设备的作业时间，安排好生产工序的衔接，尽量避免停工、窝工，尽量减少施工中所消耗的机械台班数量。

3）核定设备台班定额产量，实行超产奖励办法，加快施工生产进度，提高机械设备单位时间的生产效率和利用率。

4）加强设备租赁计划管理，减少不必要的设备闲置和浪费，充分利用社会闲置机械资源。

（2）台班单价。

1）加强现场设备的维修、保养工作。降低大修、经常性修理等各项费用的开支，提高机械设备的完好率，最大限度地提高机械设备的利用率，避免因使用不当造成机械设备的停置。

2）加强机械操作人员的培调工作。不断提高操作技能。

3）加强配件的管理。建立健全配件领发料制度，严格按油料消耗定额控制油料消耗，做到修理有记录、消耗有定额、统计有报表、损耗有分析。通过经常分析总结，提高修理质量，降低配件消耗，减少修理费用的支出。

4）降低材料成本。做好施工机械配件和工程材料采购计划，降低材料成本。

5）成立设备管理领导小组，负责设备调度、检查、维修、评估等具体事宜。对主要部件及其保养情况建立档案，分清责任，便于尽早发现问题，找到解决问题的办法。

4.施工分包费用的控制

分包工程价格的高低，必然对项目经理部的施工项目成本产生一定的影响。因此，施工项目成本控制的重要工作之一是对分包价格的控制。项目经理部在确定施工方案的初期就要确定需要分包的工程范围。决定分包范围的因素主要是施工项目的专业性和项目规模。对分包费用的控制，主要是要做好分包工程的询价、订立平等互利的分包合同、建立稳定的分包关系网络、加强施工验收和分包结算等工作。

5.其他费用的控制

对公路工程施工项目。由于施工的特点，还应考虑以下的经济控制方法：

（1）周转工具使用费的控制。在项目施工责任成本中，周转工具使用费是根据施工组织设计中的有关施工方案计算确定或按施工图预算的摊销费用总额乘以适当地降低率确定的。目标成本中该项费用是经过对施工组织总设计中的有关施工方案进一步细化确定的。实际发生的周转工具来源包括周转材料租赁和自购材料的领用。

周转工具使用费 =（ 租用数量 × 租用时间 × 租赁单价 ）+ 自购周转材料领用部分的合计金额 × 摊销率

因此，对周转工具使用费应从以下方面进行控制：

在计划阶段通过合理的安排施工进度、采用网络计划技术进行优化、采用先进的施工方案和先进的周转工具；控制周转工具使用费计划数低于目标成本的要求；在施工阶段控制租赁数量和进退场时间，减少租赁数量和时间；选择质优价廉的租赁单位，降低租赁费用。使用阶段通过建立规章制度、建立约束和激励机制，控制周转工具的损坏、修理和丢失。

（2）现场经费的控制。现场经费包括项目经理部管理人员工资、奖金、临时设施费、交通费、业务费等，现场经费内容多，人为因素多，不易控制，超支现象较为严重。控制的方法主要是根据现场经费的收入，实行全面预算管理。对某些不易控制的项目如交通费等可实行包干制；对一些不宜包干的项目如业务费，可通过建立严格的审批手续来进行控制。

（二）赢得值（挣值）法

赢得值法（EVM）作为一项先进的项目管理技术，最初是美国国防部确立的。目前，国际上先进的工程公司已普遍采用赢得值法进行工程项目的费用、进度综合分析控制。用赢得值法进行费用、进度综合分析控制，基本参数有三项，即已完工作预算费用、计划工作预算费用和已完工作实际费用。

1. 赢得值法的三个基本参数

（1）已完工作预算费用。已完工作预算费用为 BCWP（Budgeted Cost for Work Performed），是指在某一时间已经完成的工作（或部分工作），以批准认可的预算为标准所需要的资金总额，由于发包人正是根据这个值为承包人完成的工作量支付相应的费用，也就是承包人获得（挣得）的金额，故称赢得值或挣值。

已完工作预算费用（BCWP）= 已完成工作量 × 预算单价

（2）计划工作预算费用。计划工作预算费用，简称 BCWS（Budgeted Cost for Work Scheduled），即根据进度计划，在某一时刻应当完成的工作（或部分工作），以预算为标准所需要的资金总额。一般来说，除非合同有变更，BCWS 在工程实施过程中应保持不变。

计划工作预算费用（BCWS）= 计划工作量 × 预算单价

（3）已完工作实际费用。已完工作实际费用，简称 ACWP（Actual Cost for Work Performed），即到某一时刻为止，已完成的工作（或部分工作）所实际花费的总金额。

已完工作实际费用（ACWP）= 已完成工作量 × 实际单价

2. 赢得值法的四个评价指标

在这三个基本参数的基础上，可以确定赢得值法的四个评价指标，它们都是时间的函数。

（1）费用偏差 CV

费用偏差（CV）= 已完工作预算费用（BCWP）— 已完工作实际费用（ACWP）

当费用偏差 CV 为负值时，即表示项目运行超出预算费用；当费用偏差 CV 为正值时，表示项目运行节支，实际费用没有超出预算费用。

（2）进度偏差 SV

进度偏差（SV）= 已完工作预算费用（BCWP）— 计划工作预算费用（BCWS）

当进度偏差 SV 为负值时，表示进度延误，即实际进度落后于计划进度；当进度偏差 SV 为正值时，表示进度提前，即实际进度快于计划进度。

（3）费用绩效指数（CPI）

费用绩效指数（CPI）= 已完工作预算费用（BCWP））/ 已完工作实际费用（ACWP）

当费用绩效指数（CPI）<1 时，表示超支，即实际费用高于预算费用。

当费用绩效指数（CPI）>1 时，表示节支，即实际费用低于预算费用。

（4）进度绩效指数（SPI）

进度绩效指数（SPI）= 已完工作预算费用（BCWP）/ 计划工作预算费用（BCWS）

当进度绩效指数（SPI）<1 时，表示进度延误，即实际进度比计划进度慢。

当进度绩效指数（SPI）>1 时，表示进度提前，即实际进度比计划进度快。

费用（进度）偏差反映的是绝对偏差，结果很直观，有助于费用管理人员了解项目费用出现偏差的绝对数额，并依此采取一定措施，制订或调整费用支出计划和资金筹措计划。但是，绝对偏差有其不容忽视的局限性。如同样是 10 万元的费用偏差，对于总费用 1000 万元的项目和总费用 1 亿元的项目而言，其严重性显然是不同的。因此，费用（进度）偏差仅适合于对同一项目做偏差分析。费用（进度）绩效指数反映的是相对偏差，它不受项目层次的限制，也不受项目实施时间的限制，因而在同一项目和不同项目比较中均可采用。

在项目的费用、进度综合控制中引入赢得值法，可以克服过去进度、费用分开控制的缺点，即当发现费用超支时，很难立即知道是由于费用超出预算，还是由于进度提前。相反，当发现费用低于预算时，也很难立即知道是由于费用节省，还是由于进度拖延。而引入赢得值法即可定量地判断进度、费用的执行效果。

（三）偏差分析的表达方法

偏差分析可以采用不同的表达方法，常用的有横道图法、表格法和曲线法。

1. 横道图法

用横道图法进行费用偏差分析，是用不同的横道标识已完工作预算费用（BCWP）、计划工作预算费用（BCWS）和已完工作实际费用（ACWP），横道的长度与其金额成正比例。

横道图法具有形象、直观、一目了然等优点，它能够准确表达出费用的绝对偏差，而且能直观地表明偏差的严重性。但这种方法反映的信息量少，一般在项目的较高管理层使用。

2. 表格法

表格法是进行偏差分析最常用的一种方法。它将项目编号、名称、各费用参数及费用偏差数综合归纳入一张表格中，并且直接在表格中进行比较。由于各偏差参数都在表中列出，使费用管理者能够综合地了解并处理这些数据。

用表格法进行偏差分析具有如下优点：

（1）灵活、适用性强。可根据实际需要设计表格，进行增减项。

（2）信息量大。可以反映偏差分析所需的资料，从而有利于费用控制人员及时采取针对性措施，加强控制。

（3）表格处理可借助于计算机，节约大量数据处理所需的人力，并大大提高速度。

3. 曲线法（赢得值法）

曲线法（赢值法）是用施工成本累计曲线（S 形曲线）来进行施工成本偏差分析的一种方法。

（四）施工成本偏差原因分析与纠偏措施

1.偏差原因分析

在实际执行过程中，最理想的状态是已完工作实际费用、计划工作预算费用、已完工作预算费用三条曲线靠得很近、平稳上升，表示项目按预定计划目标进行。如果三条曲线离散度不断增加，则预示可能发生关系到项目成败的重大问题。

偏差分析的一个重要目的就是要找出引起偏差的原因，从而采取有针对性的措施，减少或避免相同原因的再次发生。在进行偏差原因分析时，首先应当将已经导致和可能导致偏差的各种原因逐一列举出来。导致不同工程项目产生费用偏差的原因具有一定共性，因而可以通过对已建项目的费用偏差原因进行归纳、总结，为该项目采用预防措施提供依据。

2.纠偏措施

通常要压缩已经超支的费用，而不损害其他目标是十分困难的，一般只有当给出的措施比原计划已选定的措施更为有利，或使工程范围减少，或生产效率提高，成本才能降低。例如：

（1）寻找新的、更好更省的、效率更高的设计方案。

（2）购买部分产品，而不是采用完全由自己生产的产品。

（3）重新选择供应商，但会产生供应风险，选择需要时间。

（4）改变实施过程。

（5）变更工程范围。

（6）工程索赔。

四、施工项目部现场成本控制的主要内容

（一）施工项目成本控制的对象及其内容

当以施工项目成本形成的过程作为控制对象时，其内容如下：

在工程投标阶段，应根据工程概况和招标文件，进行项目成本的预测，提出投标决策意见；施工准备阶段，应结合设计图纸的自审、会审和其他资料（如地质勘探资料等），编制实施性施工组织设计，通过多方案的技术经济比较，从中选择经济合理、先进可行的施工方案，编制明细而具体的成本计划，对项目成本进行事前控制；施工阶段，以施工图预算、施工预算、劳动定额、材料消耗定额和费用开支标准等，对实际发生的成本费用进行控制；竣工交付使用及保修期阶段，应对竣工验收过程中发生的费用和保修费用进行控制。

当以施工项目的职能部门、施工队和生产班组作为成本控制的对象时，成本控制的具体内容是日常发生的各种费用和损失。这些费用和损失，都发生在各个部门、施工队和生产班组。因此，也应以部门、施工队和班组作为成本控制对象，接受项目经

理和企业有关部门的指导、监督、检查和考评。

当以分部分项工程作为项目成本的控制对象时，为了把成本控制工作做得扎实、细致，落到实处，还应以分部分项工程作为项目成本的控制对象。在正常情况下，应根据分部分项工程的实物工程量，参照施工预算定额，联系项目管理的技术素质、业务素质和技术组织措施的节约计划，编制包括工、料、机消耗数量、单价、金额在内的施工预算，作为对分部分项工程成本进行控制的依据。

（二）施工项目成本控制的组织和分工

1.建立以项目经理为核心的项目成本控制体系。实行项目经理负责制，就是要求项目经理对项目建设的进度、质量、成本、安全和现场管理标准化等全面负责，特别是要把成本控制放在首位。

2.建立项目成本管理责任制。它包含明确合同预算员的成本管理责任、工程技术人员的成本管理责任、材料人员的成本管理责任、机械管理人员的成本管理责任、行政管理人员的成本管理责任、财务成本员的成本管理责任，以及实行对施工队分包成本的控制和落实生产班组的责任成本的措施。

（三）施工项目成本控制的实施

1.施工前期的成本控制。

（1）根据设计图纸和有关技术资料。对施工方法、施工顺序、作业组织形式、机械设备选型、技术组织措施等进行认真的研究分析，制订出科学先进、经济合理的施工方案。

（2）根据企业下达的成本目标，以分部分项工程实物工程量为基础，联系劳动定额、材料消耗定额和技术组织措施的节约计划，在优化的施工方案的指导下，编制明细而具体的成本计划，并按照部门、施工队和班组的分工进行分解，作为部门、施工队和班组的责任成本落实下去，为今后的成本控制做好准备。

2.施工期间的成本控制。

（1）加强施工任务单和限额领料单的管理。特别要做好每一个分部分项工程完成后的验收（包括实际工程量的验收和工作内容、工程质量、文明施工的验收），以及实耗人工、实耗材料的数量核对，以保证施工任务单和限额领料单的结算资料绝对正确，为成本控制提供真实可靠的数据。

（2）将施工任务单和限额领料单的结算资料与施工预算进行核对并计算分部分项工程的成本差异，分析差异产生的原因，并采取有效的纠偏措施。

（3）做好月度成本原始资料的收集和整理，正确计算月度成本，分析月度预算成本与实际成本的差异。对盈亏比例异常的现象，则要特别重视，并在查明原因的基础上，采取果断措施，尽快加以纠正。

（4）在月度成本核算的基础上，实行责任成本核算。也就是利用原有会计核算的资料，重新按责任部门或责任者归集成本费用，每月结算一次，并与责任成本进行对比，由责任部门或责任者自行分析成本差异和产生差异的原因，自行采取措施纠正差异，为全面实现责任成本创造条件。

（5）经常检查对外经济合同的履约情况，如遇拖期或质量不符合要求时，应根据合同规定向对方索赔；对缺乏履约能力的单位，要采取断然措施，立即中止合同，并另找可靠的合作单位，以免影响施工，造成经济损失。

（6）定期检查各责任部门和责任者的成本控制情况。检查成本控制责、权、利的落实情况（一般为每月一次）。发现成本差异偏高或偏低的情况，应会同责任部门或责任者分析产生差异的原因，并督促他们采取相应的对策来纠正差异；如有因责、权、利不到位而影响成本控制工作的情况，应针对责、权、利不到位的原因，调整有关各方的关系，落实责、权、利相结合的原则，使成本控制工作得以顺利进行。

3.竣工验收阶段的成本控制。

（1）精心安排、干净利落地完成工程竣工扫尾工作。从现实情况看，很多工程到竣工扫尾阶段，就把主要施工力量抽调到其他在建工程，以致扫尾工作拖拖拉拉，战线拉得很长，机械设备无法转移，成本费用照常发生，使在建阶段取得的经济效益逐步流失。

（2）重视竣工验收工作，顺利交付使用。在验收以前，要准备好验收所需要的各种书面资料（包括竣工图）送甲方备查；对验收中甲方提出的意见。应根据设计要求和合同内容认真处理，如果涉及费用，应请甲方签证，列入工程结算。

（3）及时办理工程结算。在施工过程中，有些按时结算的经济业务，是由财务部门直接支付的，项目预算员不掌握资料，往往在工程结算时遗漏。因此，在办理工程结算以前，要求项目预算员和成本员进行一次认真全面的核对。

（4）在工程保修期间，应由项目经理指定保修工作的责任者，并责成保修责任者根据实际情况提出保修计划（包括费用计划），以此作为控制保修费用的依据。

第三节　公路工程施工成本核算与分析

一、施工成本核算

施工成本核算是承包企业利用会计核算体系，对项目建设工程中所发生的各项费用进行归集，统计其实际发生额，并计算项目总成本和单位工程成本的管理工作。它是施工项目成本管理中最基本的职能，一方面它是施工项目进行成本预测、制订成本计划和实行成本控制所需信息的重要来源，另一方面它又是施工项目进行成本分析和成本考核的基本依据。

承包企业的项目成本核算应以项目经理责任成本目标为基本核算范围，以项目经理授权范围相对应的可控责任成本为核算对象，进行全过程分月跟踪核算。根据工程当月形象进度，对已完实际成本按分部分项工程进行归集，并与相应范围的计划成本进行比较，分析各分部分项工程成本偏差的原因，并在后续工程中采取有效控制措施进一步寻找降本挖潜的途径。企业的项目经理部应在每月成本核算的基础上编制当月成本报告，作为项目施工月报的组成内容，提交企业主管领导、生产管理和财务部门审核备案。

二、施工项目成本核算的对象

施工成本核算的对象是指在计算工程成本中，确定、归集和分配产生费用的具体对象，即产生费用承担的客体。成本计算对象的确定，是设立工程成本明细分类账户、归集和分配产生费用及正确计算工程成本的前提。

单位工程是合同签约、编制工程预算和工程成本计划、结算工程价款的计算单位。按照分批（订单）法原则，施工成本一般应以每一独立编制施工图预算的单位工程为成本核算对象，但也可以按照承包工程的规模、工期、结构类型、施工组织和施工现场等情况，综合成本管理要求，灵活划分成本核算对象。一般而言，划分成本核算对象有以下几种：

1. 一个单位工程由几个施工单位共同施工时，各施工单位都以同一单位工程为成本核算对象，各自核算自行完成的部分。

2. 规模大、工期长的单位工程，可以将工程划分为若干部位，以分部位的工程作为成本核算对象。

3. 同一建设项目，又由同一施工单位施工，并在同一施工地点，属同一结构类型，开竣工时间相近的若干单位工程，可以合并作为一个成本核算对象。

4. 改建、扩建的零星工程，可以将开竣工时间相近、属于同一建设项目的各个单位工程合并作为一个成本核算对象。

5. 土石方工程、桩基工程，可以根据实际情况和管理需要，以一个单项工程为成本核算对象，或将同一施工地点的若干个工程量较少的单项工程合并，作为一个成本核算对象。

三、施工项目成本核算的任务

1. 执行国家有关成本开支范围、费用开支标准、工程预算定额、企业施工预算和成本计划的有关规定，控制费用，促使项目合理，节约人力、物力和财力。这是施工项目成本核算的前提和首要任务。

2. 正确及时地核算施工过程中发生的各项费用，计算施工项目的实际成本。这是项目成本核算的主体和中心任务。

3. 反映和监督施工项目成本计划的完成情况，为项目成本预测，为参与项目施工生产、技术和经营决策提供可靠的成本报告和有关资料，促使项目改善经营管理，降低成本，提高经济效益。这是施工项目成本核算的根本目的。

四、施工项目成本核算的方法

1. 会计核算

会计核算是以会计方法为主要手段，通过设置账户、复式记账、填制和审核凭证、登记账簿、成本计算、财产清查和编制会计报表等一系列有组织、有系统的方法，来记录企业的一切生产经营活动，然后据以提出用货币来反映的有关综合性经济指标的一些数据。资产、负债、所有者权益、营业收入、成本、利润等会计六要素指标，主要通过会计来核算。会计记录具有连续性、系统性、综合性等特点，所以它是施工成本分析的重要依据。

2. 业务核算

业务核算是各业务部门根据业务工作的需要建立的核算制度，它包括原始记录和计算登记记录，如单位工程及分部分项进度登记、质量登记、功效及定额计算登记、物质消耗定额记录、测试记录等。

业务核算的范围比会计、统计核算要广。会计和统计核算一般是对已经发生的经济活动进行核算，而业务核算，不但可以对已经发生的，还可以对尚未发生或正在发生的经济活动进行核算，看是否可以做，是否有经济效益。

3. 统计核算

统计核算是利用会计核算资料和业务核算资料，把企业生产经营活动客观现状的大量数据按统计方法加以系统整理，表明其规律性。

统计核算的计量尺度比会计核算的计量尺度宽，可以用货币计算，也可以用实物或劳动量计算。统计通过全面调查和抽样调查等特有的方法，不仅能提供绝对数指标，还能提供相对数和平均数指标，可以计算当前的实际水平，确定变动速度，还可以预测发展的趋势。统计核算除了主要研究大量的经济现象外，也很重视个别先进事例与典型事例的研究。

施工成本核算通过会计核算、业务核算和统计核算的"三算"方法，获得成本的第一手资料，并将总成本和各个分成本进行实际值与计划目标值的相互对比，用以观察分析成本升降情况，同时作为考核的依据。

通过实际成本与预算成本的对比，考核施工成本的降低水平；通过实际成本与计划成本的对比，考核工程成本的管理水平，称为两对比与两考核。

五、工程项目成本核算的基本内容

1. 人工费核算

（1）内包人工费，指企业与项目两层分离后，企业所属的劳务分公司依据与项目经理部签订的劳务合同结算的全部工程价款。内包人工费按月结算，计入项目单位工程成本，适用于类似外包工式的合同定额结算支付办法。

（2）外包人工费。按项目经理部与劳务队或直接与单位施工队伍签订的包清工合同，以当月验收完成的工程实物量计算人工费，并按月凭项目成本核算员提供的"包清工工程款月度成本汇总表"预提，计入项目单位工程成本。

2. 材料费核算

工程耗用的材料，根据限额领料单、退料单、报损报耗单、大堆材料耗用计算单等，由项目料具员按单位工程编制"材料耗用汇总表"，据以计入项目成本。

3. 周转材料费核算

（1）周转材料实行内部租赁制，以租费的形式反映其消耗情况，按"谁租用谁负担"的原则，核算其项目成本。

（2）按周转材料租赁办法和租赁合同，由出租方与项目经理部按月结算租赁费。租赁费按租用的数量、时间和内部租赁单价计算，计入项目成本。

（3）周转材料在调入移出时，项目经理部都必须加强计量验收制度，如有短缺、损坏，一律按原价赔偿，计入项目成本（缺损数 = 进场数 - 退场数）。

（4）租用周转材料的进退场运费，按其实际发生数，由调入项目负担。

（5）对 U 形卡、脚手扣件等零件，除执行项目租赁制外，考虑到其比较容易散失的因素，按规定实行定额预提摊耗，摊耗数计入项目成本，但相应减少次月租赁基数及租赁费。单位工程竣工必须进行盘点，盘点后的实物数与前期逐月按控制定额摊耗后的数量差，按实调整清算计入成本。

（6）实行租赁制的周转材料，一般不再分配负担周转材料差价。退场后发生的修复整理费用，应由出租单位进行出租成本核算，不再向项目另行收费。

4. 结构半成品或成品构件费核算

（1）项目结构件的使用必须要有领发手续，并根据这些手续，按照单位工程使用对象编制"结构件耗用月报表"。

（2）项目结构件的单价以项目经理部与外加工单位签订的合同为准，计算耗用金额并计入成本。

（3）根据实际施工形象进度、已完施工产值的统计及各类实际成本消耗三者在月度时点上的三同步原则（配比原则的引申与应用），结构件耗用的品种和数量应与施工产值相对应，结构件数量金额账的结存数，应与项目成本员的账面余额相符。

（4）结构件的高进高出价差核算同材料费的高进高出价差核算一致。结构件内三材数量、单价、金额均按报价书核定，或按竣工结算单的数量按实结算。报价内的节约或超支由项目自负盈亏。

（5）如发生结构件的一般价差，可计入当月项目成本。

（6）部位分项分包，如涵洞基础等，按照企业通常采用的类似结构件管理和核算方法，项目经济员必须做好月度已完工程部分验收记录，正确计报部位分项分包产值，并书面通知项目成本员及时、正确、足额计入成本。预算成本的拆算、归类可与实际成本的出账保持同口径。分包合同价可包括制作费和安装费等有关费用，工程竣工时根据分包合同结算书，按实调整成本。

（7）在结构件外加工和部位分包施工过程中，项目经理部通过自身努力获取的经营利益或转嫁压价让利风险所产生的利益，均受益于施工项目。

5. 机械使用费核算

（1）机械设备实行内部租赁制，以租赁费形式反映其消耗情况，按"谁租用谁负担"的原则，核算其项目成本。

（2）按机械设备租赁办法和租赁合同，由企业内部机械设备租赁市场与项目经理部按月结算租赁费。租赁费根据机械使用台班、停置台班和内部租赁单价计算，计入项目成本。

（3）机械进出场费，按规定由承租项目负担。

（4）项目经理部租赁的各类大中小型机械，其租赁费全额计入项目机械费成本。

（5）根据内部机械设备租赁市场运行规则要求，结算原始凭证由项目指定专人签证开班和停班数，据以结算费用。现场机、电、修等操作工奖金由项目考核支付，计入项目机械费成本并分配到有关单位工程。

（6）向外单位租赁机械，按当月租赁费用金额计入项目机械费成本。

6. 其他直接费核算

（1）材料二次搬运费。

（2）临时设施摊销费。

（3）生产工具、用具使用费。

（4）除上述以外的其他直接费内容，均应按实际发生的有效结算凭证计入项目成本。

7. 施工间接费核算

（1）要求以项目经理部为单位编制工资单和奖金单列入工作人员薪金。项目经理部工资总额每月必须正确核算。以此计提职工福利费、工会经费、教育经费、劳保统筹费等。

（2）劳务分公司所提供的炊事人员代办食堂承包，服务、警卫人员提供区域岗点承包服务及其他代办服务费用计入施工间接费。

（3）内部银行的存贷利息，计入"内部利息"。

（4）施工间接费，先在项目"施工间接费"总账归集，再按一定的分配标准计入受益成本核算对象（单位工程）。

8.分包工程成本核算

（1）包清工工程，纳入"人工费—外包人工费"内核算。

（2）部位分项分包工程，纳入结构件费内核算。

（3）双包工程，指将整幢建筑物以包工包料的形式分包给外单位施工的工程。

（4）机械作业分包工程，指利用分包单位专业化施工优势，将打桩、吊装、大型土方、深基础等施工项目分包给专业单位施工的形式。

（5）由于上述双包工程和机械作业分包工程的收入和支出较易辨认（计算），项目经理部也可以对这两类分包工程采用竣工点交办法，即月度不结盈亏。

（6）项目经理部应增设"分建成本"项目，核算双包工程、机械作业分包工程成本状况。

（7）各类分包形式（特别是双包）对分包单位领用、租用、借用本企业物资、工具、设备、人工等费用，必须根据项目经理部管理人员开具的，且经分包单位指定专人签字认可的专用结算单据，如"分包单位领用物资结算单"及"分包单位租用工器具设备结算单"等结算依据入账，抵作已付分包工程款。

六、项目成本核算的基础工作

1.健全企业和项目两个层次的核算组织体制

为了科学有序地开展施工项目成本核算，分清责任，合理考核，应做好以下工作：

（1）建立健全原始记录制度。

（2）建立健全各种财产物资的收发、领退、转移、保管、清查、盘点、索赔制度。

（3）制定先进合理的企业成本定额。

（4）建立企业内部结算体系。

（5）对成本核算人员进行培训。

2.规范以项目核算为基点的企业成本会计账表

（1）工程施工账。

（2）施工间接费账表。

（3）其他直接费账表。

（4）项目工程成本表。

（5）在建工程成本明细表。

（6）竣工工程成本明细表。

（7）施工间接费表。

3. 建立项目成本核算的辅助记录台账

施工项目成本是生产耗费的货币表现，而不是生产耗费的原始实物形态，这往往使项目经理和项目管理人员难以掌握，并会有一种"模糊"的感觉。通过管理会计式台账，还其本来面目，就会有清晰的透明度。为了避免项目管理人员的重复劳动，原则上应做如下分工：由项目有关业务人员记录各项经济业务的过程，项目成本员记录各项经济业务的结果，并要求按时按质完成。

七、项目成本实际数据的收集

为使项目成本核算坚持施工形象进度、施工产值统计、实际成本归集的"三同步"原则，施工产值及实际成本的归集，宜按照下列方法进行：

1. 应按照统计人员提供的当月完成工程量的价值及有关规定，扣减各项上缴税费后，作为当期工程结算收入。

2. 人工费应按照劳动管理人员提供的用工分析和受益对象进行财务处理，计入工程成本。

3. 材料费应根据当月项目材料消耗和实际价格，计算当期消耗，计入工程成本；周转材料应实行内部调配制，按照当月使用时间、数量、单价计算，计入工程成本。

4. 机械使用费按照项目当月使用台班和单价计算，计入工程成本。

5. 其他直接费应根据有关核算资料进行财务处理，计入工程成本。

6. 间接成本应根据现场发生的间接成本项目的有关资料进行财务处理，计入工程成本。

八、项目月度成本报告

1. 人工费周报表

人工费用报表应该每周编制一份。项目经理部必须掌握人工费用的详细情况，了解该周某工程施工中的每个分项工程的人工单位成本和总成本，以及与之对应的预算数据。有了这些资料，就不难发现哪些分项工程的单位成本或总成本与预算存在差异，从而进一步找出症结所在。

2. 工程成本月报表

工程成本月报表包括工程的全部费用，是针对每一个施工项目设立的。该报表的资料数据很多都来自工程成本分类账。工程成本月报表有助于项目经理评价本工程中各个分项工程的成本支出情况。

3. 工程成本分析月报表

工程成本分析月报表将施工项目的分部分项工程成本资料和结算资料汇于一表，使项目经理能够纵观全局。该报表一月一编报，也可以一季编报一次。工程成本分析月报表的资料来源于施工项目的成本日记账、成本分类账及应收账款分类账，起到报告工程成本现状的作用。

第十章 公路工程施工合同管理

公路工程的合同签订将会直接影响工程施工的各项指标，因此在公路工程管理中，对于合同的管理有很多要求。本章主要详细讲述公路工程的合同管理。

第一节 公路工程的合同体系结构

一、公路工程项目的合同体系

公路工程（特别是大型项目）建设是一个复杂的过程，需要涉及许多不同行业的单位，投入许多不同专业的人力以及大量的资金设备。它们之间通过合同形成了不同的经济关系，从而形成了复杂的合同体系。其中，业主和承包人依法签订的施工合同是"核心合同"，业主又处于合同体系中的"核心位置"。

二、承包商的主要合同关系

承包商是工程施工的具体实施者，是工程承包合同的履行者。承包商通过投标接受业主的委托，签订工程承包合同。承包商要完成承包合同中约定的责任，包括由工程量清单中所确定工程范围的施工、竣工和缺陷责任及保修，并为完成这些工程提供劳动力、施工设备、材料，有时也包括技术设计。任何承包商都不可能，也不必具备所有的专业工程的施工能力、材料和设备的生产和供应能力。因此，其必须将一些专业施工（或工作）委托出去。这样，除了与业主签订的承包合同之外，还形成了承包商复杂的合同关系。

1.分包合同

对于一些大型工程项目的施工，承包商通常需要与其他承包商合作才能完成总承包合同责任。承包商把从业主那里承接到的工程中的某些分项工程或工作分包给另一承包商来完成，则要与其他承包商（分包人）签订分包合同。承包商在总承包合同下可能订立许多分包合同，而分包人仅完成总承包商分包给自己的工程，向总承包商负责，与业主无合同关系。总承包商仍向业主担负全部工程责任，负责工程的管理和所属各分包人工作之间的协调，以及各分包人之间合同责任界面的划分，同时承担协调失误造成损失的责任，向业主承担工程风险。

在投标书中，承包商必须附上拟定的分包人的名单和工程规模，供业主审查；未列入投标文件的专项工程，承包人不得分包。如果在工程施工中重新委托分包人，必须经过监理工程师（或业主代表）的批准。

2. 采购合同

承包商为采购和供应工程所必要的材料、设备，与材料、设备供应商所签订的材料、设备采购合同。

3. 运输合同

运输合同是承包商为解决材料、物资、设备的运输问题而与运输单位签订的合同。

4. 加工合同

加工合同是承包商将建筑构配件、特殊构件的加工任务委托给加工承揽单位而签订的合同。

5. 租赁合同

在公路工程施工中，承包商需要许多施工设备、运输设备、周转材料。当有些设备、周转材料在现场使用率较低，或自己购置需要大量资金投入而自己又不具备这个经济实力时，可以采用租赁的方式，与租赁单位签订租赁合同。

6. 劳务采购（或分包）合同

劳务采购（或分包）合同即由劳务供应商（或劳务分包人）向工程施工提供劳务，承包人与劳务供应商（或劳务分包人）之间签订的合同。

7. 保险合同

保险合同即承包商按施工合同要求对工程进行保险，与保险公司签订保险合同。

8. 检测合同

检测合同即承包商与具有相应资质检测单位签订的合同。承包商的这些合同都与工程承包合同相关，都是为了完成承包合同而签订的。

第二节　公路工程施工合同的履行与管理方法

一、施工合同的履行

1. 业主的合同履行

（1）严格按照施工合同的规定，履行业主应尽的义务。业主履行合同是承包商履行合同的基础，因为业主的很多合同义务都是为承包商施工创造先决条件，如征地拆迁、"三通一平"、原始测量数据、施工图纸等。

（2）按合同规定行使工期控制权、质量检验权、工程计量权、工程款支付权，确保工程目标的实现。

（3）按合同约定行使工程交工、竣工验收权和履行工程款支付、竣工结算义务。

2. 承包商的合同履行

（1）全面履行施工合同中的各项义务。在施工过程中，承包商必须通过投入足够的资源，建立精干高效的组织机构和完善的制度体系，采用先进、合理、经济的施工方案和技术，精心组织、科学管理，确保如期、保质、保量完成各项施工任务。

（2）通过合理的工程变更与索赔，维护自己的合法权益，实现预期经营目标和战略。

二、承包商的施工合同管理

1. 认真编制投标文件。投标文件是合同文件的重要组成部分，也是投标人在施工阶段能否实现经营目标的重要基础。

（1）确定投标方式，联合投标还是单独投标。

（2）确定投标策略，根据掌握的信息，充分分析论证后决定是投保险标，还是投风险标；是常规价格标，还是高价标或低价标。

（3）确定报价策略，根据具体评标办法采用相应的报价策略，特别注意不平衡报价技巧的灵活、适度运用。

（4）认真做好招标文件及合同条件的审查工作，全面、实质性响应招标文件。

2. 切实履行合同义务，有理、有利、有节地维护自身权益，由于公路工程施工合同是公路工程合同体系中的"核心合同"，对工程项目控制目标的实现至关重要。因此，承包商必须全面、适当地履行合同义务，否则不仅不能实现预期目标，还有可能导致业主的反索赔，甚至被解除合同。承包商在履行合同义务时，也要注意采用恰当的方式维护自身的权益，如提出合理的工程变更要求、理直气壮地提出正当的索赔要求等。

3. 建立完整的合同管理制度。

公路工程合同的复杂性和经济性决定了合同潜在的风险较大，为了规避、化解风险，承包商必须建立完整的合同管理制度，使施工合同的谈判、签订、履行等各环节实现科学化、规范化、程序化和模块化。具体来讲，应建立和完善如下合同管理制度：

（1）合同管理相关部门的部门职责和工作岗位制度。

（2）合同管理的授权和内部会签制度。

（3）合同审查批准制度。

（4）印鉴及证书管理使用制度。

（5）合同管理绩效考核制度。

（6）合同档案管理制度。

第三节　公路工程分包合同管理

1. 分包合同的管理关系

分包合同是承包人将施工合同内对发包人承担义务的部分工作交给分包人实施，双方约定相互之间的权利、义务的合同。分包工程既是施工合同的一部分，又是分包合同的标的，涉及两个合同，所以分包合同的管理比施工合同管理复杂。

发包人与分包人没有合同关系，但发包人作为工程项目的投资方和施工合同的当事人，对分包合同的管理主要表现为对分包工程的批准。

监理人与承包人只有监理与被监理的关系，对分包人在现场施工不承担协调管理义务。只是依据施工合同对分包工作内容及分包人的资质进行审查，行使确认权或否定权；对分包人使用的材料、施工工艺、工程质量和进度进行监督。监理人就分包工程施工发布的任何指示均应发给承包人。

承包人作为两个合同的当事人，不仅对发包人承担确保整个合同工程按预期目标实现的义务，而且对分包工程的实施具有全面管理责任。承包人应委派代表对分包人的施工进行监督、管理和协调。在接到监理人就分包工程发布的指示后，应将其要求列入自己的管理工作内容，并及时以书面确认的形式转发给分包人令其遵照执行。

2. 分包工程的支付管理

分包工程的支付，应由分包人在合同约定的时间，向承包人报送该阶段施工的付款申请单，承包人经过审核后，将其列入施工合同的进度付款申请单内一并提交监理人审批。由监理人向承包人出具经发包人签认的进度付款证书。发包人应在监理人收到进度付款申请单后的 28 d 内，将进度应付款支付给承包人。分包人不能直接向监理人提出支付要求，必须通过承包人。发包人也不能直接向分包人付款，也必须通过承包人。

3. 分包工程的变更管理

承包人接到监理人依据合同发布的涉及发包工程的变更指令后，以书面确认方式通知分包人执行。承包人也有权根据工程的实际进展情况通过监理人向发包人提出有关变更建议。

监理人一般不能直接向分包人下达变更指令，必须通过承包人。分包人不能直接向监理人提出分包工程的变更要求，也必须由承包人提出。

4. 分包工程的索赔管理

分包合同履行过程中，当分包人认为自己的合法权益受到损害，无论事件起因于发包人或监理人，还是承包人的责任，他都只能向承包人提出索赔要求。如果是因发包人或监理人的原因或责任造成了分包人的合法利益的损害，承包人应及时按施工合同规定的索赔程序，以承包人的名义就该事件向监理人提交索赔报告。

对于由承包人的原因或责任引起分包人提出索赔，这类索赔产生于承包人与分包人之间，双方通过协商解决。监理人不参与该索赔的处理。

第四节　公路工程施工进度款的结算

一、工程价款的主要结算方式

1. 按月结算。实行旬末或月中预支或不预支，月终结算，竣工后清算的办法。跨年度竣工的工程，在年终进行工程盘点，办理年度结算。

2. 竣工后一次结算。建设项目或单项工程全部建筑安装工程建设期在 12 个月以内，或者工程承包价值在 100 万元以下的，可以实行工程价款每月月中预支，竣工后一次结算。

3. 分段结算，即当年开工，当年不能竣工的单项工程或单位工程按照工程进度，划分不同阶段进行结算，分段结算可以按月预支工程款。

4. 目标结算方式，即在工程合同中，将承包工程的内容分解成不同的控制界面，以业主验收界面作为支付工程价款的前提条件。也就是说，将合同中的工程内容分解成不同的验收单元，当承包商完成单元工程内容并经业主（或其委托人）验收后，业主支付构成单元工程内容的工程价款。

5. 双方约定的其他结算方式。

二、工程进度款的支付

1. 进度付款周期

工程进度款付款周期同计量周期，即单价子目按月支付、总价子目按批准的支付分解报告确定的周期支付。

2. 进度付款申请单

承包人应在每个付款周期末，按监理人批准的格式和专用合同条款约定的份数，向监理人提交进度付款申请单，并附相应的支持性证明文件。除专用合同条款另有约定外，进度付款申请单应包括下列内容：

（1）截至本次付款周期末已实施工程的价款。

（2）应增加和扣减的变更金额。

（3）应增加和扣减的索赔金额。

（4）应支付的预付款和扣减的返还预付款。

（5）应扣减的质量保证金。

（6）根据合同应增加和扣减的其他金额。

3.进度付款证书和支付时间

（1）监理人在收到承包人进度付款申请单及相应的支持性证明文件后的14d内完成核查，提出发包人到期应支付给承包人的金额及相应的支持性材料，经发包人审查同意后，由监理人向承包人出具经发包人签认的进度付款证书。监理人有权扣发承包人未能按照合同要求履行任何工作或义务的相应金额。如果该付款周期应结算的价款经扣留和扣回后的款额少于项目专用合同条款数据、表中列明的进度付款证书的最低金额，则该付款周期监理人可不核证支付，上述款额将按付款周期结转，直至累计应支付的款额达到项目专用合同条款数据表中列明的进度付款证书的最低金额为止。

（2）发包人应在监理人收到进度付款申请单后的28d内，将进度应付款支付给承包人。发包人不按期支付的，按专用合同条款数据表中约定的利率向承包人支付逾期付款违约金。违约金的计算基数为发包人的全部未付款额，时间从应付而未付该款额之日算起（不计复利）。

（3）监理人出具进度付款证书，不应视为监理人已同意、批准或接受了承包人完成的该部分工作。

（4）进度付款涉及政府投资资金的，按照国库集中支付等国家相关规定和专用合同条款的约定办理。

4.工程进度付款的修正

在对以往历次已签发的进度付款证书进行汇总和复核中发现错、漏或重复的，监理人有权予以修正，承包人也有权提出修正申请。经双方复核同意的修正，应在本次进度付款中支付或扣除。

三、合同价款的调整

在公路工程合同中，大部分合同为可调价合同，规定调整合同价款的方式和方法，最终确定合同结算价款。

1.原工程量清单工程数量

原工程量清单工程数量为合同数量，根据监理工程师确认计量的数量，即实际完成数量对合同价款进行调整。

2.工程价款价差调整的主要方法

（1）工程造价指数调整法。甲乙双方采用当时的预算（或概算）定额单价计算承包合同价，待竣工时，根据合理的工期及当地工程造价管理部门所公布的该月度（或季度）的工程造价指数，对原承包合同价予以调整。

（2）实际价格调整法。有些合同规定对钢材、水泥、木材三大材料的价格采取按实际价格结算的方法，对这种办法，地方主管部门要定期发布最高限价。同时，合同文件中应规定建设单位或工程师有权要求承包商选择更廉价的供应来源。

（3）调价文件计算法。甲乙双方按当时的预算价格承包，在合同期内，按造价管理部门调价文件的规定，进行抽料补差（所完成的材料用量乘以价差）。

（4）调值公式法。

四、工程拖期的价款调整

如果承包人未能在投标书附录中写明的工期内完成本合同工程，则在该交工日期以后施工的工程，其价格调整计算应采用该交工日期所在年份的价格指数作为当期价格指数。如果延期符合合同规定的情况，则在该延长的交工日期到期以后施工的工程，其价格调整计算应采用该延长的交工日期所在年份的价格指数作为当期价格指数。

第五节 公路工程竣工决算文件的编制

一、公路工程竣工决算文件的编制依据

1.经交通主管部门批准的设计文件，以及批准的概（预）算或调整概（预）算文件。

2.招标文件、标底（如果有）及与各有关单位签订的合同文件。

3.建设过程中的文件有关支付凭证。

4.竣工图纸。

5.其他有关文件、资料、凭证。

二、公路工程项目竣工决算的编制步骤

1.收集、整理和分析有关依据资料。

在工程竣工验收阶段，应注意收集资料，系统地整理所有的技术资料、工程结算的经济文件、施工图纸，审查施工过程中各项工程变更、索赔、价格调整、暂定金额

等支付项目是否符合合同文件规定，签证手续是否完备；审查各中期支付和最终支付是否与竣工图表资料、合同文件相符。

2. 清理各项财务、债务和结余物资。

既要核对账目，又要查点库存实物数量，做到账与物相等、账与账相符，对结余的各种材料、工器具和设备要逐项清点核实，妥善管理，并按规定及时处理，收回资金。

3. 填写竣工决算报表。

4. 编制建设工程竣工决算说明。

主要内容包括对工程进度、质量、安全和造价等四方面总的评价，以及各项财务和技术经济指标的分析。

5. 做好工程造价对比分析。

在报告中必须对控制工程造价所采取的措施、效果及其动态的变化进行认真的比较分析，总结经验教训。批准的概算是考核建设工程造价的依据，在分析时可将决算报表中所提供的实际数据和相关资料与批准的概算、预算指标进行对比，以考核竣工项目总投资控制的水平，在对比的基础上总结先进经验，找出落后的原因，提出改进措施。

6. 清理、装订好竣工图。

7. 上报主管部门审查。

建设工程竣工文件编制完成后，将其上报主管部门审查，并把其中财务成本部分送交开户银行签证。竣工决算在上报主管部门的同时，抄送有关设计单位。大中型建设项目的竣工决算还应抄送财政部、建设银行总行和省区市财政局和建设银行各一份。

三、公路工程项目竣工决算报告的内容

竣工决算报告由以下四个部分组成：

1. 交通基本建设项目竣工决算报告封面。

2. 竣工工程平面示意图。

3. 竣工决算报告说明书，主要内容如下：工程项目概况及组织管理情况；工程建设过程和工程管理工作中的重大事件、经验教训；工程投资支出和财务管理工作的基本情况；工程遗留问题等。

4. 竣工决算表格。竣工决算报告表分为决算审批表、工程概况专用表和财务通用表。

第六节 公路工程合同价款支付的相关规定

一、预付款

预付款包括开工预付款和材料、设备预付款。

1. 开工预付款的金额在项目专用条款数据表中约定（开工预付款是一项由业主提供给承包人用于开办费用的无息贷款，国际上一般规定范围是 0%~20%，国内开工预付款金额一般应为 10% 签约合同价）。在承包人签订了合同协议书并提交了开工预付款保函后，监理工程师应在当期进度付款证书中向承包人支付开工预付款 70% 的价款；在承包人承诺的主要设备进场后，再支付 30% 预付款。承包人不得将该预付款用于与本工程无关的支出。监理工程师有权监督承包人对该项费用的使用，如经查实承包人滥用开工预付款，发包人有权立即通过向银行发出通知收回开工预付款保函的方式，将该款收回。开工预付款支付的条件有承包人和发包人已签订了施工合同；承包人已提交了开工预付款保函。

2. 材料、设备预付款按项目专用合同条款数据表中所列主要材料、设备单据费用（进口的材料、设备为到岸价，国内采购的为出厂价或销售价，地方材料为堆场价）的百分比支付，其预付条件如下：材料、设备符合规范要求并经监理工程师认可；承包人已出具材料、设备费用凭证或支付单据；材料、设备已在现场交货，且存储良好，监理工程师认为材料、设备的存储方法符合要求，则监理工程师应将此项金额作为材料、设备预付款计入下一次的进度付款证书中。在预计竣工前 3 个月，将不再支付材料、设备预付款。

3. 预付款保函。除项目专用合同条款另有约定外，承包人应在收到开工预付款前向发包人提交开工预付款保函。开工预付款保函的担保金额应与开工预付款金额相同。出具保函的银行必须与合同规定的要求相同，所需费用由承包人承担。银行保函的正本由发包人保存，该保函在发包人将开工预付款全部扣回之前一直有效，担保金额可根据开工预付款扣回的金额相应递减。

4. 预付款的扣回与还清

（1）开工预付款在进度付款证书的累计金额未达到签约合同价 30% 之前不予扣回。在达到签约合同价 30% 之后，开始按工程进度以固定比例（每完成签约合同价的 1%，扣回开工预付款的 2%）分期从各月的进度付款金额中扣回。全部金额在进度付款证书的累计金额达到签约合同价的 80% 时扣完。

（2）当材料、设备已用于或安装在永久工程之中时，材料、设备预付款应从进度付款金额中扣回，扣回期不超过 3 个月。已经支付材料、设备预付款的材料、设备的所有权应属于发包人。工程竣工时所有剩余的材料、设备所有权应属于承包人。

二、质量保证金的支付与返还

1. 监理工程师应从第一个付款周期开始，在发包人的进度付款中，按项目专用合同条款数据表规定的百分比扣留质量保证金，直至扣留的质量保证金总额达到项目专用合同条款数据表规定的限额为止。质量保证金的计算额度不包括预付款的支付及扣回的金额。

2. 在合同条款约定的缺陷责任期满时，承包人向发包人申请到期应返还承包人剩余的质量保证金金额，发包人应在 14d 内会同承包人按照合同约定的内容核实承包人是否完成缺陷责任。如无异议，发包人应当在核实后将剩余保证金返还承包人。

3. 在合同条款约定的缺陷责任期满时，承包人没有完成缺陷责任的，发包人有权扣留与未履行责任剩余工作所需金额相应的质量保证金余额，并有权根据合同条款约定要求延长缺陷责任期，直到完成剩余工作为止。

三、交工结算

1. 交工付款申请书

（1）承包人在交工验收证书签发后 42d 内向监理工程师提交交工付款申请单（包括相关证明资料），交工付款申请单的份数在项目专业合同条件数据表中约定。

（2）监理工程师对交工付款申请单有异议的，有权要求承包人进行修正和提供补充资料，经监理工程师和承包人协商后，由承包人向监理人提交修正后的交工付款申请单。

2. 交工付款证书及支付时间

（1）监理工程师在收到承包人提交的交工付款申请单后的 14d 内完成核查，提出发包人到期应支付给承包人的价款送发包人审核并抄送承包人。发包人应在收到后 14d 内审核完毕，由监理工程师向承包人出具经发包人签认的交工付款证书。监理工程师未在约定时间内核查，又未提出具体意见的，视为承包人提交的交工付款申请单已经监理人核查同意；发包人未在约定时间内审核又未提出具体意见的，监理工程师提出发包人到期应支付给承包人的价款视为已经发包人同意。

（2）发包人应在监理人出具交工付款证书的 14d 内，将应支付款支付给承包人。发包人不按期支付的，按合同条款的约定，将逾期付款违约金支付给承包人。

（3）承包人对发包人签认的交工付款证书有异议的，发包人可出具交工付款申请单中承包人已同意部分的临时付款证书。存在争议的部分，按合同条款的约定办理。

（4）交工付款涉及政府投资资金的，按合同条款的约定办理。

四、最终结清

1. 最终结清申请单

（1）承包人应在缺陷责任终止证书签发后 28d 内向监理工程师提交最终结清申请单（包括相关证明材料），最终结清申请单的份数在项目专用合同条款数据表中约定。最终结清申请单中的总金额应认为是代表了根据合同规定应付给承包人的全部款项的最后结算。

（2）发包人对最终结清申请单内容有异议的，有权要求承包人进行修正和提供补充资料，由承包人向监理工程师提交修正后的最终结清申请单。

2. 最终结清证书和支付时间

（1）监理工程师收到承包人提交的最终结清申请单后的 14d 内，提出发包人应支付给承包人的价款送发包人审核并抄送承包人。发包人应在收到后 14d 内审核完毕，由监理工程师向承包人出具经发包人签认的最终结清证书。监理工程师未在约定时间内核查，又未提出具体意见的，视为承包人提交的最终结清申请已经监理工程师核查同意；发包人未在约定时间内审核又未提出具体意见的，监理工程师提出应支付给承包人的价款视为已经发包人同意。

（2）发包人应在监理工程师出具最终结清证书后的 14d 内，将应支付款支付给承包人。发包人不按期支付的，按合同条款的有关规定，将逾期付款违约金支付给承包人。

（3）承包人对发包人签认的最终结清证书有异议的，按合同条款的有关规定办理。

（4）最终结清付款涉及政府投资资金的，按合同条款的相关规定办理。最终结清认证书是表明发包人已经履行完其合同义务的证明文件，它与缺陷责任终止证书一样，是具有重要法律意义的文件。

只要监理工程师向承包人出具经发包人签认的最终结清认证书，就意味着从法律上确立了发包人已经履行完毕其应履行的合同义务；同理，最终结清认证书也是证明合同双方的义务都已经按照合同履行完毕的证明文件，合同到此终止。

五、其他支付

1. 索赔费用

赔偿费用的支付额应按监理工程师签发的索赔审批书来确认或按监理工程师暂时确定的赔偿额来支付。

2. 计日工费用

计日工的数量应有监理工程师的指示及确认。计日工的单价按工程量清单中计日工的单价来办理。

3. 变更工程费用

变更工程应有监理工程师签发的书面变更令。变更工程的单价按变更工程单价确定原则来处理。完成的变更工程数量应有监理工程师签认的变更工程计量证书。

4. 价格调整费用

监理工程师应严格按合同规定的价格调整方法来确定价格调整款额。

5. 拖期违约损失赔偿金（违约罚金）

拖期违约损失赔偿金是因承包人原因，导致工程不能按期完工时，承包人应向业主支付的赔偿金。原则上其赔偿标准应与业主的损失相当。一般规定，每逾期 1d，赔偿合同价的 0.01%~0.05%；同时也规定，赔偿总额不超过合同价的 10%。这些规定在投标书附件中都应明确。

如果承包人未能按规定的工期完成合同工程，则必须向业主支付按投标书附录中写明的金额，作为拖期损失赔偿金。时间自预定的交工日期起到合同工程交工证书中写明的交工日期或已批准的延长工期止，按天计算。拖期损失赔偿金，应不超过投标书附录中写明的限额。业主可以从应付或到期应付给承包人的任何款项中扣除此赔偿金，但不排除其他扣款方法。扣除拖期损失赔偿金，并不解除合同规定的承包人对完成本工程的义务和责任。

6. 逾期付款违约金

逾期付款违约金是对业主的一种约束，业主有准时付款给承包人的责任和义务。业主必须在规定时间内支付承包人所完成工程的款额，否则应向承包人支付利息。

（1）监理工程师在收到承包人进度付款申请单及相应的支持性证明文件后的 14d 内完成核查，提交发包人到期应支付给承包人的金额及相应的支持性材料，经发包人审查同意后，由监理工程师向承包人出具经发包人签认的进度付款证书。监理工程师有权扣发承包人未能按照合同要求履行任何工作或义务的相应金额。

（2）发包人应在监理工程师收到进度付款申请单后的 28d 内，将进度应付款支付给承包人。发包人不按期支付的，按专用合同条款的约定支付逾期付款违约金。

承包人向监理工程师提交交工付款申请单（包括相关证明材料）的份数在项目专用合同条款数据表中约定；期限：交工验收证书签发后 42d 内。承包人向监理工程师提交最终结清申请单（包括相关证明材料）的份数在项目专用合同条款数据表中约定；期限：缺陷责任期终止证书签发后 28d 内。

最终结清申请单中的总金额应认为是代表了根据合同规定应付给承包人的全部款项的最后结算，否则将支付迟付款息。如果项目专用合同条款规定计算复利，则计算公式如下：

迟付款利息 $=P(1+r)^n-P$

式中 P——迟付的人民币或外汇数额；

r——日利率；

n——迟付款天数。

第七节 合同纠纷

一、合同纠纷的产生与防范

1. 施工合同纠纷常见类型

合同纠纷的范围广泛，涵盖了一项合同从成立到终止的整个过程。施工合同常见的纠纷有如下几种主要类型：施工合同主体纠纷；施工合同工程款纠纷；施工合同质量纠纷；施工合同分包与转包纠纷；施工合同变更和解除纠纷；施工合同竣工验收纠纷；施工合同审计纠纷。

2. 施工合同纠纷的成因与防范措施

合同纠纷产生的原因是多方面的，也是十分复杂的，主要是目前建筑市场不规范、建设法律法规不完善等外部环境，市场主体行为不规范、合同意识和诚信履约意识薄弱等主体问题，施工项目的特殊性、复杂性、长期性和不确定性等项目特点，以及施工合同本身复杂性和易出错误等众多原因导致的。

为了尽可能地减少合同纠纷及违约事件发生，总体上，各方当事人需要提高和强化合同意识、诚信履约意识和合同管理意识，建立、完善和落实合同管理体系、制度、机构及相关人员，正确使用合同标准文本，提高风险管理能力和水平。在具体项目上，各方当事人都应从以下两个方面入手解决问题：首先，签订合同要严肃认真；其次，在履约过程中，合同各方当事人应及时交换意见，或按标准合同条款规定，及时交与监理工程师，由三方协商解决，尽可能将合同执行中的问题分别及时地加以适当处理，不要将问题累积下来算总账。

二、和解

1. 和解的含义

和解是指合同纠纷当事人在自愿友好的基础上，依照法律法规的规定和合同的约定，自行协商解决合同争议。

和解是双方在自愿、友好、互谅的基础上进行的。实事求是地分清责任是和解解决合同纠纷的基础。和解应遵循合法、自愿、平等和互谅互让等原则。和解的方式和程序十分灵活，适合双方当事人对合同纠纷的及时解决。

和解具有局限性。和解所达成的协议能否得到切实、自觉地遵守，完全取决于争议当事人的诚意和信誉。如果在双方达成协议之后，一方反悔，拒绝履行应尽的义务，协议就成为一纸空文。在实践中，当争议标的金额巨大或争议双方分歧严重时，通过协商达成谅解是比较困难的。

2. 和解解决合同争议的程序

和解解决建设工程合同纠纷所适用的程序与建设工程合同的订立、变更或解除所适用的程序大致相同，采用要约、承诺方式。一般是在建设工程合同纠纷发生后，由一方当事人以书面的方式向对方当事人提出解决纠纷的方案，方案应当是比较具体、完整的。另一方当事人对提出的方案可以根据自己的意愿，做一些必要的修改，也可以再提出一个新的解决方案。然后，对方当事人又可以对新的解决方案提出新的修改意见。双方当事人经过反复协商，直至达成一致意见，从而产生"承诺"的法律后果，达成双方都愿意接受的和解协议。对于建设工程合同所发生的纠纷用自行和解的方式解决，应订立书面的协议作为对原合同的变更或补充。

三、调解

1. 调解的含义

调解是指合同当事人对合同所约定的权利、义务发生争议，不能达成和解协议时，在经济合同管理机关或有关机关、团体等的主持下，通过对当事人进行说服教育，促使双方互相做出适当的让步，平息争端，自愿达成协议，以求解决经济合同纠纷。

涉及合同纠纷的调解往往是当事人经过和解仍不能解决纠纷后采取的方式，因此与和解相比，它面临的纠纷要大一些。与诉讼、仲裁相比，仍具有与和解相似的优点：它能够较经济、较及时地解决纠纷；有利于消除合同当事人的对立情绪，维护双方的长期合作关系。

2. 调解的程序

通常可以按以下程序进行调解：纠纷当事人向调解人提出调解意向；调解人做调解准备；调解人协调和说服；达成协议。

3. 调解的种类

（1）行政调解，是指合同发生争议后，根据双方当事人的申请，在有关行政主管部门主持和协调下，双方自愿达成协议的解决合同争议的方式。

（2）法院（司法）调解或仲裁调解，是指合同争议诉讼或仲裁过程中，在法院或仲裁机构的主持和协调下，双方当事人进行平等协商，自愿达成协议，并经法院或仲裁机构认可从而终结诉讼或仲裁程序。调解成功，法院或仲裁庭需要制作调解书，这种调解书一旦由当事人签收就与法院的判决书或仲裁裁决书具有同等法律效力。

（3）人民（民间）调解，是指合同发生争议后，当事人共同协商，请有威望、受信赖的第三人，包括人民调解委员会、企事业单位或其他经济组织、一般公民、律师、专业人士等作为中间调解人，双方合理合法地达成解决争议的协议（书面、口头均可）。

四、争议评审（裁决）

1.争议评审（裁决）的含义

争议评审（裁决）是争议双方通过事前协商，选定独立公正的第三人对其争议做出决定，并约定双方都愿意接受该决定的约束的一种解决争议的程序。争议评审（裁决）方式的优点如下：具有施工和管理经验的技术专家的参与，使处理方案符合实际，有利于执行；节省时间，解决争议便捷；解决成本比仲裁或诉讼要低；评审（裁决）决定并不妨碍再进行仲裁或诉讼。

2.DAB 的组织操作

DAB 有常设和临时两种类型，可根据项目的具体情况选择其中一种，也可两者都有。

常设 DAB 是指从签订合同起，直至工程竣工止。有的项目，DAB 会运作好几年。常设 DAB 通过对施工现场的定期考察，解决施工争议，适用于土木工程的施工。在施工合同中，DAB 是常设的，合同双方应在开工后 28 d 内共同指定 DAB，对施工中发生的争议，在寻求 DAB 决定前，可共同征询 DAB 的意见，预知双方各自的权利，以避开争议决定后的风险。

FIDIC 还规定，合同一方不得单独征询 DAB 的意见。对于常设 DAB，每年对施工现场考察不得少于 3 次，并应在施工关键时刻进行，由合同双方向 DAB 所有成员提供 1 份合同文件及其所要求的其他文件，考察结束，DAB 应写出考察报告。当合同双方发生争议时，DAB 一般先举行听证会，由合同双方提供书面资料，保证争议各方均有充分陈述意见的机会。DAB 的决定应采用书面形式，其内容还应包括争议事项的概述、相关事实、决定的原则等。

临时 DAB 是指仅在发生争议时组成的争议裁决委员会，争议解决后即行解散。临时 DAB 的成员也是临时选定的与争议有关的专家。采用临时 DAB 的目的是降低解决争议的费用。一般对于设备供应项目、工厂设备及设计—建造项目，因大量工作集中在工厂内而不是施工现场，为节省费用而选择临时 DAB 的方式。

3. 解决争议的程序

DRB 和 DAB 都是借鉴在美国采用的 DRB 的经验，二者的规定大同小异。

（1）采用争议评审（裁决）解决争议的协议或条款。

（2）成立争议评审（裁决）组（委员会）。关于委员的选定，DAB 与 DRB 均是在规定时间内由合同双方各推举 1 人，然后由对方批准。DAB 是由合同双方和这两位委员共同推举第三位委员任主席，DRB 则是由被批准的两位委员推选第三人。

（3）申请评审（裁决）。申请人向争议评审（裁决）组提交一份详细的报告（副本同时提交给被申请人和监理人）。

（4）被申请人向争议评审（裁决）组提交一份答辩报告（副本同时提交给申请人和监理人）。

（5）争议评审（裁决）组邀请双方代表和有关人员举行调查会。

（6）争议评审（裁决）组做出书面评审（裁决）意见。合同任何一方就工程师未能解决的争端提出书面报告后，DAB 应在 84d 内做出书面决定（DRB 在 28~56 d）。

发包人或承包人接受评审（裁决）意见（执行）。不接受评审（裁决）意见，提交仲裁或提起诉讼。双方收到决定或建议书后，如在一定时间内（DAB 为 28d，DRB 为 14 d）未提出异议，即应遵守执行。

五、仲裁

1. 仲裁的含义

仲裁，又称公断，是当发生合同纠纷而协商不成时，由合同双方当事人根据自愿达成的仲裁协议，申请选定的仲裁机构对合同争议依法做出有法律效力的裁决的解决合同争议的方法。

当事人没有仲裁协议，一方申请仲裁的，仲裁委员会不予受理；当事人达成仲裁协议，一方向人民法院起诉的，人民法院不予受理，但仲裁协议无效的除外。

仲裁协议是指双方当事人自愿将争议提交仲裁机构解决的书面协议。它包括合同中的仲裁条款、专门仲裁协议及其他形式的仲裁协议。仲裁协议应当具有下列内容：请求仲裁的意思表示；仲裁事项；选定的仲裁委员会。

2. 仲裁的原则

（1）自愿原则。当事人采用仲裁方式解决纠纷，应当贯彻双方自愿的原则，达成仲裁协议。如有一方不同意进行仲裁，仲裁机构即无权受理合同纠纷。

（2）公平合理原则。仲裁的公平合理，是仲裁制度的生命力所在。这一原则要求仲裁机构要充分搜集证据，听取纠纷双方的意见。仲裁应当根据事实。同时，仲裁应当符合法律规定。

（3）仲裁依法独立进行原则。仲裁机构是独立的组织，相互间无隶属关系。仲裁依法独立进行，不受行政机关、社会团体和个人的干涉。

（4）一裁终局原则。由于仲裁是当事人基于对仲裁机构的信任做出的选择，因此其裁决是立即生效的。裁决做出后，当事人就同一纠纷再申请仲裁或向人民法院起诉，仲裁委员会或者人民法院不予受理。

3. 仲裁的程序

（1）合同当事人向仲裁机构提交仲裁的申请。仲裁申请书应依据规范载明下列事项：当事人的基本信息；仲裁请求和所根据的事实、理由；证据和证据来源、证人姓名和住所。

（2）仲裁的受理。仲裁委员会收到仲裁申请书之日起 5 d 内，认为符合受理条件的，应当受理，并通知当事人；认为不符合受理条件的，应当书面通知当事人不予受理，并说明理由。

（3）仲裁委员会向申请人、被申请人提供仲裁规则和仲裁员名册。

（4）被申请人向仲裁委员会交答辩书，仲裁委员会将答辩书副本送达申请人。未提交答辩书的，不影响仲裁程序的进行。

（5）组成仲裁庭。仲裁庭不是常设机构，采用一案一组庭。仲裁庭可以由 3 名仲裁员（合议制仲裁庭）或 1 名仲裁员（独任制仲裁庭）组成。由 3 名仲裁员组成的，设首席仲裁员。当事人约定由 3 名仲裁员组成仲裁庭的，应当各自选定或者各自委托仲裁委员会主任指定 1 名仲裁员，第三名仲裁员由当事人共同选定或者共同委托仲裁委员会主任指定。第三名仲裁员是首席仲裁员。当事人约定由 1 名仲裁员成立仲裁庭的，应当由当事人共同选定或者共同委托仲裁委员会主任指定仲裁员。

（6）开庭。仲裁应当开庭进行。当事人协议不开庭的，仲裁庭可以根据仲裁申请书、答辩书及其他材料做出裁决，仲裁不公开进行。当事人协议公开的，可以公开进行，但涉及国家秘密的除外。

申请人经书面通知，无正当理由不到庭或者未经仲裁庭许可中途退庭的，可以视为撤回仲裁申请。被申请人经书面通知，无正当理由不到庭或者未经仲裁庭许可中途退庭的，可以缺席裁决。

（7）裁决。裁决应当按照多数仲裁员的意见做出，少数仲裁员的不同意见可以记入笔录。仲裁庭不能形成多数意见时，裁决应当按照首席仲裁员的意见做出。

仲裁庭仲裁纠纷时，其中一部分事实已经清楚，可以就该部分先行裁决。对裁决书中的文字、计算错误或者仲裁庭已经裁决但在裁决书中遗漏的事项，仲裁庭应当补正；当事人自收到裁决书之日起 30d 内，可以请求仲裁补正。裁决书自做出之日起发生法律效力。

（8）执行。仲裁委员会的裁决做出后，当事人应当履行。由于仲裁委员会本身并无强制执行的权力，因此，当一方当事人不履行仲裁裁决时，另一方当事人可以依照《中华人民共和国民事诉讼法》有关规定向人民法院申请执行。接受申请的人民法院应当执行。

（9）法院监督。当事人提出证据证明裁决有下列情形之一的，可以向仲裁委员会所在地的中级人民法院申请撤销裁决：没有仲裁协议的；裁决的事项不属于仲裁协议范围或者仲裁委员会无权仲裁的；仲裁庭的组成或者仲裁的程序违反法定程序的；裁决所依据的证据是伪造的；对方当事人隐瞒了足以影响公正裁决的证据的；仲裁员在仲裁该案时有索贿受贿、徇私舞弊、枉法裁决行为的。

人民法院经组成合议庭审查核实，裁决有前款规定情形之一的，应当裁定撤销。人民法院认定该裁决违背社会公共利益的，应当裁定撤销。

4. 申请撤销裁决

当事人提出证据证明裁决有下列情形之一的，可以向仲裁委员会所在地的中级人民法院申请撤销裁决：

（1）没有仲裁协议的。

（2）裁决的事项不属于仲裁协议范围或者仲裁委员会无权仲裁的。

（3）仲裁庭的组成或者仲裁的程序违反法定程序的。

（4）裁决所依据的证据是伪造的。

（5）对方当事人隐瞒了足以影响公正裁决的证据的。

（6）仲裁员在仲裁该案时有索贿受贿、徇私舞弊、枉法裁决行为的。

人民法院经组成合议庭审查核实裁决有前款规定情形之一的，应当裁定撤销。当事人申请撤销裁决的，应当自收到裁决书之日起6个月内提出。人民法院应当在受理撤销裁决申请之日起2个月内做出撤销裁决或者驳回申请的裁定。一旦人民法院受理撤销裁决的申请后，认为可以由仲裁庭重新仲裁的，由于仲裁庭在一定期限内重新仲裁，并裁定中止撤销程序，仲裁庭拒绝重新仲裁的，人民法院应当裁定恢复撤销程序。

结　语

公路工程项目是一个浩大的工程，其中包括项目工程造价、设备、施工、管理及到最后工程的竣工，在这一系列的工作中，需要大量资金投入、施工人员、技术指导人员、管理工作人员。其中，在工程实施过程中，最重要的是管理人员对该项目的管理，项目管理发挥着重要的作用。通过有效的项目管理使整个公路工程合理科学地进行。当然，公路工程项目管理人员要具备管理能力、素质高、专业性强的特点，在项目管理工作中进行正确的指导和科学的监管，让整个公路工程项目在有效的管理中顺利完成。

公路项目管理具有复杂性、多样性、高度协调性等特征。公路建设有业主方、承包方、监理方等多方参与，如何在及时有效沟通的基础上协调参与各方，保证项目有秩序、按计划实施，是公路建设项目管理的重点和难点。高速公路建设施工项目管理是一项复杂而重要的工作。在施工过程中，要以质量、安全、技术管理为重点，以成本为纽带，通过采取各种有效的控制措施和手段，以保证项目顺利施工并取得良好的经济效益和社会效益。

总而言之，随着我国经济的不断发展，公路工程项目也得到了一定程度的增加，这也就对我国公路工程的项目管理与控制工作提出了新的要求。但是在现阶段的路桥工程项目管理与控制工作中，依旧存在着许多问题，制约了我国路桥建设行业的进一步发展。希望本书能够为我国公路建设行业的进一步发展提供一些理论上的帮助。

参考文献

[1] 彭东黎. 公路工程招投标与合同管理 第 3 版 [M]. 重庆：重庆大学出版社，2021.

[2] 交通运输部路网监测与应急处置中心. 公路工程造价管理法规文件选编 2021 版 [M]. 北京：人民交通出版社，2021.

[3] 交通运输部职业资格中心. 公路施工现场管理人员 施工员 基础知识 2020 版 [M]. 北京：人民交通出版社，2021.

[4] 交通运输部职业资格中心. 公路施工现场管理人员 施工员 专业管理实务 2020 版 [M]. 北京：人民交通出版社，2021.

[5] 周紫君. 国外公路工程标准的管理与应用 [M]. 北京：人民交通出版社，2020.

[6] 卢利群，高翔. 公路工程建设管理丛书 公路工程文明施工指南 [M]. 成都：西南交通大学出版社，2020.

[7] 李忻忻. 公路工程经济与管理 [M]. 北京：人民交通出版社，2021.

[8] 潘凯，晁新忠，陈纪州. 公路工程经济及项目施工管理 [M]. 北京：中国石化出版社，2021.

[9] 广东省交通运输厅. 公路工程施工与项目管理 [M]. 天津：天津科学技术出版社，2020.

[10] 王胤，常文华，李智龙. 公路工程施工与管理 [M]. 长春：吉林科学技术出版社，2020.

[11] 庄建伟，冯涛. 公路建设项目代建工作管理指南 [M]. 成都：西南交通大学出版社，2020.

[12] 程可秀. 公路工程施工管理研究 [M]. 长春：吉林出版集团股份有限公司，2020.

[13] 肖利明，戴建华，侯芸. 公路工程建设与养护管理 [M]. 长春：吉林科学技术出版社，2020.

[14] 王振峰，张丽，钱雨辰. 公路工程招投标与合同管理 [M]. 武汉：华中科学技术大学出版社，2020.

[15] 袁芳. 公路养护技术与管理 [M]. 北京：人民交通出版社，2020.

[16] 全国一级建造师执业资格考试辅导编写委员会.公路工程管理与实务复习题集 [M].北京：中国城市出版社，2020.

[17] 贾佳,赵之仲.公路工程建设项目全过程管理 [M].徐州:中国矿业大学出版社，2020.

[18] 罗泾渭，黄金城，周洪安.公路工程项目施工与造价管理 [M].天津：天津科学技术出版社，2020.

[19] 李海凌，黄敬林.公路工程计价与管理 [M].北京：机械工业出版社，2020.

[20] 天明教育全国二级建造师资格考试研究组.公路工程管理与实务 [M].开封：河南大学出版社，2020.

[21] 郭媛媛.当代公路经济管理解析 [M].天津：天津科学技术出版社，2020.

[22] 蒋甲丁，敖盛，张进.公路工程施工项目管理 [M].北京:北京工业大学出版社，2020.

[23] 李中奎，张鹏，刘德利.公路养护工程管理与设计 [M].北京：北京工业大学出版社，2020.

[24] 陈开群.高速公路建设项目设计与施工管理 [M].北京：中国商务出版社，2020.

[25] 李伯殿，卢勇，饶和根，等.高速公路智慧管理与控制关键技术 [M].北京：人民交通出版社，2020.

[26] 张勇.公路工程建设与施工管理研究 [M].天津：天津科学技术出版社，2020.

[27] 隗景富，石广森，吴顺祺.公路工程施工技术与管理研究 [M].长春：吉林科学技术出版社，2020.

[28] 葛明元.公路建设与项目管理 [M].长春：吉林科学技术出版社，2020.

[29] 全国一级建造师执业资格考试用书编写委员会.公路工程管理与实务 [M].北京市：中国建筑工业出版社，2020.